로크의 『통치론』 입문

로크의 『통치론』 입문

폴 켈리 지음 | 김성호 옮김

서광사

이 책은 Paul Kelly의 *Locke's Second Treatise of Government* (Bloomsbury Publishing Plc., 2007)를 완역한 것이다.

로크의 『통치론』 입문

폴 켈리 지음
김성호 옮김

펴낸이 | 김신혁, 이숙
펴낸곳 | 도서출판 서광사
출판등록일 | 1977. 6. 30.
출판등록번호 | 제406-2006-000010호

(10881) 경기도 파주시 회동길 77-12 (문발동)
Tel: (031) 955-4331 | Fax: (031) 955-4336
E-mail: phil6161@chol.com
http://www.seokwangsa.co.kr | http://www.seokwangsa.kr

제1판 제1쇄 펴낸날 · 2018년 2월 28일

ISBN 978-89-306-2213-4   93160

옮긴이의 말

이 책은 컨티뉴엄 출판사의 '리더스 가이드' 시리즈 중 한 권으로 출판된 켈리(Paul Kelly)의 *Locke's Second Treatise of Government*, 2007을 완역한 것이다. '리더스 가이드' 시리즈는 서양 사상의 고전에 속하는 여러 저술에 대해 간결하면서도 최근의 연구 성과까지를 반영한 충실한 입문서를 제공하는 것으로 이미 정평이 나 있다. 로크의 『통치론』은 서양 정치사상사에서 가장 중요한 저술 중 한 권으로 손꼽히는 고전이다. 이런 고전에 대한 훌륭한 입문서를 번역하여 출판할 기회를 얻게 된 것을 내심 기쁘게 생각한다.

저자 켈리는 이 책에서 『통치론』에 등장하는 기본 개념과 핵심 이론들을 독자들이 이해하기 쉽도록 풀어서 설명하는 데 무척 공을 들인다. 저자는 우선 로크가 논의의 출발점으로 삼는 자연 상태와 자연권 및 자연법의 개념을 특히 그보다 이전에 등장한 홉스의 개념과 비교해 상세히 설명한다. 뒤이어 로크의 특유한 이론이 제시되는 사적 소유권 개념과 여기에 부수되는 자기소유권, 재산의 획득과 이전, 화폐의 발명 등을 주의 깊게 설명하고 분석한다. 그다음에는 정치사회 쪽으로 방향을 돌려 최초의 공동체인 가족의 형성으로부터 정치사회 형성을 위한 계약, 계약에 대한 명시적 동의와 묵시적 동의 등을 자세히 설명한 후 로크가 생각한 국가의 체제, 입법권, 행정권, 특히 국가에 대한 국민의 저항권 등을 고찰한다. 이를 통해 저자는 로크가 『통치론』에서 주장한 핵

심 이론과 그런 이론을 제시하게 된 계기, 더 나아가 그것이 지닌 문제
점을 충실히 소개함으로써 독자들의 이해를 높이는 데 크게 기여한다.

   저자는 로크의 이론을 단지 철학사적 관심 대상으로 설명하는 데 그
치지 않고 그것이 이후 어떤 방식으로 수용되었으며 재해석되었는지를
밝히는 데도 상당한 노력을 기울인다. 저자는 로크의 저술이 18, 19세
기에 걸쳐 미국 독립 선언을 비롯한 여러 정치적 흐름에 직접 큰 영향
을 미쳤다는 사실뿐만 아니라 현대에도 여전히 다양한 이론의 출발점
과 근거로 작용한다는 사실을 분명히 밝힘으로써 로크가 지니는 현대
성을 크게 부각한다. 그리고 바로 이 점이 우리가 계속 로크에 주목하
고 로크의 『통치론』을 읽어야 하는 이유라고 주장한다. 이런 논의를 펼
치면서 저자는 로크를 현대적으로 재해석한 여러 저술을 소개하고 인
용한다. 옮긴이는 이 중 롤스(John Rawls)나 노직(Robert Nozick) 등
의 저술을 제외하면 대부분의 저술들이 아직 우리말로 번역되지 않았
다는 사실을 발견하고 큰 아쉬움을 느꼈다. 이제 여러 철학자의 원전뿐
만 아니라 원전에 대한 훌륭한 해설서나 주석서도 많이 번역되어 독자
들에게 폭넓게 소개되기를 바라고, 옮긴이 또한 기회가 되는 대로 그런
번역 작업을 계속하려 한다.

   항상 그렇듯이 미숙하고 서투른 옮긴이의 원고를 세심하게 다듬어
이렇게 훌륭한 책으로 만들어 주신 서광사 편집부의 모든 분들께 깊이
감사하며, 이 책을 번역하는 과정에서 많은 도움을 주신 여러 선후배
님들께도 고개 숙여 감사의 뜻을 전한다. 앞으로 또 다른 책을 번역할
기회가 주어진다면 더욱 노력해서 더 나은 번역을 내놓겠다는 다짐의
말씀을 모든 독자분들께도 전한다.

2018년 1월

김성호

차례

원전에 관하여

1960년 래슬릿(Peter Laslett)의 편집으로 케임브리지 대학교 출판부에서 간행된 『시민정부에 관한 두 논고』(*Two Treatises of Government*, 이하 『두 논고』로 약칭)는 다른 모든 판본들을 누르고 표준판으로 자리 잡았다.[1] 이후 독자들에게 큰 도움을 주는 수많은 다른 편집본들이 등장했지만 이들은 모두 래슬릿의 표준판을 모범으로 삼았다. 현재의 관점에서 보면 『첫째 논고』(*First Treatise*)의 세부 내용은 그리 크게 중요하지 않으므로 학생용 편집본에서는 생략되는 경우가 많다. 『첫째 논고』가 없다고 해서 『둘째 논고』(*Second Treatise*), 즉 『통치론』에 등장하는 로크의 모든 주장들을 이해할 수 없는 것은 아니지만 오해의 가능성은 다소 있다고 생각된다. 현재 『두 논고』를 인용하는 표준적인 방식은 우선 첫째 논고인지 둘째 논고인지를 밝히고, 그다음에 장 번호나 페이지 수가 아니라 문단 번호를 제시하는 것이다. 이런 방식에 따르면 사유재산권에 관한 로크의 유명한 논의는 『통치론』 25-51절(또는 II 25-51절)에 등장한다.

---

1 [옮긴이 주] 이 판본의 최신판은 Laslett, P., ed. (1988), *Locke: Two Treatises on Government*(Cambridge Texts in the History of Political Thought), 3rd edition, Cambridge: Cambridge University Press이다.

로크『통치론』의 등장 맥락

i. 로크의 생애와 그가 살았던 시대

이후 세대에게는『통치론』이라는 제목으로 더욱 잘 알려진 '시민정부의 참된 기원, 범위 및 그 목적에 관한 시론' (An Essay Concerning the True Original, Extent, and End of Civil Government)의 저자인 로크(John Locke)는 1632년 8월 29일 잉글랜드 서부 서머싯(Somerset) 주의 링턴(Wrington)에서 태어났다. 로크는 가장 중요한 영국 철학자로서, 영국 경험론으로 불리는 학파의 창시자로 여겨질 뿐만 아니라 정치철학자로서도 홉스(Thomas Hobbes)에 뒤이어 등장한 두 번째 중요인물로 평가된다. 정치사상사에서 홉스와 로크를 서로 연결해 다루는경우가 자주 발견되지만 사실 둘 사이의 철학적 관련성은 기껏해야 서로 논쟁을 벌인 정도에 그치며 개인적 친분은 전혀 없었다. 로크의 위대한 두 저술『인간지성론』(An Essay Concerning Human Understanding, 이하『지성론』으로 약칭[1])과『통치론』은 (비록 서로 다른 시기에쓰이긴 했지만) 같은 해인 1689년에 출판되어 이들이 다룬 철학 분야에서 항상 고전으로 평가되고 논의되는 지위를 계속 누린다. 로크는『지성론』에서 경험주의 지식 이론(인식론)을 전개하는데 이는 유럽 계

---

1   [옮긴이 주] 최근『지성론』의 뛰어난 우리말 완역본이 출판되었다. 존 로크 지음,
정병훈, 이재영, 양선숙 옮김 (2014),『인간지성론』, 한길사 참조.

몽주의의 출발점에서 등장한 근대 자연과학의 발전과 밀접히 관련된
다. 로크는 인식론을 철학의 중심에 놓고 철학적 탐구의 본성과 역할에
관한 새로운 패러다임을 확립하려 하는데 이런 태도는 현재의 우리에
게까지 계속 이어진다. 로크의 경험주의는 자주 철학을 '보조 수단'으
로 여기는 견해의 출발점으로 여겨지기도 한다. 이런 견해에 따르면 철
학은 개념을 명료화한 후 경험과학이 지식을 수집하는 데 사용하는 탐
구의 표준적 방법을 정당화하고 옹호함으로써 (지식의 진정한 원천인)
자연과학의 하녀 역할을 담당하는 것으로 간주된다. 이런 철학의 개념
은 특히 현대 분석철학에서 선명하게 드러난다.

　반면 『통치론』에서 로크는 정부의 기원, 범위 및 목적을 다룬다. 이
를 통해 그는 정치권력과 통치권의 정당성을 확보하는 역할을 담당하
는 정치철학의 규범적 측면을 사변적인 정치학과 결합한다. 로크가 생
각한 정치철학의 개념은 실제 정치를 위한 보조 수단이라기보다는 현
실 정치에서 무엇이 받아들여질 수 있고 무엇이 그렇지 않은지를 규정
하고 그 경계를 확립하려는 합리적 정당화에 더욱 가깝다. 로크의 『통
치론』은 자유롭고 평등한 도덕적 주체로서, 정치사회의 성립 이전에도
어떤 권리를 지니는 개인에 대한 설명과 더불어 시작된다. 설령 이런
개인들이 지성이나 재능과 같은 자연적 능력에서 서로 차이를 보일지
라도 이들의 도덕적 지위는 평등하다. 이런 주체들은 통치권을 행사하
는 공적인 인물이나 기관이 없는 자연 상태에서 각자가 자연권을 발휘
함으로써 발생하는 불편함에 대처하기 위해 정치권력의 확립에 동의하
고 그런 권력의 한계도 설정한다. 그리고 그는 어떤 상황에서 부당한
정치권력에 저항해도 좋은지, 필요하다면 무력을 사용해서 저항해도
좋은지를 설명하면서 『통치론』을 마무리 짓는다. 정부가 피통치자들의
동의에 근거하며, 정부의 역할은 개인들의 공적인 이익을 보호하고 강

화하는 것으로 제한된다는 로크의 생각은 이후 입헌 자유 국가의 패러다임으로 여겨지게 되었다.[2] 로크를 현대적 의미의 자유주의자로 특징 짓는다면 이는 다소 시대착오적일지 몰라도 로크가 생각한 정치의 개념과 개인의 권리를 보호하고 정부의 권한을 제한하려는 그의 이상이 현대 정치이론에서 계속 논의되는 근본적인 주제를 제공한다는 점에는 의심의 여지가 없다.

　로크의 대표적 두 저술인 『지성론』과 『통치론』은 같은 해인 1689년 출판되었지만 (하지만 『지성론』 초판에는 출판연도가 1690년으로 표시되었다) 이 두 저술에 대한 로크의 태도는 서로 전혀 다르다. 로크는 『지성론』을 출판하면서 자신의 이름을 당당히 밝혔고 출판 이후 1704년 세상을 떠날 때까지 비판자들과 논쟁을 계속했다. 로크가 생전에 얻은 명성은 거의 경험주의 인식론을 전개한 위대한 저술 『지성론』과 관련된 것이었다. 반면 『통치론』에 대한 로크의 태도는 이와는 크게 다르다. 비록 말년에 쓴 편지에서 『통치론』에 관해, 특히 가장 폭넓은 논의의 대상이 되었던 사유재산권에 관해 언급하기는 하지만 단 한 번도 자신이 『통치론』의 저자임을 공개적으로 인정하지 않았으며 『통치론』의 저자가 누군지는 모른다는 단호한 입장을 취했다. 많은 동시대인들은 로크를 저자로 짐작했고 몇몇 사람들은 로크가 저자임을 분명히 알았지만 로크 자신은 이런 사실을 계속 인정하지 않았고 스스로 작성한 유언장에서야 비로소 사실을 밝혔다. 우리는 로크가 『통치론』의 저자임을 분명히 알지만 로크는 동시대인들 중 어느 누구도 이 사실을 알지 못하리라고 확신했다. 그렇다면 로크는 왜 자신이 서양 정치철학의 가장 위대한 고전 중 하나로 손꼽히는 『통치론』의 저자임을 밝히는 데 이

2　현대의 자유주의 이론에 관한 최근 논의로는 Kelly, P. (2004), *Liberalism*, Cambridge: Polity Press 참조.

렇게 주저했는가? 이에 답하기는 쉽지 않으며 이는 현재 로크 연구자들이 큰 관심을 갖는 문제 중 하나이다. 이를 둘러싸고 두 가지 설명이 등장하는데 첫 번째 설명은 로크의 생애와 지적인 발전 과정을 더욱 넓은 관점에서 바라보아야 한다는 주장이며, 두 번째 설명은 그의 『통치론』에 포함된 특별한 정치적 맥락, 특히 혁명권과 저항권을 적극적으로 옹호한 내용과 관련된다. 이 두 이야기는 서로 밀접하게 관련되지만 현재 우리의 목적을 위해서는 이 둘을 서로 분리해 생각하는 편이 유용하리라 생각된다. 즉 『통치론』의 분위기를 보면 저자가 한때 정치에 참여했음을 분명히 알 수 있는데 로크는 이런 사실을 숨기려 했다고 보는 편이 좋을 듯하다. 로크의 주장에서 드러나는 이런 정치적 색채는 또한 정치권력의 범위와 행사를 정당한 수준으로 제한하려는 입장을 취했던 이후 세대의 많은 사람들이 왜 로크의 주장에 지속적인 관심을 보였는지를 설명해 준다. 『통치론』의 정치적 맥락을 본격적으로 살펴보기에 앞서 (특히 한 사람의 철학자로서) 로크의 길고 파란만장했던 삶을 되돌아보려 한다.

　로크는 신분이 그리 높지 않은 젠트리(gentry) 집안에서 태어났는데, 그의 아버지는 청교도에 동조하여 영국 시민전쟁(the English Civil War)[3] 당시 의회군 장교로 복무했다. 로크의 아버지가 속했던 기병 연대의 수장인 동시에 잉글랜드 바스(Bath) 지역 하원의원이었던 포프햄(Alexander Popham)은 로크의 아버지가 보인 충성심에 대한 보상으로 1647년 어린 로크가 런던의 웨스트민스터(Westminster) 학교에 입학할 수 있도록 주선했다. 웨스트민스터 학교에서 로크는 학창 생활을

---

3 [옮긴이 주] 당시 영국 왕 찰스 1세(Charles I)의 전제정치에 반대하여 청교도를 중심으로 한 의회파와 이에 맞선 왕당파 사이에 일어난 내전(1642-49)을 의미한다. 이 결과 1649년 찰스 1세는 처형되고 크롬웰(Cromwell) 중심의 공화정이 시행되었다.

충분히 즐기지도, 탁월성을 드러내지도 못했던 듯하지만 어쨌든 졸업 후 옥스퍼드 대학교의 크라이스트 처치(Christ Church)에 입학해 학생 신분을 얻었다. 크라이스트 처치에서 공부하는 동안 로크는 지극히 보수적인 견해를 유지한 듯하며, 비록 출판하지는 않았지만 두 편의 짧은 저술을 썼는데 여기서 그는 공적인 통치자가 (국왕이) 특별히 중대하지 않은 문제들에 관해 (즉 신의 계율이 명령하지도 금지하지도 않는 행동 양식, 예를 들면 예배 시 언제 일어서고 언제 무릎을 꿇는지, 교회 안에서 겉옷을 입거나 모자를 써도 되는지, 성화나 성상을 사용해도 되는지, 심지어 설교를 어떤 순서로 해야 되는지에 관해) 결정할 권리가 있음을 옹호했는데, 사실 로크가 살았던 당시 이런 문제들에 대한 의견 대립은 (무척 자주) 폭력 사태로 이어지기도 했다. '못된 가톨릭'과 이교적 관행이 유행하여 왕국 안에서 통치자나 특정한 소수파를 무력으로 공격하는 일이 자주 벌어졌다. 가톨릭을 표방하는 젠트리 집단이 (오늘날이라면 이들은 테러리스트로 불릴 것인데) 의회에 폭탄을 장치해 국왕과 귀족들을 암살하려 한 사건이 일어난 것이 로크가 태어나기 불과 27년 전이었으며, 로크는 영국 신교도들의 권리를 무시했다는 이유로 국왕이 청교도가 주도하는 의회에 의해 처형되는 일을 직접 목도하기도 했다. 이런 위협에 직면해 로크는 초기 두 저술에서 대립 대신 안정을 옹호하려 한 듯하다. 이보다 더욱 중요한 점은 로크가 크라이스트 처치에 다니면서 의학에 관심을 보였고, 근대 화학의 창시자 중 한 사람인 보일(Robert Boyle)을 비롯한 자연과학자들과 사귀었다는 사실이다. 의학과 실험과학에 대한 로크의 관심은 평생 이어졌고 후에 그의 『지성론』에 등장하는 경험주의 철학으로 구체화되었다.

1666년 로크는 앤서니 애슐리 쿠퍼(Anthony Ashley Cooper)를 알

게 되었는데 그는 후에 섀프츠베리 백작(Earl of Shaftesbury)이 된 인물로서, 둘의 만남은 로크의 삶을 바꾸어 놓았으며 로크의 정치이론에도 큰 영향을 미쳤다. 1667년 로크는 런던에 있는 섀프츠베리 가문의 저택으로 거처를 옮겼으며, 1668년에는 섀프츠베리의 간에 생긴 고름을 짜내는 수술을 돕기도 했다. 당시에는 아직 마취법이나 소독제가 발명되지 않았으므로 이는 매우 위험한 수술이었다. 하지만 섀프츠베리는 기적적으로 회복했고 로크를 크게 신뢰하게 되었는데 이는 꼭 수술의 성공 때문만은 아닌 듯도 하다. 어쨌든 섀프츠베리가 병에서 회복한 후 로크는 섀프츠베리가 정치적, 경제적 관심을 실현하는 데 더욱 깊숙이 관여하게 되었다. 섀프츠베리는 당시 의회에서 휘그당의 수장이 되었는데 휘그당은 국왕 찰스 2세의 절대주의 경향에 가장 강력히 반기를 든 동시에 찰스 2세의 동생이며 가톨릭교도였던 요크 공(公) 제임스(James, Duke of York, 후에 왕위에 올라 제임스 2세가 됨)가 왕위를 계승하면 어떤 일이 일어날지를 가장 크게 우려했던 집단이다. 섀프츠베리와 찰스 2세 사이의 관계가 더욱 나빠지자 로크는 영국을 떠나 프랑스로 여행을 떠났다. 이 여행에서 로크는 데카르트주의자(프랑스 철학자 데카르트(René Descartes)를 추종하는 학자들, 예를 들면 말브랑슈(Nicholas Malebranche, 1638-1715) 같은 인물)와 데카르트에 반대하는 학자들을 여러 차례 만났으며 이들 사이의 철학적 논쟁에 큰 관심을 보였다. 이런 논쟁을 통해 로크는 인식론 및 철학의 방법과 범위에 관한 자신의 기본 견해를 형성하게 되었다.

1679년 로크는 영국으로 돌아오자마자 곧바로 추방될 위기에 직면했다. 티투스 오츠(Titus Oates)라는 인물의 주도로 국왕 찰스 2세를 암살하고 왕위를 가톨릭교도인 요크 공 제임스에게 넘기려 했다는, 이른바 '구교도 음모 사건'(Popish Plot)이 불러일으킨 평지풍파를 잠재

우기 위해 섀프츠베리는 가톨릭교도는 왕위를 계승할 수 없다는 왕위 배제법안(Exclusion Bill)을 의회에 제출했다. 이에 위협을 느낀 찰스 2세는 의회를 해산해 버렸다. 이에 대항하여 섀프츠베리는 반란을 계획했다. 그는 곧바로 체포되었지만 기소를 유지하기가 어렵다는 이유로 풀려난 후 네덜란드로 도피했고 1683년 그곳에서 사망했다. 섀프츠베리가 죽은 후 라이하우스 사건(Rye House Plot, 국왕 찰스 2세와 동생 제임스가 뉴마켓의 경마장을 방문하고 돌아오는 길에 이들을 암살하려 했던 계획)이 발각되자 로크 또한 네덜란드로 도피했고 1689년까지 그곳에 머물렀다. 1688년 오렌지 공 윌리엄(William of Orange)의 원정이 성공해 제임스 2세가 물러나자 영국 왕위는 최초로 신교도에게 넘어가게 되었다. 사람들은 흔히 이 사건을 1688년의 명예혁명이라고 부르지만—그리고 이후 윌리엄을 옹호하는 사람들이 아무리 이런 견해를 지지하더라도 사실상 이 사건은 명백한 침략이고 정복이었다. 네덜란드에 머무는 동안 로크는 『지성론』을 쓰는 작업을 계속하는 동시에 『관용에 관한 편지』(*Letter Concerning Toleration*)도 쓰기 시작했다. 후자는 로크의 자유주의가 가장 잘 드러난 저술로서 여기서 그는 정치와 종교의 완전한 분리를 주장하는 동시에 종교적 박해는 비이성적인 행위임을 역설했다.

1689년 초 영국으로 돌아온 로크는 『지성론』과 『두 논고』, 뒤이어 『관용에 관한 편지』의 출판을 준비했다. 앞서 언급했듯이 로크는 『지성론』을 저자의 이름을 분명히 밝힌, 독자들에게 보내는 편지로 시작한 반면 『두 논고』에 대해서는 평생 자신이 저자임을 밝히지 않았다.

섀프츠베리 및 그 주변 사람들과 맺은 인연이 크게 작용하여 로크는 휘그당과 스튜어트 왕조 사이의 대립에서 확실한 승자의 위치에 서게 되었는데 이런 사실은 이후 로크가 살았던 14년의 삶에서 매우 잘 드러난다. 이 동안 그는 활발한 철학적, 신학적 논쟁을 벌이는 동시에 영국 상무부의 고문, 뒤이어 통화 개혁을 위한 하원 위원회 고문 등의 중요한 공직도 담당했다. 하지만 오랜 질병으로 (천식으로 추측되는데) 건강이 안 좋아져 1700년 상무부 고문직에서 은퇴하고 오츠(Oates)에 있는 매섬 경 부부(Sir Francis and Lady Masham)의 저택으로 거처를 옮겨 세상을 떠날 때까지 그곳에서 살았다. 매섬 경의 부인인 레이디 다마리스(Lady Damaris)는 케임브리지 플라톤주의자 중 한 사람인 철학자 커드워스(Ralph Cudworth)의 딸인데 로크와 자주 편지를 주고받은 오랜 친구 사이였다. 로크는 주로 종교적 문제에 관해 저술을 계속했지만 건강이 악화되어 1704년 세상을 떠났다. 그의 무덤은 에식스(Essex)의 하이 레이버(High Laver)에 있다.

ii. 『통치론』의 정치적, 철학적 맥락

이제 로크가 『두 논고』를 쓸 당시의 상황으로 눈을 돌려 보자. 앞서 그의 생애를 간략히 살펴보면서 언급했듯이 그는 섀프츠베리를 알기 이전에는 정치에 관한 저술을 거의 쓰지 않았고, 설령 쓰더라도 매우 전통적이고 정치적으로는 보수적인 태도를 보였다. 하지만 1667년 섀프츠베리와 관련을 맺으면서부터 로크는 정치에 관여하게 되었으며 그의 정치적 태도 또한 변화하기 시작했다. 로크의 정치적 관점이 변화했음을 암시하는 최초의 저술은 1667년에 쓴 『관용론』(*Essay on Toleration*)인데 그는 이를 출판하지는 않았다. 여기서 로크는 이전에 지지했던 권위주의를 버리고 종교적 신앙과 활동에 관한 폭넓은 관용을 옹호했지만 국왕이 도를 넘어 종교적 신앙과 활동에 간섭한다면 이에 저항

할 권리가 있다는 주장에까지 이르지는 못했다.[4]

　로크는 섀프츠베리와 관련을 맺으면서 그 주변의, 찰스 2세에 반대하는 은밀한 정치 집단과도 접촉하지 않을 수 없었는데 이는 로크가 『두 논고』를 쓰면서 전개했던 여러 주장들을 형성하는 데 지적으로 상당히 크게 기여했다. 하지만 로크는 『두 논고』를 명예혁명 이후인 1688년에 이르러서야 출판했다. 따라서 『두 논고』를 혁명의 성공과 1683년 망명 중 암스테르담에서 사망한 섀프츠베리가 옹호했던 원칙들을 정당화하려는 시도로 보려는 견해가 지금까지도 일반적으로 통용된다. 하지만 1688년 혁명의 성공으로 다시 들어선, 윌리엄 3세의 프로테스탄트 왕조는 로크가 『통치론』에서 제시한, 헌법의 제한을 받는 정부 형태와는 전혀 달랐다. 그러므로 로크가 『두 논고』를 쓰면서 실제로 무엇을 원했는지, 왜 그는 하나가 아닌 두 개의 논고로 이 저술을 구성했는지, 두 논고 사이의 관계는 무엇인지, 왜 그는 이 저술을 익명으로 출판했는지 등을 이해하기 위해서는 그가 『두 논고』를 저술할 당시의 지적인 맥락으로 돌아가 이를 상세히 검토할 필요가 있다.

　래슬릿(앞의 '원전에 관하여' 참조)은 로크가 프랑스 여행에서 돌아온 직후인 1670년대 말부터 정부의 기원 및 본질에 관해 고찰하는 작업에 착수했다고 주장한다. 이 시기에 로크가 쓴 원고의 주요 주제는 섀프츠베리와 휘그당이 찰스 2세와 그의 동생 요크 공 제임스의 절대 왕정에 대항하기 위해 상당히 큰 관심을 보였던 주제, 즉 정치적 절대주의를 비판하는 것이었다. 이 시기에 쓴 몇몇 원고가 사실상 『통치론』

4　'관용론'은 미출판 원고의 상태로 남았으며, 일반적으로 로크가 후에 출판한 『관용에 관한 편지』가 이를 대체한 것으로 여겨져 왔다. '관용론' 사본이 발견된 것은 1876년의 일이며 이를 비판적으로 편집한 표준판은 2006년에 이르러서야 출간되었다. Locke, J. (2006), *Essay on Toleration*, J. Milton and P. Milton (eds), Oxford: Clarendon Press 참조.

의 일부를 형성하는데 이를 두고 래슬릿은 『통치론』이 『첫째 논고』에 논리적으로 선행한다고 주장한다. 필머 경(Sir Robert Filmer)의 저서 『가부장권론(家父長權論)』(*Patriarcha*)은 1680년에, 그의 소논문을 모은 편집본은 1679년에 출판되었는데 로크는 이를 읽고 1679년에서 1681년 사이에 『첫째 논고』를 썼다. 이렇게 『첫째 논고』를 추가한 뒤에 로크는 『통치론』을 완성했고 여기서 자신의 핵심 이론을 명확하게 밝혔다. 로크가 필머의 『가부장권론』을 특별히 문제시한 까닭은 그것이 로크 자신이 생각한 통치의 개념, 즉 통치는 최초의 계약으로부터 도출되고 통치받는 모든 사람들의 자유로운 동의에 의해 유지된다는 생각에 심각한 비판을 제기했기 때문이다.

필머 경의 『가부장권론』은 원래 영국 내전 시기에 찰스 1세의 권위를 둘러싼 논쟁을 잠재우기 위해 1653년 쓰였지만 1680년에 이르러 오직 스튜어트 왕조의 절대주의를 옹호하려는 목적으로 출판되었다. 필머의 중요성은 로크가 정치이론의 기초로 삼으려 했고, 섀프츠베리가 스튜어트 왕조의 절대주의를 거부하기 위해 옹호하려 했던 전제들을 정면으로 비판한 데 있다. 로크는 모든 사람이 자유롭고 평등하게 태어난다는 전제로부터 출발하는 반면, 필머는 이를 단호히 거부한다. 성서에 기초한 논거를 활용해 필머는 모든 인간은 자유롭거나 평등하게가 아니라 어떤 권위에 복종하는 모습으로 태어난다고 주장한다. 그리고 이 권위는 가부장적인, 즉 부모가 자식에게 행사하는 권위와 같은 종류의 것이다. 모든 자식들이 부모의 권위에 복종하는 형태로 태어나듯이 모든 인간 또한 자유롭거나 평등할 수 없다. 이는 다 큰 자식들도 본성적으로 부모의 권위에 복종하는 것에서 잘 드러난다. 그렇다면 이런 부모의 권위는 가부장적인, 즉 가문의 남성 수장이 행사하는 권위와 같은 종류의 것이다. 이런 식의 주장은 로크의 동시대인들에게는 의심의 여지가 전혀 없는, 가장 명백한 상식으로 받아들여졌다. 하지만 필머의 천재성은 이런 생각을 군주제와 연결했다는 점이다. 그는 신이 창조 시에 세계의 지배권을 아담(Adam)에게 부여했는데 이 지배권은 대홍수 이후에 노아(Noah)와 그의 아들들에게로 상속되어 계속 이어진다고 보았다. 노아는 세계를 아들들에게 나누어 주었고 이들은 다시 곳곳에 많은 사람이 살도록 만들었다. 어쩌면 이런 이야기도 필머의 저서를 읽을 만한 기독교 독자들에게는 이미 친숙한 것일지도 모른다. 여기에 필머는 노아의 아들들이 가부장적 권력의 원천이며, 이 권력의 궁극적인 근원은 최초의 인간인 아담이 신으로부터 부여받은 지배권이라는 점을 더했다. 따라서 군주제는 아담에게 부여된 근원적인 형태의 정치권력이 확장된 것이다. 이런 필머의 주장에서 두 가지 점이 도출된다. 하나는 이미 살펴본 바대로 통치의 근원과 관련되지만 다른 하나는 통치의 본질과 관련된다. 가부장은 부모가 자식에게 하듯이 자신이 속한 가문의 구성원들에게 절대적 권위를 행사하는데 가장 중요한 점은 토지와 재산에 대한 지배권을 행사한다는 점이다. 가부장제가 지닌 이런 특징이 특히 중요한 까닭은 한 군주가 다스리는 영역 안에서 발생하는 모든 재산 관계를 사실상 군주의 뜻대로 처리할 수 있음을 의미하기 때문이다. 즉 군주는 가부장이 자신의 토지와 재산을 소유하는 것과 같은 방식으로 영토와 그 안의 모든 것을 소유한다. 아담은 권위뿐만 아니라 영토에 대한 모든 지배권도 후계자들에게 물려주었다. 만일 군주가 자신의 영역 안에 있는 모든 것의 궁극적 소유자라면 그는 백성들에게 재산을 마음대로 줄 수도, 빼앗을 수도 있다. 결론적으로 그는 자신의 영역 안에 있는 모든 재산과 토지의 정당한 궁극적 소유주이므로 백성들에게 세금을 부과하면서 누구의 허락도 받을 필요가 없다. 절대왕정을 옹호하는 이런 식의 주장이 유행한다는 사실이 로크나 섀프츠베리에게

얼마나 거슬렸을지는 충분히 짐작이 간다. 이런 주장에 따르면 군주의
권력을 제한할 방법이 없을 뿐만 아니라 의회가 세금을 거부할 권리도
사라지고 만다.

　로크는 『첫째 논고』에서 이런 필머의 주장을 반박하면서 성서에 기
초해 정치권력을 가부장권으로 해석하려는 시도를 비판한다. 필머의
성서 해석을 비판하고, 필머의 결론을 함축하지 않는 다른 해석을 제시
하고, 필머의 주장으로부터 오히려 군주제를 옹호하려는 그의 시도를
무너뜨리는 결론을 이끌어 내면서 로크는 사회계약을 배제하고 절대왕
정을 옹호하려는 시도를 강력히 비난한다. 하지만 필머의 주장은 더 이
상 심각하게 고려할 만한 가치가 없으므로 이에 대한 상세한 고찰은 생
략해도 좋으리라 생각할 수도 있다. 그러나 래슬릿은 이런 생각이 매우
큰 잘못일지도 모른다고 주장한다. 왜냐하면 필머의 주장이 지닌 중요
성과 그것의 세부 내용을 제대로 파악해야만 이에 맞서 로크가 대안으
로 제시한 정치권력의 개념, 더 나아가 『통치론』의 핵심 주제인 사유재
산권에 관한 논의를 이해할 수 있기 때문이다. 또한 로크가 반박하려는
관점을 이해할 경우에만 로크의 주장이 지닌 의미를 제대로 깨달을 수
있을 것이므로 래슬릿은 『첫째 논고』가 『통치론』에 대해 지니는 중요
성을 인정해야 한다고 본다.

　필머를 비판하는 로크의 핵심적 주장이 무엇인지에 대해서는 모든
로크 연구자들이 대체로 공통된 의견을 보인다. 하지만 로크가 『두 논
고』를 쓴 시기에 관한 래슬릿의 주장은 계속 비판의 대상이 되어 왔다.
이런 비판의 요지는 『통치론』의 상당 부분이 『첫째 논고』에 앞서 쓰였
으며, 『첫째 논고』는 1680년 필머가 『가부장권론』을 출판한 이후에 쓰
였다는 래슬릿의 주장과 관련된다. 이 논쟁은 『통치론』이 본질적으로
'왕위배제법안'과 관련된 저술이라는 래슬릿의 견해, 즉 『통치론』이

찰스 2세의 동생이며 가톨릭교도였던 요크 공 제임스의 왕위계승권을
박탈하려고 1670년대 후반 섀프츠베리 진영에서 제출한 법안을 지지
하려는 의도에서 쓰인 것이라는 견해를 공격하는 것으로 이어진다. 이
논쟁은 사소한 역사적 사실이 우리가 로크를 어떻게 해석해야 하는지
그리고 그의 주장이 사실상 왜 그런 형태를 취할 수밖에 없었는지에 대
한 대답에 큰 영향을 미친다는 점을 잘 보여 준다. 왜냐하면 이는 왜 로
크의 견해가 이전 저술과는 전혀 다른 새롭고 급진적인 방향으로 나아
가 저항권을 인정하게 되는지를 설명하는 관건이 되기 때문이다. 동의
에 기초해 정치적 의무를 설명하려는 다른 시도들과는 달리 로크는
『통치론』에서 단도직입적으로 통치자가 권위의 근거가 되는 신뢰를 깨
뜨릴 경우 어떻게 해야 하는가라는 문제를 거론한다. 그리고 로크는 많
은 동시대인들이 의지했던, 하늘에 호소해야 한다는 식의 소극적 태도
에서 완전히 벗어나 반란을 일으킬 권리를 지지한다. 하지만 그는 가장
효과적으로 반란을 일으킬 수 있는 사람은 바로 통치자라고 보면서 오
직 통치자가 불법적인 침략자처럼 여겨질 경우에는 국민들이 그에게
저항할 수 있다고 계속 주장한다.

　반란의 권리를 인정하는 이런 주장이 중요한 까닭은 찰스 2세가 옥
스퍼드 의회를 해산하고, 왕위배제법안이 실패한 후 섀프츠베리가 잠
시 체포되었다가 암스테르담으로 도피하는 등 일련의 사건이 일어난
뒤에 휘그당원들 사이의 의견이 어떻게 변화했는지를 잘 반영하기 때
문이다. 이 시기에 섀프츠베리는 찰스 2세에 대한 반란을 진지하게 고
려하기 시작했다. 이런 저항의 전략은 섀프츠베리가 죽은 후에도 계속
이어져 찰스 2세와 동생 제임스가 뉴마켓의 경마장을 방문하고 돌아오
는 길에 이들을 암살하려 했던 라이하우스 사건이 일어나기도 했다.
『통치론』에서 저항권을 옹호하면서 로크는 동의에 기초한 정치적 의무

에 관한 설명으로부터 매우 특별한 결론을 이끌어 내는데, 이는 다른 사람들이 이끌어 내지 못한 바이기도 하고 또한 정치적 권위의 근원에 관한 로크의 설명에는 논리적으로 전혀 함축되어 있지 않은 바이기도 하다. 동시에 그는 반란이 분명한 일종의 권리에 속하며, 정부는 신이 세운 것이 아니므로 오직 신에게만 책임을 물을 수는 없다고 주장하는 다른 학자들과 공조하여 필머에 반대하는 전선에 나선다.

하지만 만일 로크의 주장이 필머의 가부장주의에 대항하여 저항권을 옹호하기 위한 것이고, 찰스 2세에 대한 저항이 심각한 문제에 빠진 상황에서 쓰인 것이라면 왜 로크는 『두 논고』를 명예혁명이 성공한 후인 1689년에야 출판했는가? 로크가 혁명의 완수를 선언하고 혁명을 옹호하기 위해 이 저술을 출판했다는 견해가 관행처럼 떠돌기도 했다. 하지만 현재 거의 모든 학자들은 로크가 『두 논고』를 출판한 목적이 단순히 혁명을 지지하기 위한 것과는 거리가 멀다는 점에 동의한다. 사실 로크가 『두 논고』를 출판한 이유 중 하나는 혁명 이후 사태의 전개를 불만스럽게 여겼기 때문인데 이는 또한 그가 이 저술을 익명으로 출판한 까닭을 설명해 준다. 그렇다고 그가 왕위를 계승해 윌리엄 3세(William III)가 된 오렌지 공 윌리엄과 사이가 나빴던 것은 아니다. 로크가 불만스럽게 생각했던 바는 새로 권력을 차지한 사람들이 너무나 빠르게 1688년의 혁명이 지닌 의미를 부정한다는 점이었다. 로크는 『통치론』에서 정부의 기본적인 신뢰를 무너뜨리는 통치자에 대해 저항할 권리를, 따라서 국민들의 동의에 기초해 새 정부를 세울 권리를 지지한다. 하지만 윌리엄을 옹호하는 사람들은 곧바로 제임스 2세가 그저 왕위를 버리고 프랑스로 달아났을 뿐이므로 아무 혁명도 일어나지 않았고 또한 아무 저항도 없었다고 주장하기 시작했다. 이들은 상황이 이랬으므로 윌리엄은 혼인 관계를 통해 왕위를 '계승할' 수 있었고 주장했다.

따라서 당시 사태는 국민들이 통치권을 확인하는 혁명이라기보다는 전통적인 세습 왕조에서 이루어지는 왕위 이양인데 단지 제임스의 퇴위가 다소 매끄럽지 않게 진행되었을 뿐이라는 것이다. 모든 군주는 이렇게 새로운 체제를 보수적인 방식으로 정당화하려는 시도를 당연히 선호할 것이다. 왜냐하면 군주는 자신의 권력이 피통치자들의 동의라는 조건에 근거하는데 어떤 극단적인 상황에서는 이들이 권력에 저항할 권리를 지닌다는 점을 인정하고 싶지 않기 때문이다. 1688년에 일어난 일을 결코 이런 보수적 관점에서 바라보지 않았던 로크는 『통치론』에서 이런 관점을 맹렬히 비난한다. 그가 이 저술을 1689년에 출판하기로 결정한 까닭은 1688년의 사건을 그저 왕위가 비게 되어 왕위 계승 서열에 따라 왕위를 이양한 일로 보려는 보수주의적 해석을 비판하기 위해서이다. 그의 비판이 얼마나 강력했는지를 감안할 때 그가 『통치론』을 익명으로 출판하고 죽을 때까지 자신이 저자임을 밝히지 않은 일도 충분히 납득이 간다.

　로크의 『통치론』이 등장한 정치적, 사상적 맥락에 관한 이상의 논의에 비추어 볼 때 어떤 정치이론을 주창자의 의도 및 의미에 대한 역사적 문제로 환원해서 설명하려는 맥락주의적 방법을 도입하는 것이 정당한 듯이 보인다.[5] 왜냐하면 역사적 기록은 로크가 일익을 담당했던 흥미로운 정치적 발전 과정을 잘 드러낼 뿐만 아니라 우리가 『통치론』

5　현재 우리의 논의를 고려할 때 정치사상사에 '맥락주의적' 방식으로 접근한 가장 중요한 두 학자는 던(John Dunn)과 스키너(Quentin Skinner)이다. Dunn, J. (1980), 'The Identity of the History of Ideas', in J. Dunn, *Political Obligation in its Historical Context*, Cambridge: Cambridge University Press, 13–28면 참조; 스키너는 다양한 논문과 저술을 통해 자신의 이론을 전개했지만 그중 가장 중요하고 폭넓게 논의되는 것은 다음 논문이다. Skinner, Q. (1969), 'Meaning and Understanding in the History of Ideas', *History and Theory*, 8, 199–215면.

에서 전개된 주장의 본질과 의미를 이해하는 데도 큰 도움이 되기 때문이다. 이렇게 역사적 기록에 의지한 해석이 현재 여러 학생들과 학자들이 로크를 이해하는 방식에 중요한 영향을 미쳤음은 명백한 사실이다. 내가 이 절을 마무리하면서 던지고 싶은 질문은 과연 이런 맥락주의적 방법을 통해 모든 해석의 영역을 철저히 다룰 수 있는가라는 것과 과연 철학적 분석과 비판을 적용할 만한 더 이상의 남은 영역은 없는가라는 것이다.

역사적이고 전기적인 탐구는 철학자들이 작업 대상으로 삼는 권위 있는 원전과 번역을 제공함으로써 철학적 분석과 비판이라는 고유한 임무를 도울 수 있으며 또 실제로 그래 왔다. 맥락주의를 내세우는 사상사학자들은 말하자면 어떤 이론을 확인하고 그것의 의미를 밝히는 작업을 포함하는 역사적 탐구 이외에는 더 이상 거의 할 일이 없다는 더욱 강력한 주장을 편다. 예를 들어 로크의 이론에 관한, 적절하고 권위 있는 역사적 설명에 도달한다면 정치철학자가 여기에 무엇을 더할 수 있겠는가? 이런 주장에 대해 철학자는 로크와 같은 과거 사상가들의 이론을 분석함으로써 거기서 어떤 유익한 점이라도 발견할 수 있는지에 관심을 보인다고 대답할 수 있을지 모른다. 여기서 철학적 분석이란 어떤 이론이 논리적 일관성을 지니는지 그렇지 않은지, 더 나아가 현실적으로 실현 가능한지 그렇지 않은지를 따지는 작업을 의미한다. 모든 타당한 논증이 참일 필요는 없으며, 부당한 논증도 참인 전제를 포함하기도 하므로 부당한 논증도 관심의 대상이 될 수 있다. 이렇게 철학적 분석을 옹호하는 방식으로 대답한다면 우리는 어떤 사상에 대한 역사적 관점이 철학적 관점에 우선한다는 맥락주의적 주장에 반기를 드는 셈이 된다. 어떤 이론의 현실적 적용 가능성에 관심이 있다면 우리는 그것이 누구에게 적용 가능한가라는 질문에 답해야 한다. 진리성에 관심이 있다면 무엇에 관한 진리인가라는 질문에 답해야 한다. 또한 예를 들면 모든 위대한 정치사상가들이 반복해서 제기하는 공통적 질문이 있는지, 이 질문에 대한 그들의 대답이 옳은지 그른지, 어떤 사상가의 대답이 다른 사상가의 대답에 비해 더 큰 진리성을 지니는지 등도 검토해야 한다. 그렇게 하지 않으면 우리는 로크의 주장과 그의 『통치론』을 다룬 여러 책들에서 과연 무엇을 배울 수 있겠는가? 하지만 많은 역사주의자나 상대주의자들이 자주 주장하듯이 영속적 진리를 탐구하는 것이 지나치게 순진한 일이라는 주장을 받아들인다면 우리는 현실적 적용 가능성과 진리성에 다른 방식으로 접근해야 할 것이다. 즉 로크의 이론은 역사와 무관한 보편적인 어떤 기준이 아니라 그가 실제로 내세운, 역사적 상황과 관련된 특수하고 우연적인 주장에 비추어 적용 가능성과 진리성을 평가해야 한다. 이런 접근의 성패를 보여 주는 좋은 예가 로크의 이론에 포함된 기독교적인 전제들의 역할이다. 그는 당시의 동료 학자들과 더불어 최소한 몇몇 기본적인 기독교의 교리를 현실에 적용할 수 있으리라는 확고한 생각을 공유했는데 지금은 어떤 철학자도 이런 생각을 받아들이지 않을 것이다.[6] 이런 관점을 받아들인다면 우리는 위와 같은 모든 질문들이 결국 역사적 상황과 관련되며 역사적인 대답을 요구하므로 철학자들이 할 일은 거의 없다는 맥락주의 사상사학자들의 주장으로 되돌아가게 된다.

---

6   예를 들면 던은 로크의 정치이론에서 기독교가 중요한 역할을 담당하므로 20세기 후반의 민주주의 사회는 그로부터 거의 배울 것이 없다고 주장한다. Dunn, J. (1969) *The Political Thought of John Locke* 참조. 하지만 월드론(Jeremy Waldron)은 이런 견해에 반대하면서 로크의 저술에서, 특히 도덕적 주체들이 기본적으로 서로 평등하다는 전제 등과 관련하여 기독교적 논거가 차지하는 중요성을 충분히 인정하면서도 여전히 우리가 로크에게서 배울 것이 많다고 주장한다. Waldron, J. (2002), *God, Locke and Equality: Christian Foundations in Locke's Political Thought*, Cambridge: Cambridge University Press 참조.

　이런 모든 문제들은 내가 앞으로 이 책에서 해 나갈 작업과 관련해 중요한 의미를 지닌다. 뒤이은 본문에서 명확히 드러나겠지만 나는 로크의 이론을 역사적으로 재구성하거나 그가 『통치론』을 쓴 맥락을 밝히지는 않을 것이다. 그 대신 나는 『통치론』에 등장하는 가장 중요한 주장들을 철학적으로 재구성하고, 분석하고, 비판하는 작업에 몰두하려 한다. 이 과정에서 앞서 언급한 대로 『첫째 논고』를 그리 중요하게 여기지 않는 (특히 철학자들 사이의) 관행에 따르려 한다. 나는 필요한 경우 철학적 해석과 분석을 뒷받침하기 위해 역사학의 성과를 인용하기도 하겠지만 철학적 목적에 도움이 되는 한에서 역사를 활용하는 유서 깊은 전통에 따를 것이다.

2장
주제들의 개관

i. 로크 철학에서 『통치론』의 위치

정치철학자들은 『통치론』을 로크의 가장 중요한 저술로 여기지만 다른 많은 철학자들은 『통치론』과 같은 해인 1689년에 출판된 『지성론』에 이런 영예를 돌려야 한다고 주장하기도 한다. 『지성론』이 영어로 쓰인 가장 위대한 철학 저술 중 하나라는 점에는 의심의 여지가 없다. 또한 이 저술은 라이프니츠(Leibniz)의 상세한 반응을 이끌어 내었을 뿐만 아니라 버클리(Berkeley), 흄(Hume), 밀(J. S. Mill) 등을 포함한 많은 영어권 철학자들을 경험론적 전통에 따르도록 고무함으로써 유럽의 계몽주의 발전에 크게 기여했다.

로크는 섀프츠베리 백작의 런던 저택인 엑서터(Exeter) 하우스에 머무는 동안 『지성론』을 쓰기 시작했고 다양한 필사본 원고를 다른 학자들에게 보여 주기도 했지만 본격적인 집필은 그가 데카르트(Descartes)의 저술로부터 비롯된 철학적 논쟁에 몰두한 1675년 이후 프랑스 여행 중에 이루어졌다. 로크가 『지성론』에서 전개한 여러 주장들은 실험과학과 의학의 탐구를 통해 형성된 것인데 그는 크라이스트 처치 시절부터 이런 분야에 큰 관심을 보였으며 또한 섀프츠베리 백작의 주목을 받은 것도 바로 이런 분야의 성과 때문이었다.

로크는 『지성론』에서 경험주의 인식론을 옹호하면서 철학의 임무는 실험과학의 기초를 제공하는 것이라고 여긴다. 당시 새롭게 등장한 과학은 우리에게 세계에 관한 지식을 제공한 반면 로크의 철학은 우리가 어떻게 지식을 지닐 수 있는지, 더욱 엄밀히 말하면 우리가 세계를 이해하는 일이 어떻게 가능한지를 탐구함으로써 더욱 본질적인 지식을 보충하는 역할을 한다. 우리의 이해 능력을 설명하기 위해 로크는 사고와 추론에서 드러나는 우리 정신의 내적 작용으로 눈을 돌리며 이런 작용이 사고와 추론의 대상인 세계와 어떻게 관련되는지를 탐구한다. 그의 철학은 (지식의 본성 및 한계를 다루는) 인식론과 (무엇이 존재하는가를 다루는) 존재론을 모두 포괄한다. 그의 철학은 지금도 여전히 논쟁의 대상이 되지만 전체적으로 보면 아름다울 정도로 단순하다. 로크는 우리가 정신 내부의 작용을 성찰할 경우 가장 직접 의식하는 것은 관념의 영역이라고 주장하면서, 관념을 '… 인간이 사고할 때 지성의 대상이 되는 모든 것'으로(『지성론』 I.i.8) 정의한다. 따라서 우리가 직접 접하는 바는 사물이 아니라 관념이다. 관념은 두 가지 원천에서 생기는 듯한데 그중 하나는 감각이며 다른 하나는 반성이다. 감각은 가장 기본적인 형태의 경험으로서, 세계 안의 사물과 우리 사이의 상호작용은 시각, 청각, 미각, 촉각 등을 통한 경험에 의해 이루어지며 이 결과 우리는 관념을 지니게 된다. 일단 우리의 정신이 어떤 경험을 하게 되면 우리는 경험의 결과로 얻은 관념들을 반성을 통해 사용하거나 결합하므로 반성은 관념의 두 번째 원천이라 할 수 있다. 관념들 또한 두 종류로, 즉 단순 관념과 복합 관념으로 나뉜다. 단순 관념은 색, 형태, 연장성, 맛 등 중에서 한 가지 요소를 포함하는 원자적(입자적)인 것인 반면, 복합 관념은 이런 단순 관념들이 서로 결합한 것으로서, 예를 들면 우리가 지니는 오렌지의 관념은 이에 해당한다. 로크가 제시한, 또 다른 유명한 구별은 대상의 제일성질과 제이성질 사이의 구별이다. 제일성질에 속하는 것은 대상의 형태, 크기, 연장성 등으로 이들은 우리의 정신과 무관한, 대상 자체의 성질이다. 반면 색과 같은 것은 우리의 경험에 의해 대상에 부여된다고 여겨지는 제이성질이다. 로크 연구자들 사이에서는 제이성질이 우리의 정신과 무관하다는 의미에서 실재하는 것인지 아니면 우리 내부의 정신적 현상인지 등의 문제를 둘러싼 심각한 논쟁이 여전히 계속된다. 다행히 우리가 지금 이 책에서 이런 논쟁에 관심을 기울일 필요는 없다. 하지만 로크의 지성 이론에 관한 논쟁 중 그의 정치철학에도 상당한 영향을 미치는 중요한 논쟁이 한 가지 있다. 그는 『두 논고』에서는 이에 관해 전혀 언급하지 않는다.

　앞서 살펴보았듯이 로크는 지성이 관념과 관련하는데, 관념의 두 원천은 경험과 반성이며, 반성은 궁극적으로 경험에 의존한다고 주장한다. 이에 따르면 인간의 정신은 텅 빈 백지(라틴어 표현으로는 tabula rasa)인데 경험이 그 위에 무언가를 쓰게 된다. 이는 다시 우리의 지식 창고에 미리 저장되어 우리가 아프리오리(a priori)하게 (즉 경험에 앞서) 지닐 수 있는 본유 관념은 존재할 수 없음을 의미한다. 현대의 철학자들은 본유 관념을 그리 중요한 주제로 여기지 않을지 몰라도 로크 시대의 많은 철학자와 신학자들에게 본유 관념은 종교와 도덕의 진리를 옹호하기 위해 반드시 필요한 것이었다. 전통적 방식으로 신의 존재를 증명하려는 수많은 논증들은 아프리오리한 추론과 신에 대한 본유 관념에 의존하는데 이들은 모두 경험을 넘어선 것이므로 신에 관한 지식은 결코 경험으로부터는 도출될 수 없다. 따라서 로크와 동시대 학자들에게 본유 관념에 대한 비판은 곧 종교의 합리성을 직접 공격하는 것으로 받아들여졌다. 로크는 자신이 택한 철학의 근본원리 때문에 종교가 훼손되는 일을 결코 원하지 않았으며, 앞으로 보게 되듯이 세상을 떠나는 날까지 개신교 형태의 기독교가 합리적이라는 믿음을 굳건히

유지했다. 하지만 그와 동시대 학자들은 그의 인식론이 은연중에 종교
와 도덕에 미칠 영향을 간과하지 않았으며, 현대의 로크 연구자들 또한
『통치론』에서 신학적 전제가 지니는 중요성을 간과하지 않았다. 더 나
아가 래슬릿은 로크가 자신이 『지성론』의 저자임은 분명히 인정했지만
『통치론』의 저자임을 부정한 이유 중 하나는 독자들이 두 저술 사이의
불일치를 알아채리라고 예상하여 『지성론』이 정치이론의 기본 전제를
무너뜨릴지도 모른다는 점을 염려했기 때문이라고 주장한다.[1] 다른 대
부분의 사상가와 마찬가지로 로크의 체계 또한 완벽한 일관성을 드러
내지는 못하므로 전혀 다른 목적에서 쓴 서로 다른 저술들 전체를 포괄
하는 일관성을 기대하는 것 자체가 잘못일지도 모른다. 그렇다면 문제
는 여러 불일치를 어떤 수준에서 어떻게 해석해야 하는지이다. 이들은
그저 그리 엄밀하지 않은 사고의 결과인가 아니면 이보다 심각한 무언
가를 암시하는가? 스트라우스(Leo Strauss)는 『지성론』과 『두 논고』
사이의 관계를 또 다른 방식으로 해석했는데 이는 상당한 논란을 불러
일으켰다. 스트라우스에 따르면 로크는 초기 계몽주의 시대의 다른 많
은 사상가들과 마찬가지로 드러나지 않은 무신론자로서 『지성론』에서
은연중에 드러나는, 유신론에 반대하는 태도가 그의 진정한 철학적 견
해라는 것이다.[2] 이런 사실을 전제하고 스트라우스는 『두 논고』를 지금
까지와는 다르게 해석하여 전통적인 자연권 이론을 교묘하고 은밀하게
비판하는 것으로 보아야 한다고 주장한다. 그에 따르면 로크는 『통치
론』에서 제시한 이론들을 『지성론』에 등장한 주장을 근거로 엄밀히 검

---

1 Laslett, P. (1988), Introduction, in J. Locke, *Two Treatises of Government*, Cambridge: Cambridge University Press.
2 Strauss, L. (1953), *Natural Right and History*, Chicago: University of Chicago Press.

토해 보면 비판받지 않을 수 없다는 점을 잘 알고 있었다. 어쩌면 로크
는 더욱 예민한 독자들이 이런 치명적 긴장 관계를 알아차리고 나름대
로 적절한 결론을 이끌어 내기를 바랐는지도 모른다.

　스트라우스의 주장은 로크에 대한 일반적이고 직관적인 해석에 가장
정면으로 반대되는 것이므로 나는 여기서 이를 더욱 상세히 논의할 마
음은 없다. 하지만 스트라우스와 래슬릿 모두 서로 다른 방식으로 『지
성론』과 『두 논고』 사이의 관계에 문제가 있다는 점을 지적한다는 사실
만은 분명하다. 『지성론』에 등장하는 주장은 전통적인 자연법과 자연
권을 옹호하는 데 심각한 문제를 일으키지만 동시에 이 두 개념은 『통
치론』의 전제로 작용한다. 이 문제는 『통치론』에서는 신의 관념이 중요
한 역할을 차지하는 반면 『지성론』에서는 신이 전혀 전제되지 않는다
는 것과도 관련된다. 로크는 자신이 두 저술에서 주장한 바를 서로 적
절히 연결할 수 있으리라고 생각했지만 실제로는 이 작업을 그리 만족
스럽게 수행하지 못했는지도 모른다. 이렇게 서로 일치하지 않는 로크
의 주장에 동의하기는 쉽지 않지만 그가 두 저술 사이에 조화를 이루지
못했다고 해서 두 저술을 근본적으로 서로 분리된 기획으로 봐서는 안
된다. 로크가 조화를 이루지 못한 것은 명백한 일종의 실패지만 이런
실패가 조화를 모색하려는 어떤 시도도 하지 않았음을 의미하지는 않
는다. 월드론(Jeremy Waldron)은 최근 『지성론』과 『통치론』뿐만 아니
라 후기의 두 저술 『관용에 관한 편지』와 『기독교의 합리성』(*Reason-
ableness of Christianity*)에 등장하는 여러 주장들 사이의 연관성을 확
립하려는 시도를 보였다.[3] 월드론은 로크의 저술들이 자유주의적 평등
주의를 옹호하려는 현대의 시도들, 예를 들면 롤스(John Rawls)나 드

3　Waldron (2002), *God, Locke, and Equality* 참조.

워킨(Ronald Dworkin)에게서는 찾아볼 수 없는 일종의 근본적인 또
는 기본적인 평등을 충실히 옹호한다고 주장한다. 그의 핵심 주장은 롤
스와 드워킨이 기본적 평등을 적절한 종교적 기초 위에서 옹호하는 데
실패했다는 것으로 보일지 몰라도 사실은 그렇지 않다. 그의 논점은 오
히려 로크 이론의 체계가 종교적 전제를 유용하게 사용하는 방식을 포
함함으로써 기본적 평등을 옹호하려는 이론이 취해야 할 형식을 잘 보
여 주었는데 현대의 이론들은 그렇게 하지 못한다는 것이다. 월드론의
주장이 지닌 여러 측면에 관해서는 다음 장에서 다시 살펴볼 예정이다.
그의 주장이 그럴듯한지 그렇지 않은지는 로크 철학의 마지막 요소, 곧
종교를 어떻게 이해하는가에 달려 있으므로 이제 이 절의 남은 부분에
서 로크의 종교관을 다루려 한다.

　　종교적 믿음이 로크의 사유 체계에서 중요한 부분을 차지하며 또한
종교의 역할과 의미를 둘러싼 논쟁이 그의 정치철학은 물론 그의 철학
전반에서 핵심적인 영역을 형성한다는 사실은 이미 살펴본 바와 같다.
『통치론』과 『관용에 관한 편지』에서 등장하는 정치적 문제는 종교적
주장에 직면했을 때 정치적 통치의 범위와 정당성이 어떻게 확보되는
가와 관련된다. 로크는 공적으로나 사적으로나 종교를 매우 중요하게
여겼으며, 로크가 은밀한 무신론자였다는 스트라우스의 주장을 지지할
만한 합리적 증거는 없다. 사실 로크는 무신론자들은 약속조차 지키지
않거나 의무를 무시하는 도덕적 허무주의자임에 틀림없다는 이유를 들
어 무신론에 대한 관용을 거부한다. 하지만 그는 통치자가 하나의 종교
적 신앙을 강요하는 일을 허용하는 것 또한 문제가 있다고 보았다. 이
런 일은 (영국 내전에서 실제로 그랬듯이) 정치적 대란과 격변을 일으
킬 뿐만 아니라 종교적 박해가 참된 신앙을 보장해 주지도 않기 때문이
다. 참된 신앙은 개인의 구원을 위해서도 중요하고 (사실 뭐가 이보다

더 중요하겠는가?) 로크의 체계를 위해서도 중요하다. 왜냐하면 그는 자신의 정치 체계 전체가 기초로 삼는 자연법과 자연권을 창조주로서의 신이라는 개념에 호소해 설명하기 때문이다. 만일 로크가 자신의 종교적 주장이 합리적임을 보이지 못한다면 그의 정치철학은 완전히 무너지고 말 것이며, 그의 경험주의가 정치철학을 크게 위협하게 될 것이다. 더 나아가 현대의 정치철학자들처럼 종교와 신학적 전제들에 의존하는 로크의 주장이 분석철학을 중심으로 한 현실적인 흐름과는 동떨어져 있다고 생각할지도 모른다. 로크의 주장이 사실상 전통적인 신학적 전제들로만 가득 차 있다면 로크로부터 배울 바가 그리 많지 않다는 결론을 내리는 것도 무리는 아니며, 이런 신학적 기초에 대한 근본적인 질문들이 계속 제기될 것이다.

던(John Dunn)은 로크가 신학적 논거들뿐만 아니라 17세기 영국 개신교의 특징적인 논거들도 적극 활용했기 때문에 그의 이론은 역사적 호기심의 영역에서만 관심의 대상이 될 뿐 현대의 정치철학과 밀접하게 관련되지는 않는다고 폭넓게 주장했다. 특히 던은 로크가 현대의 입헌정부제에 영감을 주었다고 주장하는 자유주의자들을 강력히 비판한다. 그렇다면 로크가 과연 신학적 전제들로부터 결론을 이끌어 내었는가도 다루기 어려운 문제이지만 이보다 더 중요한 것은 그가 현재 우리가 보기에 매우 폭이 좁고 종교 근본주의적으로 보이는 전제들을 채용한다는 점이다. 던은 로크 저술의 세부 내용에 관한 폭넓은 지식을 바탕으로 로크를 재해석했는데 사실 그의 해석은 로크의 종교적 관심과 논쟁에 다소 집착한 듯이 보이기도 한다. 하지만 로크가 생애 말년에 기독교의 합리성을 옹호하고 사도 바울(St Paul)의 편지에 주석을 다는 작업에 몰두했음은 분명한 사실이다. 앞서 살펴본 월드론은 로크의 저술에서 기독교가 중요한 역할을 담당한다는 던의 주장을 대부분 인정하지만 이 때문에 로크가 현재 우리의 정치적 사고를 인도하는 데 무용하다는 던의 결론은 거부한다. 그 대신 월드론은 종교에 호소한 로크의 태도가 왜 우리가 모든 사람을 도덕적으로 평등하게 대우해야 하는가라는 질문에 대한 일종의 대답을 (물론 반드시 유일한 대답은 아니지만) 제시한다고 주장한다. 현대의 평등주의자들은 모든 사람을 도덕적으로 평등하게 대우해야 한다는 점을 가장 기본적인 전제로 수용하지만 왜 우리가 이 전제를 받아들여야 하는가에 대해서는 아무 말도 하지 않는다. 반면 종교에 호소하는 로크의 태도는 왜 우리가 다른 사람들을 우리와 같은, 도덕적으로 평등한 존재로 여겨야 하는지를 보여주며, 이런 기본적인 평등을 정당화하려는 시도가 취해야 할 형식을 제공한다. 던은 로크의 기독교를 우리에게 낯설고 동떨어진 것으로 보는 반면 월드론은 로크를 기독교의 기본 교리와 이성의 요구 사이에 근본적인 양립 가능성을 충분히 인정하는, 더욱 합리적인 기독교도로 해석함으로써 훨씬 더 낙관적인 관점을 드러낸다. 월드론은 로크가 계시된 진리를 검토하는 궁극적 기준은 이성이어야 한다는 태도를 보임으로써 기독교의 합리성을 충분히 강조했다고 해석한다. 로크와 동시대 학자들뿐만 아니라 이후 등장한 수많은 합리론 및 경험론 철학자들은 이성에게 이런 권리를 부여하는 것이 기독교를 훼손한다고 여겼지만 로크는 전혀 그렇게 생각하지 않았다. 현대의 많은 로크 연구자들이 주장하듯이 로크는 당시에 등장한—매우 관용적인 이성주의 형태의 개신교 종파였던—광교회파(latitudinarianism)에 대해 호의적인 태도를 보였으며, 죽을 때까지 계속해서 소치니파(Socinianism)나 유니테리언파(Unitarianism), 즉 그리스도의 신성을 부정하고 기독교가 인간 이성의 영역을 넘어서는 특별한 계시 종교라는 사실을 거부하는 종파의 추종자가 아닌가라는 의심을 받았다.

이 책에서 종교의 역할과 이성의 능력에 관한 로크의 최종 견해가 무엇인가라는 매우 어렵고, 상당한 해석이 필요한 문제를 다룰 생각은 없다. 따라서 다음 장에서는 『통치론』에 등장하는 로크의 이론 체계에서 신학적 전제들이 차지하는 역할과 범위에 관해 탐구하려 한다. 『통치론』에 대한 철학적 입문을 제공하려는 이 책에서 나는 주요 주제를 두 가지로 압축하려는 계획을 세웠다. 첫 번째 주제는 로크의 이론 자체에 대한 철학적 해석이 그가 『통치론』을 쓴 당시의 사회, 정치, 사상적 맥락과 구별될 수 있는지 그렇지 않은지를 살펴보는 것이다. 이 책 전체를 관통하는 두 번째 주제는 로크의 철학 이론 자체가 그의 종교적 믿음이나 헌신과 분리될 수 있는지 아니면 던과 월드론이 다소 다른 방식으로 주장했듯이 『통치론』에 등장하는 로크의 이론이 기독교가 반드시 필요하다는 그의 견해에 의존해서만 설득력을 얻게 되는지를 검토하는 것이다. 내가 이후 여러 장에서 로크의 이론을 재구성하고 분석하면서 보이려 하는 바는 그의 이론에서 신학적 전제들이 어떤 역할을 담당하기는 하지만 그가 이들을 특정한 형태의 종교에 대한 신앙 '고백'으로 도입하지는 않았다는 점이다. 사실 그가 자연법을 자연법칙의 일종으로 여기고 이에 의지한 까닭은 기독교 신학의 교리에 대한 믿음을 공언하지 않거나 공언할 수 없는 사람들에게 일종의 근거를 제시하기 위해서였다. 앞으로 살펴보게 되듯이 로크가 최소한의 신학적 전제로부터 이끌어 낼 수 있다고 생각한 바는 이성적으로 창조된 질서의 관념이었다. 바로 이런 합리성의 관념을 통해 기독교의 계시를 인식할 수도 있지만 이는 동시에 우리를 정당한 정치권력의 본성 및 한계와 정치적 의무의 기초를 인식하도록 인도한다. 로크가 이 두 요소를 모두 합리적인 것으로 여겼지만 동시에 이들이 분명히 서로 구별된다고 보았다는 점은 매우 중요하다. 최소한 이것이 내가 『통치론』에 등장하는 로크의 이론을 비판적으로 설명하면서 이르게 될 주요 결론에 해당한다.

ii. 핵심 주제들

우리는 이미 로크의 생애와 시대적 맥락 그리고 『통치론』을 어떻게 읽어야 하는가와 관련된 몇몇 복잡한 문제를 살펴보는 데 상당한 시간을 할애했다. 로크의 이론이 정치철학사에서 수많은 해석이 난무하는 전쟁터가 되었기 때문에 이런 문제들은 매우 중요하다. 다음 장에서는 이런 문제들을 제쳐 두고 『통치론』 자체에 주의를 집중하려 한다. 따라서 『통치론』에 등장하는 주요 주제들을 검토하고 평가할 것인데 이들은 다음과 같다.

- 기본적 자유와 평등에 관한 설명을 포함한 자연법과 자연권
- 노예제도의 개념
- 사적 소유권의 본질, 근원, 분배
- 여성과 가족의 지위
- 정치사회의 근원과 로크의 계약 이론
- 동의와 정치적 의무
- 저항권

나는 로크 이론의 장단점에 대해 탐구하면서 가장 최근의 철학적 연구 성과를 바탕으로 삼았는데 여기에는 노직(Robert Nozick), 월드론, 로이드-토머스(David Lloyd-Thomas), 코헨(G. A. Cohen), 시먼스(A. John Simmons) 등의 저술이 포함된다. 뒤이은 여러 장에서 이루어질

논의의 핵심 주제들이 로크가 『통치론』이라는 대단한 책에서 전개한 모든 이론을 남김없이 다루는 것은 결코 아니다. 하지만 핵심 주제들은 로크의 가장 특징적인 이론을 반영하며, 이후 독자들이 계속해서 다시 살펴볼 수밖에 없는 것들이므로 이런 점에서 최소한 정치철학의 고전적인 주제들에 속한다.

이 책의 나머지 부분에서 우리는 로크가 정부와 국가에 관해 설명하면서 기초로 삼는 기본적인 가치들을 더욱 상세히 탐구할 것이다. 이런 기초에는 정치에 앞선 권리에 해당하는 사적 소유권의 본질과 근원, 정치사회의 근원과 무정부주의자에 대한 로크의 대응, 정치적 의무에 동의해야 한다는 그의 이론, 저항권을 옹호하는 그의 시도 등이 포함된다.

로크의 국가 이론 또한 상당한 영향력을 미쳤지만 위의 주제들만큼 상세히 다루지는 않으려 한다. 그의 이론을 큰 틀에서 파악할 수 있을 정도로 살펴볼 예정이다. 그의 국가 이론은 매우 중요한 부분에 속하지만 이미 적절한 헌법 이론과 여러 제도를 중심으로 한 정치과학을 모색하는 현대의 정치철학에 크게 기여하지 않는 영역이 되어 버렸다. 로크는 현대의 정치과학에 의지하여 권력의 획득과 유지를 최선의 제도적 장치를 통해 설명하는 이점을 누리지 못했다. 이런 관점에서 그의 이론은 도구적이므로 그의 국가 이론을 세밀하게 평가하기보다는 오늘날에도 여전히 논의의 대상으로 부각되는 더욱 중요한 규범적 질문들에 집중하는 편이 나을 듯하다. 정치적 의무의 기초, 정치권력의 본질과 한계 그리고 과연 우리가 국가의 요구에 저항할 권리 또는 의무를 지니는지 등이 이런 질문에 속한다. 이제 이런 질문들로 눈을 돌려 보자.

3장
본문 읽기

i. 출발점 – 절대왕정의 문제점

로크가 보기에 절대왕정은 정치적으로뿐만 아니라 이론적으로도 문제가 있었다. 스튜어트 왕가의 국왕들은[1] 왕이 원하는 대로 통치할, 신이 부여한 권리를 지닌다고 믿었다. 더 나아가 그 어떤 상위의 정치적 권위가 부여하는 제한에서 벗어나 자유롭게 통치하는 것은 왕의 의무라고까지 생각했다. 당시 국왕은 법률 및 정책과 관련해서는 의회의 동의를 구할 필요가 없었지만 예산과 새로운 세금의 부과를 위해서는 의회의 허락을 받아야만 했다. 스튜어트 왕가의 국왕들은 새로운 세금을 투표에 붙임으로써 항상 제약을 가할 것이 뻔한 의회에 출석하지 않고도 수입을 늘릴 방법을 찾으려 했다. 이는 신교도가 장악한 의회와 교섭해야 했던 가톨릭교도 제임스 2세에게는 큰 골칫거리였으며, 신교도임을 자처했지만 가톨릭교도로 의심받았고 프랑스 왕가와 가깝게 지내 절대왕정을 지지한다는 혐의를 샀던 찰스 1세나 찰스 2세의 경우에도 사정은 마찬가지였다. 이런 상황에서 군주의 절대왕정을 옹호했던 몇몇 인

---

[1] 로크가 주된 논의의 대상으로 삼은 것은 찰스 2세와 제임스 2세의 주장이었지만 왕권신수설은 찰스와 제임스의 아버지였던 찰스 1세, 할아버지였던 제임스 1세(스코틀랜드에서는 제임스 6세로 불렸던)도 모두 내세웠던 이론이었다. 아들이나 손자보다 훨씬 명민했던 제임스 1세는 왕권신수설을 옹호하는 가장 중요한 저술 중 하나인 『자유 군주국의 참된 법』(*The True Law of Free Monarchies*, 1603)을 쓰기도 했다.

물들은 오직 국왕만이 영토 안에 있는 모든 것의 정당한 소유자이므로
세금을 부과하는 데 의회의 허락을 받을 필요가 없다고 주장했다. 이것
이 바로 필머 경의 저서 『가부장권론』의 핵심 주장이다. 국왕은 영토
안의 모든 재산을 소유하므로 의회의 동의가 없이도 세금을 부과할 수
있다—모든 돈은 기본적으로 국왕의 것이다. 로크는 정치권력의 기원
과 정치 이전에 형성되는 사적 소유권의 근원을 새롭게 설명함으로써
필머의 이론을 비판하려 했다.

절대왕정의 문제점은 '왕권신수설'에만 그치지 않는다. 앞서 영국
철학자 홉스(Thomas Hobbes, 1588-1679)는 사회계약 이론을 통해
통치자의 정치권력이 절대적이어야 하고 도전받아서는 안 된다고 주
장했다. 그렇지 않으면 시민으로서의 삶과 사회에서 얻는 이익이 불가
능해진다는 것이다. 홉스는 설령 인간이 자연 상태에서 자유롭고 평등
하게 태어난다고 생각하더라도 인간은 이런 자연적 자유와 평등을 절
대적인 통치자에게 양도해야 한다고 주장했다. 현재의 실질적인 통치
권력에 절대적으로 복종하라는 것은 이성의 요구이다. 로크 또한 이성
과 합의에 기초해 절대왕정에 대한 비판을 시도하므로 그는 직접은 아
니더라도 은연중에 사회계약 이론이 정치적 절대주의에 이르게 된다
는 홉스의 주장을 비판하는 셈이 된다. 가장 넓은 의미에서 로크의 이
론은 절대왕정과 무정부주의라는 두 잘못된 선택지 사이를 헤쳐 가기
위한 조종 장치라 할 수 있다. 앞으로 보게 되겠지만 이 두 잘못된 대
안은 『통치론』 전반에 걸쳐 서로 다른 방식으로 거듭해서 모습을 드러
낸다.

「첫째 논고」에서 「통치론」으로
필머 경은 『가부장권론 또는 국왕의 자연적 권력』(*Patriarcha, or the*

Natural Power of Kings)에서[2] 모든 사람은 태어나면서 자연적인 예속
상태에 놓이게 되는데 이것은—아버지의 아들로 태어나는—모든 인
류가 감내해야 할 몫이라고 주장했다. 딸들 또한 아버지에게 예속되며,
여성들은 일반적으로 아버지에게, 남편에게 마지막에는 심지어 자신이
낳은 아들에게도 예속된다. 따라서 필머는 군주나 통치자에게 예속되
어 복종하는 일은 지극히 자연스러운 것으로 보았다. 통치자에게 복종
하는 것은 철학을 동원해 정당화해야 하는 인위적인 관계가 아니라 사
회생활에 필요한 대전제이다. 필머의 이론은 성서도 이런 자연적인 예
속 관계를 지지한다는 점을 보임으로써 자연적 평등이라는 개념을 도
입하려는 생각은 '부자연스러울' 뿐만 아니라 성서의 질서에도 위배된
다는 점을 보이기 위한 것이다. 하지만 필머 또한 자연적 평등이라는
주장이 군주가 왕국의 법률을 위반했다고 판단될 때 사람들이 군주에
게 저항하고 그를 처벌할 권리를 지닌다는 믿음을 정당화하는 데 사용
되리라는 점에는 관심을 보인다. 앞으로 보게 되듯이 군주에게 저항할
권리는 바로 로크가 『통치론』의 끝부분에서 우리가 지닌 자연적 자유
와 평등에 기초해 옹호하려 한 결론에 해당한다. 만일 로크가 실제로
『첫째 논고』보다 『통치론』을 먼저 쓰기 시작했다면 왜 그가 필머식의
특수한 절대주의에 관심을 보였는지가 명확히 드러난다.

　로크는 복종이 자연스러운 것이라는 필머의 핵심 주장을 접하고 이
를 비판할 필요성을 느꼈다. 하지만 필머는 성서의 권위에 의지해 이론
을 전개하면서 정치적 권한은 아버지 또는 가부장이 지닌 권한과 같은
종류의 것이며, 신이 아담을 창조하면서 세계 전체의 지배권을 그에게
부여한 데서 그 근원을 찾을 수 있다는 점을 보이려 했다. 『첫째 논고』

2　Filmer, Sir Robert (1991), *Patriarcha and Other Writings*, Sommerville, J. P.
(ed.), Cambridge: Cambridge University Press 참조.

에서 로크는 필머가 제시한 성서적 근원을 상세히 분석하려 한다. 로크
는 필머 자신이 선택한 관점에서 필머를 비판하려 하며, 이를 통해 필
머가 의지하는 성서의 내용이 필머의 이론을 지지하지 못하거나 아니
면 필머의 해석에 모순이 있다는 점을 보이려 한다. 여기뿐만 아니라
『두 논고』 이후의 저술에서도 로크가 전제로 삼는 바 중의 하나는 성서
에 등장하는 계시가 이성과 조화를 이루어야 한다는 점이다. 만일 그렇
지 않다면 우리는 신이 진정으로 전달하려는 바와 특별한 계시에 관한
거짓 주장을 구별할 수 없을 것이다. 따라서 로크는 필머 이론의 성서
적 근원을 해석하는 동시에 부조화와 모순에 관한 이성적 논변을 전개
한다. 여기서 필머를 반박하려는 로크의 시도를 상세히 검토할 필요는
없겠지만 나는 로크의 몇몇 핵심 논점을 요약해서 제시하려 하는데 이
들은 『통치론』의 주요 주장을 드러내므로 후에 다시 살펴볼 것이기도
하다. 로크는 『통치론』 1절에서 필머에 대한 반박의 요지를 친절하게
번호를 붙여 네 가지로 요약하여 제시한다.

　　필머는 군주의 정치적 권한이 아담이 자식들에게 행사했던 자연적
권한을 바탕으로 확립된다고 주장한다. 따라서 군주의 모든 정치적 권
한은 아버지의 권한, 더욱 구체적으로 말하면 남성이 행사했던 가부장
적 권한과 같은 종류에 속한다. (어쩌면 필머는 여성 군주였던 엘리자
베스 1세를 명예 남성으로 여겼는지도 모른다!) 로크는 「창세기」에 대
한 필머의 해석을 비판하면서 신이 아담에게 모든 것에 대한, 곧 전 세
계의 모든 재산에 대한 지배권과 아담의 자손인 모든 사람에 대한 통치
권을 부여했는지가 불분명하다고 주장한다. 이런 두 종류의 권한은 서
로 다른 것이며, 이런 사실은 뒤이은 세대들의 경우에서 명확히 드러난
다. 세계에 대한 아담의 지배권은 그의 아들에게 상속될 수 있는데 이
는 재산이 상속에 의해 다음 세대에게 이전되는 것과 같은 방식이다.

하지만 로크는 이런 방식의 재산 관계가 정치적 권한에는 적용되지 않는다고 주장한다. 만에 하나 정치적 권한이 아버지의 (가부장의) 권력과 같은 종류의 것이라 할지라도 그것은 상속될 수 없다. 왜냐하면 아버지의 권력은 구체적인 한 사람의 아버지가 소유하고 행사하는 것이기 때문이다. 아버지의 권한은 세대마다 다시 확립되어야 하므로 상속될 수 없다. 따라서 만일 신이 아담에게 지배권을 양도했다는 필머의 주장이 옳더라도 정치적 권한은 아버지의 권력과 같은 종류의 것일 수 없다. 더욱이 군주에 대한 의무가 아버지의 권력에서 비롯된다는 생각은 말이 되지 않는다. 이런 생각은 「창세기」의 주장에 따를 경우 아담의 후손임에 틀림없는 모든 아버지들이 곧 왕임을 의미하는가? 그렇지 않다면 실제 왕과 수많은 아버지들을 어떻게 구별할 수 있는가? 이런 구별이 아담이 최초에 부여받은 지배권에 의지해서 이루어질 수 없다는 점은 명백하며 또한 이는 너희 부모를 공경하라는 계명을 통해서 이루어지지도 않는다. 이런 점에서 필머의 이론은 아무것도 명확하게 규정하지 못한다. 더욱이 그의 이론은 이보다 더한 모순을 포함한다. 그는 최초의 아버지가 자신의 자녀들뿐만 아니라 먼 후손들, 말하자면 손자나 증손자에 대한 지배권도 누린다고 주장하는 듯하다. 만일 그렇다면 이는 정치적 권한이 아버지의 권한과 결코 같은 종류가 아니라는 점을 암시한다. 왜냐하면 정치적 권한은 자식들이 다시 자신이 낳은 자식들에 대해서 행사하는 아버지의 권한과 일치하지 않을 뿐만 아니라 너희 부모를 공경하라는 성서의 계명과도 명백히 충돌하기 때문이다. 신이 아담에게 지배권을 부여했다는 사실로부터는 어떤 정치권력도 형성되지 않는다. 로크가 『첫째 논고』에서 다소 복잡한 성서 해석을 통해 보이려 한 바는 결국 정치적 권한이 무엇이든 간에 그것은 아버지의 권한과 같은 종류가 아니라는 점이다.

『통치론』 2절에서 로크는 필머의 가부장적 절대주의가 채택한 논거를 정치적 권한에 대한 모든 절대주의적 설명에도 확장하여 적용한다. 로크는 절대주의가 정치적 권한이든 군주의 권한이든 간에 모든 형태의 권한을 무너뜨린다고 주장한다. 필머의 경우 모든 형태의 권한은 가부장의 권한과 같은 것이 되고 만다. 반면 홉스의 경우, 로크가 홉스의 이름을 직접 언급하지는 않지만, 모든 형태의 권한은 군주의 통치권에서 도출되는 것으로 여겨진다. 로크는 이런 이론들이 서로 다른 종류의 권한 또는 권력을 뒤섞어 하나로 만들어 버린다는 점을 지적한다. 로크는 '위정자가 국민에게', '아버지가 자식들에게', '주인이 하인에게' 행사하는 권력, 또한 오늘날의 관점에서는 논란이 되겠지만 '남편이 아내에게', '노예주가 노예에게' 행사하는 권력 등을 나열한다. 홉스처럼 특정한 한 종류의 관계가 다른 모든 관계를 압도한다고 주장한다든지 필머처럼 모든 관계가 기본적인 하나의 관계와 같은 종류라고 주장하는 절대주의 관점을 택하면 이런 다양한 관계들 사이의 구별은 무너지고 만다. 로크는 이런 관계들이 명백히 서로 다른 것이라는 전제 위에서 우리가 서로 다른 권한 또는 권력 관계의 다양성을 인정하고 구별해야 한다고 주장한다. 따라서 오직 한 종류의 관계에—곧 아버지의 권력에—호소해서는 다른 종류의 관계를 설명할 수 없으며 만일 그렇게 한다면 논점선취의 오류를 범하게 된다. 그렇다면 정치권력이란 무엇인가? 로크의 대답은 3절에 등장하는데 이는 이후 그의 다른 주장들과 관련해서도 중요한 의미를 지니므로 전체를 인용하려고 한다.

그렇다면 나는 **정치권력**을 다음과 같이 규정한다. 그것은 사형 및 그 이하의 모든 처벌을 가할 수 있는 법률을 제정할 **권리**이며, 또한 재산을 규제하고 보전할 목적으로 그런 법률을 집행하기 위해 그리고 국가를 외적의 침략에서 방어하기 위해 공동체의 무력을 사용할 **권리**이며, 이 모든 것을 오직 공공의 선을 위해서만 행사할 **권리**이다.

따라서 정치권력 또는 권한은 입법권 및 법률의 위반을 처벌할 권리와 밀접히 연결되는데, 입법은 재산의 (생성이 아니라) 보전 및 외부 침략의 방어를 위한 것으로 제한된다. 이를 통해 로크는 정치의 목표를 매우 특수한 것으로 규정한다. 이런 목표는 현대에 전개된 자유 민주주의 국가의 관점에서는 매우 익숙해 보이겠지만 서양의 정치사상사에서 발견되는, 정치의 유일한 목표는 결코 아니다―다른 목표들은 잠시 제쳐두기로 하자.

　이런 로크의 주장을 어떻게 받아들여야 하는가? 그의 주장은 참된 정의(定義)인가? 필머는 분명히 로크에 반대할 것이며, 홉스 또한 그러리라고 생각된다. 홉스는 로크의 설명 대부분을 정치권력에 대한 기본 이론으로 받아들일지도 모른다. 하지만 그는 정치권력은 통치자가 결정할 문제라는 점을 더하려 들 것이다. 정치권력과 권한에 대한 홉스의 설명 중 핵심 논점은 정치적 권한의 본질과 범위를 결정하는 일이 오직 통치자의 몫이라는 점이다. 홉스가 생각한 통치자가 반드시 전체주의자여서 시민사회의 다양한 영역들과 정치 사이의 어떤 구별도 부정할 필요까지는 없지만 홉스는 이런 영역들의 경계와 범위를 판단할 권리는 통치자에게 있다고 주장할 것이다. 이와 유사하게 필머도 가부장적인 군주의 개념이 권력과 권한을 군주에게 위임하는 것을 포함한다는 점을 인정한다.

　로크가 정치권력에 대한 어떤 새로운 정의를 내린 것으로 보이지는 않는다. 사실 그의 철학 전반은 정치적 권한과 권력의 본질 및 범위를 정의에 의해 규정하는 데 대해 회의적인 태도를 암시한다. 로크의 주장을 의미 있게 해석하는 방법 중 하나는 이를 현대 미국 철학자인 노직의 주장과 비교하는 것이다. 노직은 자신의 저서 『아나키, 국가 그리고 유토피아』(*Anarchy, State and Utopia*)에서 '개인은 권리를 지니는데, 어떤 다른 개인이나 집단도 개인에게 행해서는 안 되는 (만일 행한다면 반드시 개인의 권리를 침해하게 되는) 일들이 있다'고 말한다.[3] 처음에는 많은 독자들이 이를 대담한 제일 전제로 여기면서 이로부터 나머지 부분의 결론이 도출된다고 생각했다. 하지만 이후 많은 독자들은 이런 생각이 노직의 주장을 오해한 것이며, 그의 주장은 사실상 제일 전제가 전혀 아니라고 결론지었다. 그의 주장은 오히려 롤스의 분배적 정의에 반대하는 그의 여러 논증이 도달한 결론에 해당한다. 그리고 나는 노직의 주장이 정확하게 로크가 확보하려는 바라고 주장하려 한다. 3절에 등장하는 정치권력에 관한 설명은 바로 로크가 도달하려 하는 결론이며, 그가 이후 여러 장들에서 자연법을 위반할 경우 처벌을 가할 자연권, 정치 이전에 성립하는 소유권의 본질, 좁은 의미에서 공공의 이익을 보호하기 위한 입법권의 제한 등을 통해 전개하려는 핵심 주장이다. 정치권력에 대한 로크의 정의는 오직 그가 정치권력을 제한할 근거를 충분히 보일 수 있을 경우에만 설득력을 지니는데 이런 작업은 정의로부터 기본 주장과 분석에로의 전환을 필요로 한다. 로크는 필머와는 다르지만 홉스와는 유사하게 인간이 처한 자연적 상황을 (성서에 의지해서가 아니라) 추상적으로 설명함으로써 자신의 주장과 분석을 시작한다.

---

3   Nozick, Robert (1974), *Anarchy, State and Utopia*, Oxford: Basil Blackwell, ix면.

ii. 자연 상태

정치권력과 권한의 본질 및 기원을 설명하기 위해 로크는 성서에서 이끌어 낸 필머의 역사에서 눈을 돌려 다른 역사가 아니라 아예 다른 유형의 설명, 곧 자연 상태에 기초한 설명을 제시한다. 로크는 다른 역사적 이야기를 제시할 수도 있었겠지만 만일 그랬다면 성서의 역사적 권위에 도전하는 것으로 보여 논란거리가 되었을지도 모른다. 그리고 어쩌면 로크는 자신의 목적에 도움이 되는 수많은 역사적 이야기들을 고대 역사나 '고대의 제도들'에서 이끌어 낼 수 있었겠지만 그렇게 하기를 꺼렸을 수도 있다. 사실 로크가 저술 활동을 할 당시 '고대의 제도들'에 의지하는 일은 그리 드물지 않았다. 당시 영국에는 1066년의 노르만 정복까지 거슬러 올라가 영국인들의 진정한 권리를 보호한 오랜 전통이 있었기 때문이다. 로크와 동시대 학자들 중 몇몇은 이런 전통에 호소해 스튜어트 왕조의 군주들이 자연권 또는 대중의 동의에 기초한, 추상적인 철학적 논거를 구성하지도 않은 채 왕의 권한을 남용한다고 주장했다. 이런 논거들 또한 「창세기」에 기초한 '역사적' 논거와 마찬가지로 다양한 비판과 재해석의 여지를 남긴다는 문제에 직면하게 된다. 로크는 정치권력을 설명하는 기초로 이런 역사적 논거들을 사용하지는 않지만 이들에 대해 매우 잘 알고 있었다. 더욱이 앞으로 보게 되듯이 로크는 자신의 논거에 역사적 요소를 충분히 반영하지 못했지만 그가 역사적 논거에 우선성을 부여하지 않은 것은 이런 논거가 불충분하다고 생각했기 때문이라고 추측하는 것이 정당할 듯하다. 어쨌든 로크는 역사적 논거 대신 자연 상태 논거에 호소한다. 이 논거는 아직 정치권력과 권한이 존재하지 않았던 자연적 상황을 가정하고, 이런 상황에서 드러나는 특징을 통해 정치권력이 등장하게 되는 이유를 설명하

는 방식을 택한다. 널리 알려진 대로 홉스도 자연 상태의 개념을 사용
했는데 그는 이런 상태에서 '… 인간의 삶은 고독하고, 비참하고, 험악
하고, 야만적이고 그리고 짧다'고 주장하면서[4] 이를 절대왕정의 통치
체제를 옹호하는 근거로 삼았다. 홉스 이후 자연 상태 논거는 여러 사
회계약 이론들의 표준적 특징으로 자리 잡았다.

　자연 상태 논거의 가장 중요한 특징 중 하나는 추상적이라는 점이다.
그리고 이런 추상성은 이후 이 논거를 비판하는 사람들이 가장 집요하
게 물고 늘어진 비판점이기도 하다. 하지만 로크의 관점에서 말하자면
추상성은 약점이 아니라 분석과 설명을 위한 필수 요소이다. 로크의 논
점은 매우 명확하다. 그는 현재와 같이 정치권력과 권한의 행사를 경험
하는 상황에서 벗어나 그런 것이 존재하지 않는 상태를 상상해 보고 그
러면 우리에게 무엇이 남는지, 그런 상태에서 정치권력과 권한을 창조
하도록 만드는 정확한 특징은 무엇인지를 생각해 보라고 요구한다. 여
기서 몇 가지 제한 조건이 등장하는데 이들은 충분히 강조될 필요가 있
다. 첫째, 자연 상태 논거는 추상적인 인간 본성의 개념을 포함하기는
하지만 오직 그 개념에만 호소하지는 않는다. 이 논거는 인간 본성의
개념이 작용할 수밖에 없는 어떤 상황을 반드시 포함한다. 로크는 4절
의 첫머리를 다음과 같이 시작한다. '정치권력을 올바로 이해하고 그
것의 기원을 밝히기 위해 우리는 모든 인간이 자연적으로 어떤 상태에
처해 있는지를 고찰해야 한다.' 만일 이 논거가 단지 인간 본성에 관한
것이라면 이는 적절한 설명을 제공하지 못할 것이다. 로크의 논거가 모
든 인간이 본성상 이기적이라는 점을 가정한다고 해 보자(그는 인간
본성이 실제로 이렇다고 생각하지는 않았다). 이로부터 어떤 결론이

4　Hobbes, Thomas, *Leviathan* [1651], XIII장.

3장 본문 읽기 51

도출될 것인가? 만일 우리의 욕구가 적절히 절제된 상태를 유지하는데
욕구를 충족할 재화가 넘쳐 날 정도로 충분히 공급된다면 이기적인 사
람들조차도 거의 아무것을 가지고도 서로 다투지 않는 조화로운 상태
에 이를 것이다—이것이 무정부주의적인 정치철학자들이 성립 가능하
다고 믿는 자발적 질서의 상태이다. 반면 이런 이기적인 개인들이 재화
의 부족함을 느낀다면 이들은 당연히 더 많은 것을 차지하기 위해 경쟁
하는 대립의 상태로 빠져들 것이다. 이는 바로 홉스의 이론이 전제하는
바이다.

자연 상태에 호소함으로써 로크는 인간의 본성과 인간을 둘러싼 상
황이 어떻게 정치권력과 권한의 필요성을 만들어 내는지를 설명하려
한다. 더 나아가 자연 상태라는 장치는 정치권력과 권한이 인위적인 것
임을, 곧 처음부터 존재하지는 않았지만 필요에 의해서 만들어진 것임
을 암시한다. 그리고 이런 점에서 로크는 인간이 본성상 정치 공동체
안에서 살 수밖에 없는 동물이며 따라서 정치권력과 권한은 자연스러
운 것이라는 아리스토텔레스의 주장에 반대한다. 로크의 자연 상태 이
론은 우리가 정치권력과 권한을 인위적인 것으로 여겨야 하며, 이런 것
이 원래 존재하지는 않았더라도 우리가 (창조자로서) 이를 만들어 내
었으리라는 점을 분명히 함축한다. 하지만 로크의 이론이 지닌 이런 면
만을 지나치게 강조하지 않도록 주의해야 한다. 어쨌든 자연 상태라는
추상적 장치는 우리가 정치권력의 본질 및 특성에 주의를 기울이도록
만들고, 왜 그것을 『통치론』 3절에서 인용한 위의 대목에서와 같이 해
석해야 하는지를 설명하기 위해 고안된 것이다. 자연 상태는 정치권력
의 기원을 설명하기 위한 것이 아니다. 만일 그렇다면 그것은 역사적인
설명이 될 것인데 앞서 살펴보았듯이 로크는 정치권력의 본질을 역사
에 의지해 설명하려는 방식을 거부한다. 어쩌면 그가 도입한, 추상적인

자연 상태 이론은 특정한 국가나 왕국 또는 왕조에 관한 역사적 설명과 완벽하게 들어맞을 수도 있다. 잠시 후에 살펴보겠지만 실제로 그는 자신의 철학적 설명이 사회 제도나 관행에 대한 역사적 또는 인류학적 설명과 일치할 수도 있다고 생각한다. 하지만 로크는 역사적 설명이 우선한다는 견해에 반대하면서 매우 중요한 한 가지 논점을 지적하는데, 바로 이 논점을 통해 그는 자신이 선택한 추상화와 철학적 분석의 방법을 필머의 성서적 이야기를 거부하는 태도와 연결 짓는다. 이 논점은 모든 그런 역사적 설명에는 탐구 대상을 확인하기 위한 추상화의 과정이 포함된다는 것이다. 이런 점에서 역사적 설명 또한 철학적이고 추상적이지만 역사적 설명은 사실에 관심을 보이는 체하면서 이런 점을 숨긴다. 이것이 정확하게 로크가 필머의 이론이 지닌 문제점으로 지적한 바이다. 필머는 아담에게까지 거슬러 올라가는 일종의 가부장적 권위를 통해 정치의 개념을 형성했다. 하지만 로크는 이른바 이런 식의 역사적 설명은 논점선취의 오류를 범한다고 생각한다. 이런 설명은 자신이 설명해야 할 바, 곧 정치적 권한의 본질을 이미 전제하기 때문이다. 정치적 권한의 원천에 관한 역사적 이야기는 그런 권한이 무엇이며 정확히 무엇이 문제가 되는지에 대해 우리가 아는 바를 전제하기 때문에 제 역할을 다하지 못한다. 고대의 제도에 의존하거나 다른 어떤 역사적 이야기에 호소하는 경우에도 이와 같은 문제가 발생한다—이들은 설명의 구조를 잘못 이해했다. 로크는 단지 철학적 설명이 역사적 설명에 우선한다는 관점을 고수하는 데 그치지 않는다. 그의 이론은 철학적 추상화가 어떤 설명 이론보다 선행해야 한다고 주장하는데 이런 견해는 그가 『지성론』에서 전개한, 철학과 자연과학 사이의 관계에 관한 설명을 통해서도 지지될 뿐만 아니라 이후 철학의 개념 자체에도 상당히 큰 영향을 미쳤다.

로크는 자연 상태의 특징을 설명하면서 세 가지 중요한 점을 지적하는데 여기서는 이들을 그저 간단히 설명하고 이후 『통치론』의 나머지 부분들에 등장하는 이론 체계를 다루면서 훨씬 더 상세히 살펴보려 한다. 로크는 자연 상태가 '완벽히 자유로운 상태'로서, 사람들이 '자연법의 경계 안에서' 자유롭게 행위하고 자신의 소유물을 처분할 수 있는 상태라고 주장한다. 그다음에 그는 자연 상태가 또한 '평등의 상태'라고 결론짓는다. 자연 상태의 이런 특징들은 각각 17세기의 또 다른 위대한 사회계약론자인 홉스의 견해와 철저히 대비된다. 비록 홉스가 자신의 절대왕정을 옹호하면서 로크의 이론을 직접 공격 대상으로 삼지는 않았지만 로크의 이런 주장은 다분히 의도적인 것으로 보인다. 따라서 로크는 홉스에 의해 악명 높은 것이 되어 버린 사회계약론의 특징이 무엇인지를 간파하는 일을 매우 중요하게 여기면서 자신은 절대왕정을 암시하는 어떤 요소도 허용하지 않는 방향으로 나아가려 한 듯이 보인다.

평등

맨 먼저 평등의 개념을 고찰해 보자. 평등은 로크의 이론에서 핵심을 차지할 뿐만 아니라 그가 자연 상태를 설명하면서 가장 먼저 다루는 주제이기도 하다. 자연 상태에서 모든 사람은 평등하다는 로크의 주장은 과연 무엇을 의미하는가? 이에 대한 그의 논거는 너무 간략해서 어쩌면 그가 평등에 대한 어떤 논거도 제시하지 않았다고 말할 수 있을 정도이다. 그는 후커의 저서 『교회정치론』(*Of the Laws of Ecclesiastical Polity*, 1594-7)을 상당히 길게 인용하는데 이를 평등에 대한 주요 논거로 삼은 듯하다. 후커(Hooker, 1554-1600)는 튜더(Tudor) 왕조 시대의 영국 신학자로서 영국 국교회의 신학을 체계화한 최초의 인물 중

한 사람이었다. 4절과 5절에 걸쳐 등장하는, 후커의 저서를 인용한 대목과 로크 자신의 관점에 대한 간략한 언급은 뒤이은 로크의 주장을 이해하는 데 매우 중요하며, 몇 가지 중요한 생각들을 드러낸다.

첫 번째로 지적할 점은 로크가 평등에 특별히 규범적인 의미를 부여한다는 사실이다. 그는 자연 상태에서 모든 사람이 도덕적으로 평등하다고 주장하는데 그 까닭은 어느 누구도 다른 사람을 자연적으로 지배하거나 통제할 수 없으며, 오직 신이 분명하고 명확하게 그런 지배를 선언한 경우를 제외하고는 어느 누구도 다른 사람의 의지에 복종할 필요가 없기 때문이다. 이런 주장은 어쩌면 필머에 반대하기 위한 논점을 선취한 것으로 보일지도 모르지만 정확히 이것이 로크가『첫째 논고』에서 보이려 했던 바이다—즉 성서에는 자연적 복종을 분명하고 명확하게 지지하는 논거가 전혀 등장하지 않는다는 것이다. 도덕적으로 평등한 존재로서 우리는 도덕적인 자연법 아래서 모두 평등하다. 따라서 우리는 다른 사람들이 이렇게 평등한 도덕적 지위를 지닌다는 점을 인정해야 한다. 바로 이 점에서 로크의 (사실상 그뿐만 아니라 오늘날에 이르는 모든 평등주의자의) 주장은 논쟁의 대상이 된다. 즉 내가 나 자신을 자연적 복종에서 벗어난 자유로운 존재로 인식한다는 사실이 왜 내가 이와 동일한 생각을 다른 사람에게까지 확장해야 한다는 점을 함축하는가? 다른 사람의 도덕적 또는 자연적 지위를 인정하면 나는 그들을 존중할 의무를 지게 된다. 예를 들면 홉스는 자연 상태에서 다른 사람에 대한 자연적 의무가 성립한다는 생각을 부정하면서 그 대신 자연적 평등이란 단지 그리 엄밀하지 않게 힘의 평등, 즉 육체적으로 약하지만 교활한 사람도 강한 사람이 약한 사람에게 가할 수 있는 것과 똑같은 정도의 위협을 강한 사람에게 가할 수 있는 평등을 의미한다고 주장한다. 이런 홉스의 견해는 우리가 자연 상태에서 힘의 평등을 어떻

게 생각하든 간에 평등에 관한 로크의 설명과는 전혀 다르다. 홉스와
달리 로크는 후커의 저서를 인용하면서 우리가 '황금률', 즉 우리는 다
른 사람들이 우리에게 해 주기를 바라는 대로 다른 사람들을 대해야 한
다는 규칙을 뒷받침하는 상호 존중과 상호성에 주목해야 한다고 생각
하면서 다음과 같이 주장한다. 첫째, 우리는 다른 사람들을 사랑하고
공평하게 대할 마음이 없으면서 다른 사람들은 우리를 사랑해야 한다
고 요구한다면 일관성을 잃게 되며, 더 나아가 우리의 정당한 욕구를
침해하는 어떤 범죄 행위도 처벌해야 한다는 주장은 이런 기준을 다른
사람들에게까지 확장해서 적용하지 않는 한 결코 정당화될 수 없다. 둘
째, 우리에게 정의롭지 못하다는 정서를 불러일으키는 것은 바로 이런
평등한 대우의 기준에서 벗어난 경우들이다. 후커로부터 인용한 대목
은 이런 평등이 법의—'자연적 이성이 우리의 삶을 인도하기 위해 이
끌어 내는 규칙과 규범들의'—관념에서 핵심을 차지한다는 생각과 더
불어 마무리된다. 평등이 없다면 법과 도덕 규칙들은 무의미해지는데
이런 경우 우리는 각 개인이 제멋대로 행위하여 충돌이 끊이지 않는 상
황에 직면할 것이다. 로크는 이 점에 대해 자세히 설명하거나 이를 더
욱 확장하지는 않지만 기본적인 평등이 법과 도덕에 관한 어떤 설명에
서도 핵심적인 위치를 차지해야 한다고 주장한다.

　법과 도덕에 관한 어떤 타당한 설명에서도 평등이 중요한 역할을 한
다는 로크의 주장은 분명히 옳지만 평등이 적용되는 집단에 관해서는
많은 논의가 필요하기 때문에 그의 주장을 여기서 마무리 지을 수는 없
다. 이런 논의를 다소 이상하게 여기는 사람이 있을지 몰라도 아리스토
텔레스(Aristotle)가 『니코마코스 윤리학』에서 정의(正義)를 설명하면
서 평등은 서로 동등한 사람들 사이에만 적용되어야 한다고 주장함으
로써 다수를 차지하는 노예 계층과 여성을 평등의 적용 대상에서 제외

했음을 기억한다면 이런 논의의 필요성을 납득할 수 있을 것이다. 로크가 살았던 당시 노예제도는 당연시되었고 영국이 지배했던 북아메리카 식민지에서는 큰 이익을 낳는 사업으로 성장 중이었다. 따라서 자연적 평등이 현재 우리가 동등한 개인들에 포함된다고 여기는 모든 사람들에게 적용되는지는 그리 분명하지 않았다. 더욱이 싱어(Peter Singer)를 비롯한 현대철학자들은 우리가 '종차별주의'(speciesism)에서 벗어나 최소한 모든 고등한 포유동물들을 평등한 대우를 받아야 하는 집단에 포함시켜야 한다고 주장한다.[5] 로크는 평등한 대우를 받을 만한 사람의 범위를 어디서 어떻게 이끌어 내는가? 많은 학자들은 로크가 기본적 평등을 옹호하는 설명에서 이에 관해 그리 자세히 언급하지 않는다는 견해 쪽을 택하는 듯하다. 월드론은 최근 출판한 저서 『신, 로크 그리고 평등』(*God, Locke and Equality*)에서 이런 견해를 비판한다. 그는 폭넓은 철학적 주장을 통해 어떻게 기본적인 평등을 옹호할 것인가라는 문제와 관련하여 로크가 평등주의를 내세우는 현대철학자들에게도 충분한 교훈을 줄 수 있으리라고 생각한다. 여기서 이 문제를 상세히 다룰 필요는 없겠지만 아래에서 나는 기본적 평등을 옹호하려는 로크의 시도를 월드론이 재구성한 내용에 주로 의지해 논의를 전개하려 한다.[6]

『통치론』에서 로크는 인간 종이라는 관념을 윤리적 중요성에 대한 설명을 결정짓는 원리로 사용한다 ― '동일한 종에 속하는 피조물은 차별 없이 자연의 동일한 혜택을 받고 태어나 동일한 능력을 사용하므로

---

5 Singer, Peter (1977), *Animal Liberation*, London: Jonathan Cape ― 이 책의 뛰어난 우리말 번역은 피터 싱어 지음, 김성한 옮김 (2012), 『동물 해방』, 개정완역판, 연암서가. [후반부는 옮긴이의 첨가]

6 Waldron, Jeremy (2002), *God, Locke and Equality*, 3장.

서로 평등해야 한다는 점보다 … 더 분명한 사실은 없다'(4절). 그런데 이런 주장은 그가 『지성론』에서 종의 본질은 단지 명칭일 뿐이라는 이유에서 종에 근거한 논거를 거부한 태도와는 상반된다. 무언가의 본질이 명칭이라는 말은 곧 그것이 자연에 대한 감각과 경험에 기초한 관념들의 집합이라는 말이다. 하지만 그런 본질은 경험 대상들 사이의 진정한 구별에 기초하지 않으며 따라서 종들 사이의 진정한 구별, 더욱 중요하게 인간이라는 종과 다른 종들 사이를 구별하는 기초를 제공하지 못한다. 여기서의 논점은 우리가 종이라는 용어를 사용하더라도 이를 통해 어떤 한 종과 다른 종 사이의 진정한 구별을 이끌어 낼 수 없으며, 단지 모든 피조물이 공유하지는 않는, 피조물들의 자연적인 특성만을 확인하는 데 그친다는 점이다. 우리의 구별 기준은 대체로 관습과 관행에 기초하며 바로 이 때문에 종이라는 용어는 올바른 구별과 차별의 기준을 제공하지 못한다. 여기서 우리는 동물 권리 옹호자들이 내세우는 것과 유사한 형태의 논증을 발견한다. 싱어도 분명히 우리가 종이라고 부르는 것들 사이의 모든 차이를 부정하지는 않을 것이다. 하지만 로크와 마찬가지로 기본적으로 관행에 기초한 종들 사이의 구별이 존재 계층 사이의 진정한, 도덕적 대우와 관련되는 구별로 이어진다는 점은 부정할 것이다. 이런 구별을 시도하면서 초점을 맞추어야 할 바는 어떤 대상이 도덕적 중요성을 지니는지를 구분하는 경계선을 그어 누구를 또는 무엇을 평등한 존재로 여겨야 하는지를 밝히는 것이다. 여기서 같은 종에 속한다는 사실에 호소해 같은 종에 속하는 모든 것이 평등하다는 생각은 이런 작업을 제대로 수행하지 못한다. 종의 분류 자체가 관습적이어서 설령 자연에 기초할지는 몰라도 자연이 이런 분류를 직접 부여하지는 않기 때문이다.

하지만 월드론에 따르면 로크는 자신이 『지성론』에서 언급한 이유

때문에 도덕적 대우의 경계선이 종의 동일성이라는 주장을 강력하게
전개하지 못한다. 그 대신 그는 인간이라는 종의 명목상 본질을 구성하
는 지각 가능한 성질들이 모든 인간의 집합을 평등한 존재들의 집합으
로 규정하게 만드는 어떤 실제적 유사성을 포함한다는 정도의 다소 소
극적인 주장으로 후퇴하게 되었다. 로크가 선택한 인간의 핵심적인 특
성으로는 육체를 지닌 존재라는 점, 이성적으로 또는 추상적으로 (그
는 이를 '이성적으로'와 동일한 의미로 여기는 습관이 있는데) 사고할
능력을 지닌다는 점 등을 들 수 있다. 인간이 육체를 지닌 (즉 구체적
인) 존재라는 점을 강조하는 그의 태도는 상당히 중요한데 그 까닭은
그가 명백히 종교적 믿음을 지니고 있음에도 인간 영혼이 아닌 현실적
인간 또는 개인을 고려하기 때문이다. 이 기준은 설령 다른 어떤 종류
의 비물질적 존재가 실재하더라도 또 어떤 방식으로 실재하더라도 그
것이 인간으로서의 개인과는 구별된다는 점을 드러낸다.

　로크가 지적한 두 번째 특성은 추상적으로 또는 이성적으로 사고할
수 있는 능력이다. 하지만 이 기준은 곧바로 도덕적 평등에 근거를 제
공하려는 모든 자연주의적인 시도에 대한 전형적인 반박, 곧 '인간'에
포함되는 모든 존재가 추상적으로 사고할 능력을 드러내지는 않는다는
반박에 직면하게 된다. 간단한 반박 중 하나는 이 기준이 이런 특성을
드러내지 않는 사람들을 도덕적으로 평등한 존재로 여기는 것을 강력
히 거부한다는 점이다. 따라서 유아나 일정 나이 이전의 어린아이들,
나이 든 많은 사람들, 정신적 장애를 지니거나 혼수상태에 빠진 사람들
등은 모두 도덕적 평등의 영역에서 제외된다. 로크와 동시대 사람들은
심지어 여성들까지도 이성적 존재에 미치지 못한다고 여겨 여성에 대
해서도 이와 같이 생각할 정도였다. 하지만 로크는 이런 견해를 택하지
않는다. 월드론은 로크가 이런 견해 대신 추상적이고 이성적인 사고의

능력을 일종의 영역 성질(range-property, 이는 월드론이 현대철학자 롤스로부터 빌려 온 것인데)로 사용한다고 주장하면서, 이 개념이 추상적 사고 능력의 범위에 관한 로크의 견해를 잘 드러낸다고 생각한다. 영역 성질의 핵심은 이 개념이 어떤 영역 안에서 정도의 차이를 허용한다는 점이다. 월드론은 뉴저지(New Jersey) 주의 예를 들어 이 점을 설명한다. 호보컨(Hoboken)과 프린스턴(Princeton)은 모두 뉴저지 주라는 개념 안에 포함되지만 이들이 뉴저지 주에 속하는 정도는 서로 다르다고 할 수 있다. 호보컨은 뉴저지 주의 북동부 끝에 위치한, 뉴욕과 마주보고 있는 항구도시이다. 호보컨을 뉴저지 주의 도시로 여기는 까닭은 그 도시가 뉴저지의 영역 안에 속하기 때문일 뿐 호보컨이 어느 정도로 뉴저지 주에 속하는지는, 말하자면 뉴저지 주의 중심에서 얼마나 가까운지는 문제가 되지 않는다. 이와 마찬가지로 사람들이 추상적 사고 능력을 드러내는 정도가 서로 다르더라도 이는 평등과 관련되는 기준을 확인하는 차원에서는 문제가 되지 않는다.

하지만 육체를 지닌 많은 존재들 사이에서 추상적 사고 능력을 평등의 기준으로 채택한다 할지라도 이런 주장은 자연주의적 윤리 이론들에 대해 제기되는 또 다른 전형적인 비판, 즉 로크가 인정하는 바는 자연적 능력인데 어떻게 이로부터 윤리적으로 중요한 지위를 이끌어 낼 수 있는가 또는 어떻게 사실 기술적인 평등으로부터 가치 규정적인 평등으로 이행할 수 있는가라는 비판에 직면하는 듯이 보인다. 바로 이 지점에서 평등을 옹호하려는 로크의 논증은 윤리적 지위의 근원으로 작용하는 존재, 이른바 신에 관한 설명과 연결된다.

로크의 논증은 다음과 같은 방식으로 진행된다. 추상적 사고 능력이 윤리적 지위와 동일시되는 까닭은 단지 모든 인간이 이런 능력을 (비록 정도의 차이는 있지만) 폭넓게 또는 보편적으로 공유하기 때문만은 아니다. 추상적 사고가 중요한 까닭은 이를 통해 모든 사람들이 자신을 신이 창조한 질서의 한 부분으로 이해하고, 다시 이로부터 우리가 신에 대해서 지는 기본적인 도덕적 의무의 일부로서 다른 사람들을 도덕적으로 평등하게 대할 것을 포함하는 질서를 유지해야 한다는 점을 깨닫기 때문이다. 이는 로크가 후커로부터 인용한 대목을 활용하는 방식에서 더욱 분명히 드러난다. 이에 관해서는 자연법을 옹호하려는 로크의 시도를 살펴본 후에 다시 간략히 검토하려 한다. 하지만 월드론의 해석에서 이끌어 낼 수 있는 중요한 논점 하나가 남는데 그것은 로크가 호소하는 신이 전통적인 자연법 개념에서 생각하는 신, 곧 권위를 지닌 제재자로서 우리에게 기본적인 도덕적 의무를 부과하는 신에 그치지 않는다는 점이다. 로크의 견해에서 신이 서로 존중하라는 기본적인 도덕법칙을 부과하고 제재하는 존재라는 점은 명백하다. 하지만 이것이 핵심 논점은 아니다. 앞으로 보게 되듯이 로크는 법을 단지 주의주의적 (voluntarist) 이론, 곧 법이 법을 부여한 존재의 의지에 기초한다는 이론을 통해 설명하지 않는다―그리고 여기서 다시 한번 홉스와 로크의 차이점이 분명히 드러난다. 로크는 신에게, 따라서 초월적인 권위에 호소하는 대신 인간들 사이의 현실적 유사성(육체를 지닌다는 점과 추상적 사고 능력)에 기초해 도덕적 평등의 의미와 중요성을 설명한다.

자유

지금까지 상당히 긴 시간을 들여 기본적 평등에 관한 로크의 설명을 검토했는데 평등은 『통치론』 전반에서 계속 큰 중요성을 지니는 요소로 작용하게 됨을 알 수 있다. 하지만 평등이 자연 상태의 특징을 제시하려는 로크의 이론에서 드러나는 유일한 기본적인 가치는 아니다. 로크는 자연 상태를 '완벽한 자유의 상태'로도 규정한다. 로크는 6절에서 자유의 개념을 설명하면서 '자유의 상태'(State of Liberty)와 '방종의 상태'(State of Licence)를 구별하는데 이는 매우 중요하다. 이 구별은 다시 한번 로크의 주장이 홉스와 같은 이전 철학자뿐만 아니라 벤담(Bentham)이나 밀(Mill)과 같은 이후 철학자의 주장과도 다르다는 점을 드러낸다. 또한 이 구별은 현대철학자 벌린(Isaiah Berlin)이 제시한 유명한 구별, 곧 소극적 자유와 적극적 자유의 구별을 통해서 설명될 수 있다.[7] 소극적인 자유의 개념에 따르면 행위자는 어떤 행위를 하지 못하도록 제한받지 않을 경우 자유롭다. 이어서 벌린은 제한의 본질을 해명함으로써 이런 주장을 정당화한다. 이와 관련해서 신체적 제약은 일종의 제한인가? 내가 신체적 능력이 부족해서 달을 뛰어넘을 수 없다면 나는 자유롭지 못한가? 마찬가지로 내가 어떤 것을 심리적으로 몹시 싫어해서 그것을 하지 못한다면 나는 자유롭지 못한가? 유대인이나 이슬람교도가 종교에 근거해 돼지고기를 먹는 것을 몹시 혐오하고 돼지고기를 먹지 않는다면 그들은 '자유롭지 못한가?' 벌린의 주장은 오직 외부적 제한만을 자유를 제약하는 것으로 여기는 듯이 보인다. 따라서 다른 사람들의 행위에 의해 방해받지 않는 한 유대인이나 이슬람교도도 돼지고기를 먹을 자유를 지니며, 가톨릭교도인 여성도 인공유산을 할 자유를 지닌다. 설령 이들이 결코 이런 행위를 선택하지 않을지라도 만일 국가가 돼지고기의 구매나 인공유산을 금지한다면 이들은 자유롭지 못할 것이다. 또한 행위에 대한 이런 외부적 제한은 어떤 명확한 유형에 속한 것이어야 한다. 예를 들면 금전의 부족은 이런 유형의 외부적 제약에 속하지 않는다. 따라서 내가 오직 돈이 없어서 최고급 음식점에서 식사를 할 수 없다 하더라도 나는 자유롭지 못한 것이

---

7 Berlin, Isaiah (1969), 'Two Concepts of Liberty', in *Four Essays on Liberty*, Oxford: Oxford University Press.

아니다. 외부적 제한은 다른 사람들의 행위 때문에 가해지는 것이다. 내가 달을 뛰어넘지 못한다 할지라도 나는 자유롭지 못한 것이 아니라 단지 그렇게 할 수 없을 뿐이다. 이런 능력의 부족이 제한에 속하지 않는 까닭은 다른 행위자가 일으킨 방해를 포함하지 않기 때문이다. 제한과 관련해서 소극적 자유를 설명하려는 시도는 위협이라는 요소가 도입되면서 다소 복잡해진다. 내가 상대방이 어떤 행위를 하지 못하도록 중단시키지는 않으면서도 그 행위를 하지 말아야 할 이유를 제시하면서 그래도 계속한다면 후에 내가 어떤 조치를 취하겠다고 위협한다면 나는 상대방의 자유를 제한한 것인가? 예를 들어 내가 상대방에게 우리 집 잔디밭에 걸어 들어오면 개를 풀어 공격하겠다고 위협한다면 나는 우리 집 잔디밭을 걸을 상대방의 자유를 제한한 셈인가? 위협이라는 주제는 법이 자유를 제한한다는 주제와 관련해서 큰 중요성을 지닌다. 법은 분명히 다양한 방식으로 행위를 가로막으므로 자유를 제한하는 듯이 보인다. 하지만 대부분의 경우 법은 내가 실제로 어떤 행위를 하는 것을 중단시키지는 않지만 단지 내가 어떤 행위를 한다면 어떤 결과에 이를 것인지를 언급함으로써 나를 위협한다. 재산 관련법은 도둑이 빈집을 터는 일을 중단시키지는 않지만 법에 규정된 재산권을 무시한 도둑에게 어떤 결과가 닥칠 것인지를 밝힘으로써 도둑에게 위협을 가한다. 이런 구별과 비판은 자연 상태에서 누리는 자유에 관한 로크의 설명에서 핵심적인 역할을 한다.

앞서 살펴보았듯이 로크는 우리가 자신이 원하는 바나 자신의 욕구를 무제한 추구하는 것이 곧 우리의 자유라는 견해를 거부한다. 이를 통해 로크는 자신이 생각한 자연 상태와 홉스의 자연 상태를 더욱 뚜렷하게 대비한다. 홉스에 따르면 우리는 자연 상태에서 우리 자신을 보존하기 위해 필요한 모든 것에 대한, 심지어 다른 사람의 신체까지도 포함하여, 무제한의 (주관적) 권리를 지닌다. 이는 만일 상대방이 우리 생명의 유지와 보존을 위협한다면 우리는 그를 죽이지 말아야 할 의무 조차도 지지 않음을 의미한다. 홉스는 자유를 다른 사람에 의해 우리의 행위에 어떤 제한도 가해지지 않는 상태로 여겼다. 소극적인 자유의 관점에서 자유는 단지 사실 기술적인 범주에 속한다. 우리는 매우 혐오스러운 행위도 (예를 들면 살인도) 행할 자유를 지니는데, 소극적 자유를 주장하는 학자들이 반드시 이를 좋은 행위로 규정할 필요는 없다. 사실 홉스도 이런 자유는 상당한 문제를 일으킨다고 생각했지만 그는 소극적 자유를 옹호한 고전적인 철학자이며, 벌린 또한 두 가지 자유를 구별하면서 홉스를 소극적 자유를 내세운 대표적인 예로 든다. 반면 로크라면 이런 자유는 단지 방종에 지나지 않는다고 여기고 이와 대비되는 진정한 자유를 제시하려 할 것이다.

홉스와는 달리 로크는 우리가 자기 자신이나 다른 사람들을 마음대로 자유롭게 죽여서는 안 된다고 생각하는데 그 까닭은 단지 우리가 본성상 그렇게 하면 안 되기 때문만이 아니라 그렇게 할 권리가 없기 때문이다. 권리와 이에 수반되는 의무는 우리가 정당하게 행할 수 있는 바를 제한하는데, 로크는 이들이 우리의 자유를 제한한다고 생각하지 않는다. 그는 오히려 권리와 의무를 할당하는 자연법이 사실상 우리의 자유를 형성한다고 생각한다. 로크적인 의미에서 자유는 오직 도덕 규칙 또는 법칙과 관련해서만 설명될 수 있는 가장 기본적인 규범적 개념이다. 이런 점에서 로크는 벌린의 구별에 따른 적극적 자유의 개념을 지녔다고도 볼 수 있다. 왜냐하면 로크에게 자유롭다는 것은 그저 우리가 원하는 바를 제멋대로 행하는 것이 아니라 어떤 특정한 방식으로 행위하는 것이기 때문이다. 자연법에 어긋나게 행위할 경우 우리는 자유롭게 행위하는 것이 아니다. 심지어 우리에게 법을 부과하고 법의 집행을 보장하는 권력이 존재하지 않는 자연 상태에서도 그렇다. 여기서 로크의 강조점은 자유가 분명한 도덕적 개념이라는 것이다. 그는 우리가 자유롭게 행위했지만 잘못 행위했다거나 또는 홉스처럼 자유가 바람직하지 않을 수도 있다고 말하는 것은 한마디로 무의미하다고 생각한다.

소극적 자유의 개념을 옹호하는 사람들은 로크가 서로 다른 두 개념, 즉 자유와 정의(正義)를 혼동한다고 주장함으로써 자신들의 입장을 정당화하고, 이 두 개념이 서로 다른 가치와 도덕적 목표를 지닌다는 점과 또한 서로 충돌할 수도 있다는 점을 인정해야 한다고 말한다. 반면 자유의 개념에 대한 소극적 또는 사실 기술적 접근을 비판하는 현대 학자들은 이런 접근 방식이 우리의 직관에 반하는 결과를 낳을 수도 있다고 주장한다. 예를 들면 소극적 자유의 개념에 따를 경우 북한이 영국이나 미국보다 더 자유롭다고 말할 수도 있다는 것이다. 왜냐하면 북한에는 교통법규나 건물 규제법, 소비자 보호법이 훨씬 더 적기 때문이다. 북한에는 오직 세 가지의 중요한 제한만이—정치 참여 제한, 언론자유 제한, 종교 활동 제한만이 있다. 로크는 이런 결론을 불합리하다고 여길 것이다. 문제가 되는 것은 제한의 수가 아니라 제한의 본질과 성격인데, 제한의 의미를 살펴보려면 자연법에 대한 로크의 설명에로 눈을 돌려 자유와 방종 사이의 구별을 검토해야 한다.

자연법

자연 상태에서는 이 상태를 지배하는 자연법이 존재하는데 이 법은 모든 사람을 구속한다. 그리고 곧 그 법인 이성은 조언을 구하는 모든 인류에게 인간은 평등하고 독립적인 존재이므로 어느 누구도 다른 사람의 생명, 건강, 자유 또는 소유물에 대해 위해를 가해서는 안 된다고 가르친다.(6절)

이 짧은 대목을 통해 로크는 자신이 주장하려는 정치철학의 기초와 실체의 정수를 드러낸다. 자연 상태는 만인 대 만인의 전쟁 상태가 아니라 법의 지배를 받는 상태이며, 법은 의무와 권리의 근원이다. 로크는 무척 많은 내용을『통치론』의 짧은 절 안에 압축해서 표현하므로 그의 언급이 함축하는 바 전체를 주의 깊게 검토할 필요가 있다. 이제 자연법에 관한 그의 설명에서 드러나는 형식적 특성과 더불어 논의를 시작해 보자.

첫째, 자연법은 일종의 법이므로 사람들에게 의무를 부과한다. 이 점은 홉스와 대비되는 중요한 요소이다. 왜냐하면 홉스는 자연 상태에서 형성되는 자연법을 타산적 충고의 일종으로 여기기 때문이다. 이런 의미에서 자연법은 사람들이 원하거나 행하려는 바를 일반화한 것이라 할 수 있다. 반면 로크는 법이 우리가 행해야만 하는 바를 언급하는 특징을 지닌다고 생각한다―즉 법은 사실 기술적이 아니라 규범적이다. 이런 주장으로부터 자연법은 사람들이 특정한 시대, 특정한 지역에서 수용하는 다른 어떤 실정법이나 관행적인 도덕적, 사회적 규칙 또는 도덕적 신념과도 구별되며 또한 논리적으로 이들 모두에 선행한다는 사실이 도출된다. 실정법은 입법 기관인 의회 또는 국회가 제정했다는 사실에 의해 권위를 부여받는 법이다. 로크는 지연법이 자연 상태에서도 효력을 지닌다고 주장함으로써 규범성 또는 우리에게 부과되는 가장 기본적인 의무의 원천이 정치 제도나 관행에 앞선다는 생각을 명확하게 옹호한다. 이런 생각은 실정법이나 관습법 또는 도덕 규칙 등은 오직 자연법으로부터 도출되거나 자연법과 일치하는 한에서만 정당하며 구속력을 지닌다는 직접적인 결과를 낳는다. 따라서 국왕과 군주 그리고 입법자도 다른 모든 사람들과 똑같은 수준으로 자연법에 따라야 하는데 이 점에 관해서는 후에 다시 살펴볼 것이다. 바로 이 점―곧 모든 입법자와 통치자가 이 상위법의 지배를 받아야 한다는 점이 로크의 이론에서 가장 중요한 주장이다. 또한 자연법은 어떤 관습법이나 실정법에도 논리적으로 선행하는데 그 까닭은 관습법이나 실정법이 지니는 구속력의 근거를 설명해 주는 것이 바로 자연법이기 때문이다. 만일 우리가 법은 그저 입법 기관이 법이라고 말하는 바이며, 도덕 규칙은 그저 '주변의 일을 그럭저럭 해 나가는 방편' 정도로 여기는 관행의 수준에 머문다면 누군가는 당연히 '이렇게 해서 어쩌잔 말인가?' 라고 되물을 것이다. 만일 어떤 관행이 명백히 어리석고 그른 듯이 보이거나 입법 기관이 나의 도덕적 신념과 배치되는 것을 법으로 규정한다면 나는 이렇게 단순한 신념들이 서로 충돌하는 경우 내 신념도 다른 어느 누구의 신념만큼이나 정당할 수 있다고 주장하려 들 것이다. 이런 태도는 무정부로 이어지는데, 무정부 상태는 많은 희생이 따르고, 고통스럽고, 불편하다는 점을 인정하면서도 이를 피하기 어려울 것이다. 이에 대해 로크는 무엇이 법으로 여겨져야 하는지를 평가할 수 있는 외부적 기준을 제공하며, 따라서 '도덕 규칙은 그저 주변의 일을 그럭저럭 해 나가는 방편'에 지나지 않는다는 나의 회의적 의문에 대한 대답을 제시한다.

둘째, 로크는 자연법을 이성의 법과 동일시한다. 즉 우리는 법이 우리의 이성 능력을 발휘한 결과로 얻어지는 것임을 인식한다. 이런 주장을 통해 그는 로마 시대 스토아학파에까지 거슬러 올라가는 철학적 전통, 곧 이성을 법의 최초 근원으로 여기는 전통에 충실히 따른다. 앞서 근본적인 평등에 관해 논의하면서 살펴보았듯이 우리는 이성 능력을 통해 신을 인식한다. 하지만 설령 법의 권위가 신에 의해 보장된다 할지라도 법을 최초로 인식하는 일은 이성을 통해 이루어진다는 로크의 주장은 충분히 지적할 만한 가치가 있다. 우리는 이성 능력을 사용해

신이 존재한다는 사실을 인식하는데, 이 과정에서 중요한 점은 나이가 몇이든 또 어디에 살든 간에 어느 누구도 성서를 비롯한 관련 문헌이나 특별한 계시로부터 신이나 신의 명령으로서의 법을 인식할 수는 없다는 사실이다. 만일 자연법에 관한 지식을 오직 성서를 통해서만 얻을 수 있다면 성서를 알지 못하는 지역에 사는 사람들은 결코 자연법을 깨달을 수 없을 것이다. 이들을 인식할 수 없는 자연법에 따라 어떤 의무 아래에 놓고 이를 지키지 않을 경우 처벌한다면 이는 매우 불공정한 일이 될 것이다. 따라서 자연법은 보편적인 구속력을 지닐 뿐만 아니라 보편적으로 인식될 수 있어야 한다. 로크가 이성과 계시 사이의 관계를 놓고 깊이 고민한 흔적은 『기독교의 합리성』과 같은 후기 저술에서 잘 드러나는데 여기서 그는 기독교의 핵심이 합리성에 있다고 규정한다.

그런데 우리가 신을 인식하는 원천이 이성이라는 로크의 주장은 상당한 문제를 일으킨다. 왜냐하면 그는 대표적 저술 중 하나인 『지성론』에서 우리의 모든 인식은 경험으로부터 온다고 주장하기 때문이다. 문제는 우리의 경험이 필연적으로 신에 대한 경험으로 이어지지는 않는다는 점이다. 로크의 시대뿐만 아니라 현대에도 경험은 신을 인식할 어떤 가능성도 크게 약화시킨다는 성급한 주장을 펴는 학자들이 무척 많다. 이후 계시 종교와 자연 종교를 비판한 사람들도, 대표적으로 스코틀랜드 철학자인 흄(David Hume, 1711-76)과 같은 학자도 이와 유사한 인식론을 이용해 지극히 회의적인 결론을 이끌어 내었다. 로크 연구자들 또한 로크가 위의 두 주장이 서로 양립할 수 없다는 사실을 잘 알았으며, 이것이 그가 『통치론』의 저자임을 부인했던 원인 중 하나라고 주장했다. 즉 그는 자신의 인식론적 주장이 자연법을 옹호하려는 시도를 무너뜨릴 수도 있음을 두려워했다는 것이다. 몇몇 학자들은 이보다 훨씬 더 나아가 로크는 그의 인식론이 입증하듯이 명백한 무신론자인

데 『통치론』에 등장하는 주장은 이를 감추기 위한 의도적인 속임수에
불과하다고 주장하기도 했다.

하지만 여기서 이성의 법으로서의 자연법에 관한 논의에서 벗어나
우리로 하여금 신을 인식하도록 이끄는 이성의 역할에 관해 다룬다면
이는 너무 앞서 나가는 일이 될 듯하다. 왜 이런 문제가 제기되는지를
살펴보기 위해서는 자연법 관념이 지닌 형식적 특성으로부터 눈을 돌
려 근본적인 자연법에 대한 로크의 실제 설명을 검토할 필요가 있다.
앞서 지적했듯이 로크는 자연법이 인류에게 서로 다른 사람의 '생명,
건강, 자유 또는 소유물에 대해' 위해를 가해서는 안 되는 의무를 부과
한다고 주장한다. 더 나아가 뒤이은 7절에서 그는 '자연법은 … **모든
인류의 평화와 보존을** 지향한다'고 주장한다. 자연법과 신의 역할을 연
결하는 것은 바로 이런 후자의 주장이다. 왜 우리는 우리 자신과 모든
인류의 보존을 추구해야 하는가? 이에 대한 대답은 명확하지만 다소
논쟁거리가 되기도 한다. '왜냐하면 모든 인간은 유일하고 전능한, 무
한히 지혜로운 조물주의 작품이기 때문이다. … 모든 인간은 주물주의
소유물이며 작품으로서 다른 어떤 존재의 뜻이 아니라 오직 조물주의
뜻에 따라 삶을 지속하도록 되어 있다.' 로크의 논증은 신이 우리를 창
조했으므로 우리는 신의 소유물이고, 우리는 다른 어떤 존재가 아니라
오직 신의 뜻에 따라 존재해야 한다는 신학적 내용을 전제한다. 즉 신
이 우리를 창조했고, 우리를 소유한다.

로크는 홉스와 달리 자기보존이 폭력적인 죽음을 보고 사람들이 느
끼는 두려움을 경험적으로 일반화한 것이 아니라고 생각한다. 자기보
존을 경험적 일반화의 결과로 보려는 시도는 성공할 수 없는데 사실 많
은 사람들이―예를 들면 자살 폭탄 테러범이나 조직 폭력배 또는 전투
에서 용감하게 싸우는 군인 등은―폭력적 죽음을 두려워하지 않는 듯

보이기 때문이다. 로크는 또한 우리가 자신을 보존해야 하는 엄격한 도덕적 의무 아래 있다고 주장한다. 왜 우리는 이런 의무를 인정해야 하는가? 로크의 논증은 신학적 전제에 의존하지만 그는 이 전제가 모든 사람들이 합리적으로 받아들일 만한 것이라고 생각한다. 예를 들면 창조된 질서가—곧 우리가 보고 경험하는 세계가—존재하기 때문에 우리는 창조주로서의 신이 존재한다는 사실을 인식할 수 있다. 세계는 텅 빈 공간이 아니며 항상 무언가가 존재하므로 이런 존재들에게 질서를 부여한 창조주 또한 존재함에 틀림없다. 이런 방식으로 이성은 우리가 신을, 하지만 오직 창조주라는 특별한 의미에서의 신을 인식하도록 인도한다. 우리는 이 점을 제외하고는 신의 다른 어떤 본성이나 세계에서 신이 행하는 작위 또는 무작위 등을 믿을 필요가 없다. 이런 이성의 주장은 우리에게 기독교나 유대교 또는 이슬람교의 구체적인 신에 관한 지식을 전혀 제공하지 않는다. 이제 우리에게 남는 문제는 이 논증이 과연 로크가 생각하듯이 진정 최소한의 것인가라는 점이다. 이와 관련해 최소한 두 가지 문제가 제기되는데 나는 이를 해결하기보다는 소개하는 정도에 그치려 하며, 특히 이 중 한 문제는 이 장의 5절에서 소유권에 관한 로크의 견해를 논의하면서 다시 검토할 예정이다.

비록 로크가 분명히 언급하지는 않지만 그의 논증은 우리가 창조된 질서를 직접 명확하게 경험하고 이로부터 창조주인 신의 관념을 추론할 수 있다는 주장에 의존한다. 하지만 이것으로 충분한가? 회의주의 관점에서 로크를 비판하는 학자들에 따르면 우리는 경험으로부터 세계가 항상 존재해 왔다는 사실은 이끌어 낼 수 있을지 몰라도 세계가 창조되었다는 사실은 이끌어 낼 수 없다. 외부 세계가 존재한다는 사실만큼 명확하게 창조주로서의 신이 외부에 존재한다는 사실을 이끌어 낼 수 있는 근거는 없는 듯이 보인다. 더욱이 설령 세계의 창조로부터 조물주를 이끌어 내는 추론을 받아들인다 할지라도 이전 한때 창조주 또는 제일원인이 존재해서 세계를 창조했는데 그 후에는 계속 존재하기를 멈추고 철저한 기계론이 세계를 지배하도록 했다는 추론도 얼마든지 가능하다. 이런 결론은 로크에게 상당한 문제를 일으킬 수도 있다. 왜냐하면 이에 따를 경우 설령 우리가 신이 만든 피조물이라 할지라도 신의 소유물은 아닐 수도 있기 때문이다. 이 문제를 다음과 같은 예를 통해 고찰해 보자. 한 예술가가 어떤 작품을 남기고 세상을 떠났는데 그는 그 작품에 관한 유언장을 남기지 않았고, 그 작품을 제삼자에게 팔지도 않았다. 이 경우 그가 남긴 작품은 분명히 그가 만든 것이지만 어느 누구도 그 작품에 대한 소유권을 주장할 수는 없다는 의미에서 누구의 소유물도 아니다. 이런 주장이 사실이라면 신이 인간을 창조했으므로 인간은 신이 가하는 제한을 받아들여야 한다는 식으로 자연법을 정당화하려는 로크의 생각은 문제점에 직면하게 된다. 노직과 같은 현대 정치철학자의 해석과는 정반대로 로크는 '자기소유권'(self-ownership) 논거를 제공하지 않는다. '자기소유권' 논거란 어느 누구도 우리를 소유하지 않으므로 우리는 자신의 인격과 신체에 대한 완전한 소유권을 지닌다는 주장이다. 하지만 노직은 이런 논거에 따라 우리가 자신을 노예로 팔 수도 있고, 자살할 권리도 얼마든지 지닌다는 결론을 허용한다.

　우리가 신의 창조물이므로 우리 자신의 즐거움이 아니라 신의 즐거움을 위해 존재한다는 논거의 전체 논점에 비추어 볼 때 로크는 우리가 자살할 권리를 지닌다는 식의 주장을 명백히 거부한다. 따라서 우리는 가능한 한 적절히 먹고 건강을 유지할 의무와 우리 자신을 죽여서는 안 되는 의무를 지닌다. 로크가 이런 의무를 받아들이는 까닭은 우리가 궁극적으로 신의 소유물일 뿐 다른 누구의 소유물일 수 없기 때문인데 이런 견해는 우리가 자신의 신체에 대한 일종의 '소유권'을 지닌다는 생각으로 이어진다. 하지만 이로부터 얻을 수 있는 바는 우리가 기껏해야 자신의 신체에 대한 임차권을 지닌다는 사실뿐이다. 우리 신체의 소유권은 여전히 신에게 속한다. 우리는 많은 사람들이 완전한 소유권의 핵심이라고 주장하는 바, 곧 소유한 대상을 마음대로 파괴할 권리는 결코 지니지 않는다.

만일 창조자로서의 신을 근거로 삼은 논증이 그리 엄밀하지 못하다는 점을 인정한다면 로크의 주장은 현대철학자 노직의 주장만큼이나 확고하지 못한 수준에 머물게 되며, 우리 자신과 다른 사람들을 보존해야 한다는 의무의 근원은 확실하지 않은 것이 되고 만다. 어쩌면 우리가 생명을 보존하려는 심리적 성향을 지닌다고 주장할 수 있을지도 모르지만 앞서 지적했듯이 이런 성향을 모든 경우에 적용하는 데는 무리가 있다. 그리고 이런 성향은 다른 사람의 생명을 보존하는 경우와 관련해서는 어떤 근거도 제공하지 못함이 분명하다. 하지만 이런 모든 주장으로부터 로크가 명백히 틀렸다고 결론지어서는 안 된다. 최소한 이성적이면서도 신학적인 로크의 주장을 여전히 옹호하는, 포스터(Forster) 같은 현대 학자들도 꽤 있기 때문이다.[8]

로크에 대해서 제기되는 또 다른 문제는 왜 창조 행위가 창조한 것들에 대한 권리를 만들어 내는가라는 것이다. 아래에서 사적 소유권에 관해 논의하면서 이 문제를 다시 다룰 예정이지만 현 단계에서도 신과 그의 피조물 사이의 관계가 인간과 인간이 노동을 들인 생산물 사이의 관계에도 똑같이 적용된다는 점은 지적할 만한 가치가 있다. 따라서 설령 신에 대한 인식이 어떻게 가능한가라는 문제나 또 신이 권리를 주장하

---

8 Forster, Greg (2005), *John Locke's Politics of Moral Consensus*, Cambridge: Cambridge University Press.

려면 계속 존재해야 한다는 문제 등을 모두 극복하더라도 어떻게 창조 행위가 소유권을 확립하는가라는 문제는 여전히 남게 된다. 어쩌면 사적 소유권에 관한 로크의 논의를 통해서 이 절에서 간략히 소개한 논증들을 지지할 방법이 제시될지도 모른다. 『통치론』의 어떤 부분에서도 등장하지 않지만 이후 로크의 철학 전반에 걸쳐 계속 문제가 되는 바는 신의 존재와 본질을 인식할 수 없다는 회의주의 관점에서의 비판이었다. 이제 이 주제를 잠시 떠나 자연법에 관한 로크의 설명에서 등장하는 또 다른 형식적 측면에로 눈을 돌리려 한다.

처벌의 권리와 의무 – 자연법의 집행력

자연법에 관한 로크의 설명에서 드러나는 매우 중요한 특징은 그것이 단지 우리가 행해야 할 바에 관한 이성적 원리나 믿음에 그치는 것이 아니라 실제로 효력을 지니는 법이라는 점이다. 로크의 법 이론은 법을 그저 입법자의 의지 표현으로 여기면서 제재나 처벌의 근거로 삼는, 수준 낮은 주의주의적 이론이 결코 아니다. 방금 살펴보았듯이 자연법은 이성적인 내용을 포함하는 동시에 제재의 근거로도, 즉 법이 규정하는 바를 이행하지 않을 경우 처벌하는 근거로도 작용한다. 법과 처벌은 서로 떼려야 뗄 수 없는 사이이다. 누군가는 로크가 자연법의 실체를 설명하기 위해 신을 도입한 후 자연법이 가하는 제재의 근거로 신의 영원한 처벌과 보상에만 의지하려 한다고 생각할지도 모른다. 신은 이런 방식으로 우리에게 제재를 가할 수 있지만 신의 처벌은 상당히 미루어진다는 문제가 발생한다. 신의 처벌은 우리가 죽은 뒤에 최후의 심판을 받을 때나 이루어진다. 따라서 로크는 이렇게 주장할 수는 없으며 실제로 이렇게 주장하지도 않는다. 그가 이렇게 주장할 수 없는 이유는 무엇보다도 창조에서 창조주인 신을 이끌어 내는 추론과 신에서 처벌과 보상 또는 천국과 지옥을 이끌어 내는 추론 사이에 어떤 유사성도 발견 되지 않기 때문이다. 설령 신의 관념이 창조의 전제조건이라 할지라도 지옥의 전제조건은 아니다. 그뿐만 아니라 로크는 자연법이 자연 상태 에서 완성되며, 자연법은 어떤 법을 암시하는 것이 아니라 그 자체로 실제적인 법이며 또한 자연법은 현실적이고 정당한 제재 효과를 지닌 다고 주장한다. 그는 '… 만일 자연 상태에서 자연법을 **집행할 권력**을 지닌 사람이 아무도 없다면 … **자연법**은 공허한 것이 되고 만다'고(7 절) 말한다. 따라서 로크의 논증은 자연 상태에서 모든 사람이 자연법 을 집행할 권력을 지니므로 '**모든 사람은 법을 위반한 사람을 처벌할 권 리를 지니며 자연법의 집행자가 된다**'(8절).

자연 상태에서 평등이 보장되고 사람들을 보호할 의무가 성립한다는 점을 전제할 때 어느 누구라도 다른 사람에 대해 어떤 권력을 행사할 수 있게 되는 것은 오직 이런 자연법의 집행력을 통해서이다. 자연 상 태에서 모든 사람은 자연법 아래서 기본적인 평등과 권리를 누리기 때 문에 어떤 위해를 당해서도 안 되고 항상 보호받아야 한다. 하지만 로 크는 누군가가 다른 사람에게 위해를 가하거나 다른 사람을 죽일 경우 그 사람은 자연법을 위반한 범법자가 된다고 주장한다. 그는 자연법을 벗어나 다른 어떤 법에 따라 사는 사람이다. 따라서 자연법을 위반하는 이런 사람은 '사자나 호랑이 같은 잔혹한 야수 수준에 속하므로 그와 더불어 사회를 형성할 수 없다'.

이런 로크의 주장에서 우리는 자연 상태에서도 폭력과 폭행이 발생 하지만 이는 오직 처벌의 수단으로서만 허용되며, 그렇지 않은 경우 폭 력은 우리 자신과 다른 사람들을 보호해야 한다는 앞선 의무에 의해 철 저히 배제된다는 점을 발견할 수 있다. 자연법의 집행력을 통해 두 종 류의 구체적인 처벌권이 생겨난다. 우선 규제의 개념에 기초한 처벌의 권리가 등장한다. 이런 규제의 권리는 범죄자나 범법자에 의해 직접 상해나 폭행을 당한 사람뿐만이 아닌 모든 사람들이 행사할 수 있는 권리이다. 규제의 권리에는 인명 살해범이나 살인범에 대해 사형을 부과할 수 있는 권리도 포함된다. 범죄자를 사자나 호랑이 같은 야수로 여기는 로크의 비유는 바로 이런 경우에 적용된다. 이런 범죄자들은 직접적인 희생자뿐만 아니라 전체 인류에게 큰 위해를 가하므로 모든 사람은 이들로부터 비롯되는 위협과 위험을 철저히 규제할 의무를 지닌다.

　로크는 특히 살인자에게 합당한 처벌은 사형이라는 점을 명시한다. 단지 우리 자신이나 다른 사람들을 보호한다는 부수적인 효과 때문이 아니라 누군가를 죽이는 행위를 막기 위한 적절한 처벌로서의 사형을 결코 남용해서는 안 된다. 하지만 성서를 인용하면서 사형을 지지하는 로크의 논변이 박탈의 개념에 의존한다는 점은 분명하다. 즉 어떤 범죄자가 누군가의 권리를 침해하는 행위를 한다면 결국 그 범죄자의 권리 또한 박탈되어야 함이 당연하다. 그러나 사형은 오직 살인자에 대해서만 적용되어야 하는가? 로크는 '눈에는 눈'과 같은 식의, 범죄와 처벌 사이의 엄격한 비례 관계에서 벗어나는 듯이 보인다. 그는 자연법을 그리 크게 어기지 않은 범죄에 대한 처벌을 결정할 경우에는 범죄자가 '자신에게 불리한 거래'라고 충분히 느낄 정도로 처벌하는 것이 적절하다고 주장한다. 이런 주장은 처벌의 목적이 한편으로는 보복이지만 다른 한편으로는 범죄의 억제라는 점을 암시한다. 보복에 근거한 이론은 법의 위반을 처벌할 의무와 필연성을 강조한다. 이에 따르면 우리는 처벌할 의무를 지니는데 단지 몇몇 불편한 행위들을 억제하려는 타산적인 근거에서 그런 의무가 발생하지는 않는다. 엄격하게 범죄의 억제만을 내세우는 이론에 따르면 우리는 처벌에 드는 비용과 다른 비용을 비교해 따져 보아야 하고, 처벌이 범죄 억제의 효과가 없다고 생각되는 경우에는 처벌을 포기해야 할지도 모른다. 반면 로크처럼 자연법 전통에 따르는 사람들은 처벌을 자연법이 우리 모두에게 부과하는 일종의 의무로 여긴다. 따라서 자연법의 위반을 처벌하지 않는 것은 명백히 그른 일이 되고 만다. 하지만 처벌의 종류와 강도를 결정하는 데는 범죄 억제 효과도 일정 역할을 담당한다. 살인자는 사형으로 처벌해야 한다는 식으로 범죄의 본질과 처벌의 특성을 연결하는 것은 결코 단순한 작업이 아니다. 따라서 재산에 관한 범죄를 적절히 억제하기 위해 그런 범죄에도 사형을 적용하는 일이 얼마든지 가능하다.

로크는 자연법 위반을 처벌함으로써 이런 위반을 저지할 권리뿐만 아니라 더 나아가 배상받을 권리도 인정한다. 이 권리는 범죄를 저지할 권리와 구별된다. 저지할 권리는 범죄의 당사자가 아닌 제삼자도 행사할 수 있는 반면 배상받을 권리는 오직 범죄의 피해자만이 행사할 수 있기 때문이다. 배상권은 범죄의 희생자 또는 피해자가 입은 손실을 회복할 수 있도록 만드는 것으로서, 피해자가 잃은 것을 되돌려 주거나 아니면 그에 상응하는 가치를 지닌 것으로 보상하는 방법을 통해 실행된다. 누군가가 범죄를 저질러 부당한 이익을 얻는 것을 막기 위해 이 권리가 고안되었다는 점은 명백하다. 하지만 이 권리는 로크에게도 매우 중요한데 그 까닭은 후에 그가 이 권리와 관련해서 정치적 사법 기관의 기능과 권한을 설명하기 때문이다. 로크는 계속해서 오직 피해 당사자만이 배상받을 것인지 받지 않을 것인지를 결정할 수 있으며, 다른 어느 누구도 자신의 재산과 직접 관련되지 않는 한 범죄자가 부당하게 얻은 이익의 '반환'을 요구할 수 없다고 주장한다. 만일 국가나 제삼자가 범죄자의 부당 이득을 반환받아 원래 소유자에게 모두 돌려주지 않고 자신이 소유한다면 이 또한 범죄로부터 얻은 이익을 나누어 가진 범죄에 해당하며 당연히 자연법을 위반한 경우에 속할 것이다.

로크는 처벌권이 자연권에 속한다는 생각이 다소 특이하고 위험한 이론처럼 보일지도 모른다는 점을 인정한다. 하지만 그는 국가가 외국인 체류자까지도 처벌할 권리를 지닌다는 점을 정당화하려면 이 이론이 반드시 필요하다고 주장한다. 과연 무엇이 특정 국가의 법을 위반한 외국인을 처벌할 권리를 국왕이나 국가에게 부여하는가? 단순히 국왕이 그렇게 할 권력을 지닌다고 우길 수는 없으며, 그 외국인이 국왕의 재판 관할권 아래 속한다는 주장은 뜨거운 논쟁으로 이어질 뿐이다. 이런 주장들을 대신할 유일한 해결책은 자연법에 기초한 보편 관할권이 성립하며, 이 범위 안에서는 모든 범죄자가 구체적 동의가 없이도 국적과 상관없이 자연법의 지배를 받으며 자연법을 위반할 경우에는 처벌받는다고 보는 것이다.

마지막으로 자연법의 집행력은 정치권력과 권한의 근원에 관한 로크의 설명에서도 중요한 역할을 한다. 왜냐하면 어떤 권한을 지닌 시민정부가 확립되는 것은 바로 자연 상태에서 자연법을 집행할 경우 공정한 재판관이 존재하지 않는다는 문제를 해결하기 위해서이기 때문이다. 이런 권한이 어떻게 또 왜 형성되지는지에 관해서는 후에 상세히 검토하겠지만 로크가 자연 상태에서 각 개인이 지닌 권리와 권한이 불편과 분쟁의 근원이 된다고 생각한 점은 명백하다. 왜냐하면 개인들은 자신이 직접 관련된 경우에는 편파적으로 흘러 다른 사람들이 당할 위해에 별 관심을 보이지 않게 되기 때문이다. 다른 사람에게 관심을 보이는 일이 상당한 수고를 필요로 하는 경우에는 더욱 그러기 쉽다. 지금까지의 논의에 비추어 볼 때 로크의 자연 상태는 미국 서부 영화에 등장하는 무법 상태와 상당히 유사한 상황인 듯하다. 분명히 법이 존재하고 효력을 지니기는 하지만 편파적으로 적용되고, 몇몇 판결은 보복과 복수로 점철되는 상황으로 보인다. 어쨌든 어떤 한쪽이 정당한 처벌의 수준을 넘어서서 부당한 처벌을 일삼고 이를 통해 자신이 합법적으로 요구할 수 있는 바 이상을 배상받으려 한다면 이는 결국 자연법을 어기는 일이 되고 만다. 그리고 이는 대립과 논쟁의 소용돌이에 휘말리는 결과를 낳는다. 이렇게 자연법을 공적으로 공정하게 집행할 기관이 없다는 점은 '자연 상태에서 겪는 대표적인 불편' 중 하나이다(13절).

자연권

우리가 자연 상태라는 개념을 통해 접하게 되는 로크의 이론은 자연권이라는 마지막 구성 요소에 의해 완성된다. 자연권은 무척 중요하면서도 복잡한 개념인데 로크는 이 개념을 그리 충분히 설명하지 않는 듯하다. 그는 『통치론』 7절에서 처벌을 옹호하면서 '다른 사람들의 권리를 침해하는 것에 대해' 제재를 가해야 한다고 말하며, 더 나아가 처벌에 관한 논의 전반에 걸쳐 처벌할 '권리'를 강조한다. 하지만 자연 상태에 관한 논의는 대부분 자연법과 그것이 함축하는 바, 즉 사람들이 '자신의 생명과 건강, 자유와 소유물에' 대한 위해로부터 벗어나 보호받아야 한다는 점에 초점이 맞추어진다. 따라서 우리는 자연권과 관련해 무척 많은 것들을 설명해야 한다. 로크는 권리라는 용어를 통해 과연 무엇을 의미하는가? 권리 앞에 '자연적'이라는 말을 덧붙임으로써 어떤 개념이 더해지는가? 이런 권리는 어떻게 의무와 관련되는가? 로크에 따르면 우리는 어떤 권리를 지니는가? 자연권에 호소함으로써 우리는 어떻게 개인주의적이 되는가? 로크의 이론은 결국 어떻게 형성되는가?

로크가 제시하는 자연권 이론의 근원이 되는 것은 자연법이다. 자연권은 우리가 자신을 보호해야 하며 가능한 한 우리와 마찬가지로 다른 사람들도 보호해야 한다고 명령한다. 이런 자연법으로부터 로크 이론의 도덕적인 또는 규범적인 주장의 가장 기본적인 근거가 마련되지만 실제로 구체적인 작용을 하는 것은 자연법으로부터 도출되는 권리들이다. 로크의 이론이 전개될수록 『통치론』에서 자연권은 점점 더 중요한 역할을 하게 된다. 하지만 자연법으로부터 도출된 자연권의 개념이 복잡한 까닭은 로크가 특정한 권리들에 서로 다른 규범적 의미를 부여하기 때문이다. 흔히 통용되는 호펠드(Hohfeld)의 분류에 따르면 권리는 네 개념으로, 즉 요구, 자유, 능력, 면책으로 나뉘는데,[9] 최소한 이들 중 세 측면이 로크가 사용한 권리 개념에서 발견된다. 제일 먼저 요구의 개념부터 살펴보면 우리가 어떤 권리에 호소한다는 것은 우리의 권리를 존중해야 할 의무가 다른 사람들에게 부과된다는 규범적인 요구를 포함한다. 생명권은 바로 이런 요구에 속하는데, 그 까닭은 우리의 생명권이 다른 사람들에게 혹시 우리를 죽일 수도 있는 방식으로 행위해서는 결코 안 된다는 엄격한 의무를 부과하기 때문이다. 생명권은 또한 모든 사람에게 평등하게 적용되며 모든 사람을 위해 성립하는 일반적인 요구이기도 하다. 요구 또는 요구권은 자연법의 역사에서 가장 기본적이고 친숙하게 발견되는 권리 개념 중 하나이다. 반면 자유는 자연법의 역사에서 비교적 최근에 더해진 개념이다. 홉스는 자연 상태를 설명하면서 자유권의 개념을 사용하며, 로크 또한 그렇게 사용하지만 로크의 경우 자유권이 자연권을 설명하는 유일한 요소는 아니며 가장 근본적인 자연권도 아니다. 로크에게 자유란 무언가를 행할 능력 또는 선행하는 의무가 없을 경우 무언가를 획득할 수 있는 능력이다. 이런 의미에서 자유롭다는 것은 무언가를 행할 의무나 책무를 지니지 않는다는 말이기도 하다. 이런 자유의 개념은 아직 소유자가 없는 공공의 재료로부터 재산을 획득할 자연권에 관한 로크의 설명에서 매우 중요하다. 우

---

9 Hohfeld, W. N. (1919), *Fundamental Legal Conceptions As Applied to Judicial Reasoning*, New Haven: Yale University Press.

리는 아직 소유자가 없는 것을 획득할 자유를 지니지만 동시에 이미 소
유자가 정해진 재산은 그 소유자가 재산을 팔 마음이 없는 한 자유롭게
획득할 수 없다. 자유로서의 권리가 적용되는 범위는 다른 의무와 요구
들에 의해서 결정된다. 이제 주의를 기울여야 할 권리의 세 번째 측면
은 능력의 개념인데 이 또한 재산권의 경우를 통해 살펴볼 수 있다. 능
력의 개념은 자신의 권리를 자유재량으로 발휘해 다른 사람들의 권리
와 의무를 변화시킬 수 있음을 의미한다. 이런 능력은 재산권을 확립하
기 위한 행위에서 가장 분명하게 드러난다. 이런 경우 행위자는 아직
소유자가 없는 것을 자유롭게 획득할 수 있지만 이 과정에서 행위자는
다른 사람들이 합법적으로 획득할 수 있는 바에 어떤 제한을 가하게 되
며, 따라서 행위자의 능력은 다른 행위자들의 권리와 자유를 제한하고
변형하게 된다. 재산을 획득할 권리는 이전에 소유자가 없던 것을 취할
자유뿐만 아니라 다른 사람들의 자유를 합법적으로 제한하고 그들에게
의무를 부과할 능력도 포함한다. 권리가 지닌 이런 서로 다른 측면들이
서로 다른 방식으로 결합해 서로 다른 자연권을 낳는다.

　로크의 이론에서는 권리의 세 측면 이외에 (시먼스의 견해에 따르
면[10]) 자연권의 서로 다른 세 유형도 확인된다. 우선 일반적 권리가 있
는데 이에 관해서는 이미 살펴보았다. 대표적인 일반적 권리로 모든 사
람에게 평등하게 적용되는 생명권을 들 수 있다. 하지만 이와는 다른
종류의 권리, 이른바 특수한 권리도 확인된다. 특수한 권리는 개인들
사이의 특수한 거래 또는 관계로부터 생겨나는 권리이다. 이 특수한 권
리는 다시 합의에 의한 권리와 합의에 의하지 않은 권리로 나뉘는데 이
들 모두 로크의 이론에서 분명히 제시된다. 이 두 권리를 구별하는 기

10　Simmons, A. John (1992), *A Lockean Theory of Rights*, Princeton : Princeton
University Press, 2장.

준은 매우 간단하다. 합의에 의하지 않은 권리는 사람들이 스스로 선택하지 않은 관계로부터 등장하며 따라서 사람들 사이의 합의에 의존하지 않는다. 예를 들면 부모가 자녀들에 대해서 갖는 권리, 한 개인이 재산을 획득할 권리, 처벌할 권리 등이 이에 속한다. 합의에 의한 권리는 다른 개인들과의 합의에 의해 성립하는 권리로서 정치적 권리를 비롯해 약정이나 계약에 의한 권리 등이 이에 포함된다. 후자에는 특히 어떤 사람이 다른 특정한 개인이나 개인들에게 권력을 이양할 권리도 포함된다. 이상의 내용이 자연권의 기본 특성 및 분류에 관한 로크의 설명이다. 하지만 엄밀하게 과연 무엇이 어떤 권리를 자연권으로 만드는가?

자연권의 명확한 특성 중 하나는 그것이 정치권력이나 권한을 지닌 어떤 기관보다도 앞서 자연 상태에서 성립한다는 점이다. 따라서 자연권은 정치나 어떤 사법 제도보다도 앞선다는 점에서 자연적이라고 할 수 있다. 우리는 이런 방식으로 자연권을 법을 통해 규정되는 권리나 특정 국가의 입법 기관이 내리는, 권위를 동반한 명령에 따라 형성되는 권리 등과 구별할 수 있다. 정치 기관이나 입법 기관, 법원은 권리를 부여하거나 선언할 수 있다. 설령 이런 권리들이 자연법과 조화를 이룬다 할지라도 이들의 권위는 어느 정도 그 원천이나 근원에 의존한다. 반면 자연권의 경우 로크는 이 권리가 어떤 제도나 기관보다도 앞선다는 점을 무척 강조하려고 한다. 마찬가지로 로크는 자연권이 관행적 권리와 구별된다는 점을 보이려 한다. 누군가는 우리가 도덕적 권리라고 부르는 많은 권리들이 현실적인 관행에서 비롯되었다고, 예를 들면 우리 자신의 도덕적 경험을 다른 도덕 문화에 대한 경험과 비교함으로써 얻게 되었다고 주장하려 들지 모른다. 로크도 문화에 따른 도덕의 변형을 인정하면서 이 과정에서 도덕의 본질과 권위로 불릴 수 있는 바가 무엇인지를 밝히는 데 큰 관심을 보였다. 동시에 그는 도덕의 기본 내용에는 지역에 따라 변하지 않는 무언가가 존재한다고 확신했으며, 바로 이 점이 도덕적, 문화적 관행에 앞서는 자연권을 옹호하는 자신의 주장에서 잘 드러난다고 생각했다. 이런 모든 점들을 전제할 때 로크의 자연권 이론은 설령 사회로부터 모든 정치적, 법적, 사회적 제도들을 제거한다 할지라도 우리가 여전히 권리로 유지하기를 원하는 몇몇 도덕적 주장들이 남는다는 것으로 요약된다.

　몇몇 권리들을 자연권으로 기술하려는 로크의 시도에서 드러나는 또 다른 측면이 있는데 이는 이런 권리들을 우리 인간의 본성과 관련 짓는 것이다. 바꾸어 말하면 우리는 다른 사람들과 서로 동일한 본성을 공유한다는 그 이유만으로 많은 자연권들을 누리게 된다. 앞서 살펴보았듯이 로크는 우리 모두가 공통적인 이성적 본성을 공유하기 때문에 근본적인 평등이 성립한다고 설명하면서 이런 본성에 근거해 우리는 권리와 상응하는 평등한 관심과 존중을 받기에 합당한 존재의 집합에 속하게 된다고 주장한다. 이런 공통적 본성은 오직 인간만이 공유하는 것이므로 로크는 아무리 고도의 감각 능력을 지닌 포유류라 할지라도 권리를 누리지는 못한다고 생각한다(반면 일부 현대 학자들은 동물도 권리를 누린다고 생각한다). 하지만 우리가 동물을 어떻게 대우해야 하는가는 권리와는 별개의 문제이다. 자연권에 관한 로크의 설명에서 핵심을 차지하는 것은 현재 우리가 인권이라고 부르는 바, 곧 우리가 오직 인간이라는 공통적 본성을 지니기 때문에 누리는 일련의 권리이다. 이런 자연권 또는 인권에 속하는 대표적인 권리로는 생명권과 자유를 누릴 권리를 들 수 있다. 하지만 우리가 지닌 모든 자연권이 공통적 본성으로부터 직접 도출되지는 않는다. 앞서 살펴보았듯이 로크는 정치사회에 앞서 우리가 누리는 권리들 중 일부 특수한 권리는 오직 특수한 관계 또는 다른 사람들이 동의한 결과에 의해 성립하게 된다고 인정하기 때문이다. 이런 특수한 권리들은 본성의 일부로 우리가 누리는 능력으로부터 간접적으로 생겨나지만 모든 인간들에게 평등하게 적용되지는 않는다. 오직 인간만이 진정한 의미에서 부모가 될 수 있지만 모든 사람이 부모는 아니므로 모든 사람이 부모로서의 특수한 권리를 행사하지는 않는다. 모든 여성이 당연히 인권으로서의 자연권을 지니지만 이들이 반드시 특수한 자연권을 지니지는 않으며, 앞으로 살펴보게 되듯이 로크는 어린이들은 아직 인권으로서의 자연권을 지니지 않지만 점차 성장하면서 이런 권리를 획득할 능력을 지니게 된다고 주장한다. 마찬가지로 오직 인간만이 계약을 맺고 약속을 할 수 있지만 몇몇 특정한 행위자만이 계약이나 협정을 맺고 이로부터 생겨나는 특수한 자연권을 누린다. 따라서 로크가 생각하는 자연권의 개념은 분명히 단순한 일련의 인권보다는 훨씬 폭넓은 것이지만 이 개념이 모든 권리 주장을 포괄하는 것으로까지 확장되지는 않는다. 인권을 다룬 현대의 문헌들은 대부분 인권의 범주를 지나치게 확장해 인권이 모든 기본권 주장을 포괄하는 것으로 보려는 관점이 지닌 위험성을 지적하면서 어디에 살든 모든 인간에게 적용되는, 폭이 좁지만 근본적인 권리를 인권으로 여기려는 태도를 보인다. 따라서 생명과 기본적 자유, 고문과 같은 위해로부터 보호받을 권리 등만이 인권의 개념에 포함될 자격을 지닌다는 주장이 자주 제기된다. 하지만 유급휴가를 누릴 권리나 특정한 수준의 교육이나 의료 관리를 받을 권리 등도 인권에 속한다는 주장 또한 심심치 않게 등장한다. 로크가 설명하는 자연권 또한 무척 폭이 넓은 편이어서 우리가 오직 인간이기 때문에 지니는 권리와 인간의 어떤 능력을 발휘해 얻는 권리 또는 인간의 어떤 역할과 관계를 사용해 얻는 권리 등을 모두 포괄한다. 하지만 권리에 관한 논의에서 로크의 자연권 개념이 현대의 인권 개념보다는 더 큰 도움이 되는 듯하다. 로크의 개념은 기본권의 두 측면, 곧 이 권리가 정치적, 법적, 사회적 관행의 산물이 아니라는 점과 우리가 지닌 공통적 본성 때문에 등장한다는 점을 분명히 지적하기 때문이다. 많은 현대철학자들은 우리가 인간 본성의 개념을 도덕적으로 중요한 존재를 판별하는 기준으로 사용한다고 주장하면서도 동시에 구체적인 사법 체제 안에서 인정된 바만이 권리일 수 있으며 이렇게 인정받지 못한 바는 단지 어떤 권리가 존재해야 한다고 외치는 공허한 수준에 머물 뿐이라고 주장한다. 로크의 이론은 이런 현대의 이론들과는 근본적으로 다른 모습을 보인다. 그는 권리가 존재해야 하는 근거를 명확히 제시할 뿐만 아니라 더 나아가 자연법을 설명하면서는 이런 근거를 넘어서서 우리가 자연 상태에서 누리는 권리들이 완전한 자연권임을 강력히 주장한다. 그리고 이를 바탕으로 우리는 로크의 자연권 개념에 대한 세 번째 질문을 던지게 된다.

많은 학자들은 로크가 자연권 개념을 자연법으로부터 이끌어 냄으로써 자연권의 우선성을 제대로 해명하지 못한다고 주장해 왔다. 사실 몇몇 로크 연구자들, 예를 들면 던(John Dunn)이나 애쉬크래프트(Richard Ashcraft), 털리(James Tully) 등은 이보다 더 나아가 로크의 이론이 사실상 자연적 의무에 관한 이론이며 권리는 단지 부차적 개념에 지나지 않는다고까지 주장했다.[11] 이런 견해에 따르면 우리는 각자가 보존되어야 한다는 자연법을 준수해야 하는데 이는 우리가 신의 피조물이라는 사실로부터 도출된다. 이 자연법은 우리들 각자에게 다른 사람

---

11 Dunn, John (1969), *The Political Thought of John Locke*; Ashcraft, Richard (1987), *Locke's Two Treatises of Government*, London: Unwin Hyman; 그리고 Tully, James (1980), *A Discourse on Property*, Cambridge: Cambridge University Press.

들에게 위해를 가한다든지 그들의 생존 수단을 빼앗음으로써 그들의 자기보존을 방해해서는 안 된다는 의무를 부과하는데 우리는 바로 이런 의무로부터 자연권을 이끌어 낸다. 어떤 개인 x는 다른 개인 y의 자기보존을 방해해서는 안 된다는 의무를 지니기 때문에 개인 y는 개인 x에 대해 어떤 권리를 행사한다고 말할 수 있다. 이 경우 의무가 우선하며 권리는 파생적인 개념이 된다. 하지만 과연 이것이 로크의 이론을 올바르게 해석한 것인가? 나는 그렇게 생각하지 않는데 그 근거는 시먼스가 전개한 주장과 유사하다. 로크는 특수한 종류의 권리들, 곧 자연법이 의무의 수행을 엄격하게 요구하는 상황과 관련된 권리들의 경우에는 분명히 권리의 개념을 의무의 개념과 관련해서 생각한다. 예를 들면 생명권의 경우 우리는 자기 자신 및 다른 사람들의 생명을 보존해야 한다는 엄격한 의무가 권리를 구체적으로 명시한다는 점을 발견한다. 이런 의무와 관련해서 로크는 자유재량권을 인정하지 않으므로 노직과 같은 현대의 자유지상주의자와는 달리 자살할 권리 또한 인정하지 않는다. 하지만 우리의 모든 권리가 이런 형태를 취하지는 않는다. 몇몇 자연권은 순전히 자유재량에 속한다. 예를 들면 사유재산을 획득할 권리의 경우 행위자 x는 이 권리 때문에 무언가를 행하거나 행하지 말아야 할 의무 아래 놓이지는 않는다. 자유재량에 속하는 권리에서는 의무가 존재하지 않는다는 의미에서 이런 권리와 관련해서도 의무의 개념이 일정한 역할을 담당한다. 하지만 이런 사실이 모든 권리가 그보다 앞선 일련의 의무로 환원될 수 있음을 암시하지는 않는다. 더욱이 능력의 경우, 예를 들면 내가 재산을 획득하고 다른 사람들은 획득하지 못하도록 만들기 위해 다른 사람들의 권리를 변경하거나 제한할 능력의 경우 의무의 부과와 그 범위를 결정짓는 것은 자연권임을 발견할 수 있다. 따라서 로크의 이론에서 권리와 의무의 개념은 서로 밀접하게 관련되지만 그는 결코 권리의 본질이 남김없이 의무의 개념으로 환원될 수 있다거나 의무의 개념이 논리적으로 선행한다고 주장하지 않는다. 그 대신 로크의 이론은 폭이 좁은 엄격한 권리를 제외한 대부분의 경우 권리의 개념이 우리가 다른 사람들에 대해 지니는 의무에 의해 부과되는 폭넓고 다양한 행위 안에서 우리가 누리는 자유재량의 여유 공간을 나타내는 데 사용된다는 점을 암시한다. 우리가 자유재량의 능력을 어떻게 발휘할 것인가는 어떤 외부의 권위나 일련의 의무에 의해 규정되지 않는다는 점에서 순전히 권리의 문제이다. 권리에 이런 역할을 부여하기 때문에 로크는 완성주의자(perfectionist)라기보다는 자유주의자로 분류된다. 완성주의자는 우리가 특별히 인간으로서 지니는 능력을 어떤 방식으로 발휘하고 계발할 의무를 지니며, 정치 공동체는 우리를 이런 방식으로 행위하도록 고무해야 한다고 주장하는 (아리스토텔레스와 같은) 철학자이다. 로크의 이론은 정치권력이 설령 우리의 이익을 위한 것이라 할지라도 우리의 동의 없이 우리에게 행사할 수 있는 바를 제한하려 한다. 로크의 이론이 반드시 19세기의 밀이나 20세기의 롤스에서 발견되는 것과 같은 일종의 자유주의적 관점으로 귀결되지는 않는다. 하지만 의무의 개념을 오용해 로크를 일종의 공동체주의자로 여기거나 의무의 개념에 논리적 우선성을 부여해 개인의 자연권이 지닌 중요한 역할을 경시하는 것은 명백한 잘못이다.

이 대목에서 지적할 만한, 로크의 자연권 개념에 대한 또 다른 비판은 스트라우스와 콕스(Richard Cox)를 비롯한 여러 학자들이 제기한 것이다.[12] 이런 학자들은 애쉬크래프트나 털리와는 정반대되는 입장을 취하면서 로크가 분명히 자연권의 개념에 우선성을 부여하지만 이렇게

---

12 Strauss, L. (1953), *Natural Right and History*, Chicago: University of Chicago Press; Cox, Richard (1960), *Locke on War and Peace*, Oxford: Clarendon Press.

함으로써 자연법에 관한 자신의 주장을 무너뜨리고 말았으며 이 결과 그의 이론은 유해한 원자론적 개인주의를 함축한다고 주장한다. 이런 비판은 로크를 중요한 원천 중 한 사람으로 여기는 현대의 자유주의에 대한 더욱 폭넓은 비판의 일부에 해당한다. 이 비판은 자연권의 우선성, 특히 자기보존을 추구할 자연권의 우선성에서 로크의 이론이 매우 폭이 좁은 이기주의적이고 개인주의적인 이론일 뿐이라는 점이 드러난다고 주장한다. 이에 따르면 권리는 사람들 사이에 사회가 침범할 수 없는 장벽을 세우기 위한 것이며, 이는 결국 사람들이 권리뿐만 아니라 의무와 책무도 지니는 도덕적 공동체의 개념을 파괴하고 만다. 이렇게 로크의 이론을 권리에 기초한 원자론으로 보려는 태도는 노직과 같은 현대 자유지상주의자의 사상을 반영한 것임이 명백하다. 여기서 제기되는 문제는 당연히 과연 이런 해석이 진정 로크의 견해를 드러내는가이다.

　우리는 이미 로크의 견해를 이기주의와 원자론으로 몰아붙이는 비판이 과장된 것임을 밝히기 위해 자연 상태에 관한 그의 주장을 충분히 검토했다. 우리는 자신을 보존해야 한다는 엄격한 의무를 분명히 지니지만 로크는 이런 자기보존의 명령이 모든 사람이 지닌 평등한 권리에 근거한다는 점을 분명히 지적한다. 따라서 로크의 자연법은 홉스의 이론에서나 발견될 듯한, 자기보존을 향한 무제한의 권리를 인정하는 극단적 이기주의를 오히려 완화한다. 로크에 따르면 우리는 다른 사람들을 희생양으로 삼아 우리의 자기보존을 추구해서는 안 된다―우리는 자기방어나 사형 집행의 경우를 제외하고는 다른 사람들을 죽여서는 안 되며, 그들의 재산을 빼앗아서도 안 된다. 우리의 자연권은 비록 의무로 환원될 수는 없지만 의무를 함축한다. 또한 로크의 이론을 원자론이라고 비판하는 데도 세심한 주의를 기울여야 한다. 로크는 분명히 개인주의자이며 이에 대해 어떤 변명도 하지 않는다. 그의 개인주의가 그가 지닌 개신교적 세계관을 바탕으로 설명된다는 점에는 의심의 여지가 없다. 하지만 그의 이론을 단순한 개인주의로 축소할 수는 없다. 로크는 우리가 다른 사람들에 대한 의무를 지닌다는 점을 부정하지 않으며, 오직 권리만이 중요하다고 주장하지도 않는다. 그가 강조해서 주장하는 바는 권리가 정치적, 사회적, 법적 권력의 행사에 제한을 가한다는 점이다. 이런 권리 주장이 사회의 개념 또는 권위에 도전하는 것으로 보일지 몰라도 단순히 전통적인 사회와 권위의 개념에 의지해 로크를 비판하는 것은 불합리한 주장에 지나지 않는다. 로크가 설명하고 정당화하려는 바가 바로 새로운 사회적, 정치적 권력의 본성과 한계이기 때문이다.

자연권과 관련된 마지막 질문은 과연 우리가 어떤 권리를 지니는가이다. 하지만 이는 간단히 답할 수 있는 질문이 아니다. 로크는 전통적으로 생명, 자유, 재산에 대한 권리를 옹호한 것으로 평가받지만 이는 지나치게 단순한 주장이다. 그는 권리의 완전한 목록을 제시하지는 않았지만 생명이나 자유, 재산에 대한 권리로 환원될 수 없는 다양한 유형의 권리들이 존재한다는 점을 암시한다. 우리는 앞에서 이미 처벌과 관련된 두 권리, 곧 억제의 권리와 배상의 권리에 관해 살펴보았다. 이 중 전자는 모두에게 적용되는 일반적 권리인 반면 후자는 오직 범죄의 피해자에게만 적용되는 특수한 권리이다. 또한 로크가 자연법 아래서 성립하는 자유를 방종과 구별하는 데서 알 수 있듯이 무언가에 의해 간섭받지 않을 하나의 권리뿐만 아니라 어떤 일을 할 수 있는 일련의 자유가 보장되는 자유로운 공간도 성립함을 발견한다. 재산과 관련해서도 권리는 재산의 획득, 교환, 소비에 관한 특수한 권리들로 세분된다. 어쨌든 로크의 핵심 논점은 자연권이 자연법으로부터 도출된다는 점과

보존의 법칙으로서의 자연법에 포함되는 폭넓은 원리에서 어떻게 권리
주장이 도출되는지를 정확히 설명할 필요가 있다는 점이다. 우리는 자
연권이 자연법의 폭넓은 일반 원리로부터 도출되는 하위의 원리들과는
구별되는 것임을 깨달을 수 있다. 자연권은 자연법의 개념에 구체적 내
용을 부여하며, 따라서 자연권의 완전한 목록은 자연법을 확장해 인간
행위의 새로운 상황에 적용함으로써 도출된다는 의미에서 맥락에 의존
한다. 다른 한편으로 로크는 결코 이 때문에 자연권의 개념이 불명확한
것이 된다고 생각하지는 않는다. 왜냐하면 자연권은 자연법을 명확하
게 포함함에 틀림없기 때문이다.

  이와 마찬가지로 로크가 소극적인 것으로 언급한 모든 권리들이 다
른 사람들에게 무언가를 해서는 안 된다는 금지의 의무만을 포함한다
는 생각 또한 잘못이다. 우리는 적극적 권리와 소극적 권리를 구별하는
데 그 근거는 전자가 사람들에게 무언가를 행하거나 특정한 무언가를
제공할 것을 요구하는 반면 후자는 단지 어떤 행위의 금지를 요구한다
는 것이다. 이런 방식에 따를 경우 생명에 대한 소극적 권리를 지니는
한 개인은 단지 다른 사람이 자신을 죽이는 것을 금지할 권리만을 누린
다. 이런 권리에는 그가 생명을 유지하도록 돕기 위해 다른 사람이 무
엇이든 해야 한다는, 예를 들면 음식이나 약품을 공급해야 한다는 내용
은 포함되지 않는다. 앞서 살펴보았듯이 스트라우스와 콕스는 로크가
우리의 자연권을 순전히 소극적이고 이기적인 의미로만 생각한다고 주
장했다. 하지만 로크가 이렇게 생각하지 않았음은 명백하다. 분명히 우
리는 자연권에 기초해 다른 사람들에게 무언가를 요구할 수 있으며, 이
런 권리를 침해한 사람을 처벌해 달라고 요구할 수도 있다. 더 큰 논쟁
거리가 되는 문제이기는 하지만 로크는 어떤 (아마도 매우 심각한) 상
황에서는 우리가 도움을 요청할 권리를 지닌다고 생각한다. 물론 이런

사실에 비추어 그를 복지 국가를 옹호한 최초의 인물로 여겨서는 안 된
다(실제로 그는 복지 국가의 옹호자가 결코 아니었다). 그는 우리의 생
명을 보존하기 위해 적절한 도움을 요청할 수 있는 근거는 우리가 노동
을 하고 임금을 받아 음식과 거처를 마련할 수 있는 능력을 지니기 때
문이라고 주장한다. 하지만 이런 사실이 로크가 적극적 권리와 소극적
권리를 구별하면서 소극적 측면 쪽으로 기우는 일을 피하려 했음을 암
시하지는 않는다. 로크가 생각한 권리의 개념은 다른 사람들에게 권리
의 소유자를 존중할 것을 요구하므로 그가 단지 금지의 개념만을 강조
한다고 보는 관점은 거의 호소력이 없다.

자연 상태, 역사성과 실재성

로크의 자연 상태는 정치사회가 부재하는 상황에서 인간의 삶을 묘사
하기 위한 추상적 모델이므로 우리가 앞서 살펴본, 자연 상태의 모든
특성은 왜 우리가 정치권력과 권한을 형성하며 이들은 왜 그런 특징을
지니게 되는지를 설명하기 위해 마련된 장치이다. 다음 절에서 보게 되
듯이 로크는 계속해서 자연 상태라는 추상적 모델로부터 매우 구체적
인 몇몇 내용들을 이끌어 낸다. 하지만 이런 내용을 본격적으로 다루기
에 앞서 그는 자신의 논의 과정 전체에 반대하는 또 다른 회의적 주장
에 대해 짧지만 중요한 반박을 제시한다. 앞서 지적했듯이 로크는 자연
상태가 실제로 존재했다는 증거가 없다고 주장하는 비판에 대해서는
별 관심을 보이지 않는다. 역사를 근거로 한 이런 비판은 로크가 오래
전 과거에 자연 상태가 실제로 존재했다고 생각한다는 가정에 기초해
자연 상태와는 다른 설명을 도입함으로써, 예를 들면 '에덴동산'이나
다른 어떤 역사적 근원을 제시함으로써 로크를 비판한다. 15절에서 로
크는 다시 후커를 인용하면서 자연 상태가 과거에 실제로 존재하지는

않았지만 사람들이 어떤 정치 체제를 받아들일지에 대해 일치된 의견을 보이지 못하는 모든 시대의 역사에서 실제로 발생한다고 주장한다. 따라서 로크는 자연 상태를 분석을 위한 구성물로 생각하는 동시에 우리가 살아가는 세계를 설명하기 위한 실재적 모델로 여기려 한다. 현재의 정치 질서에 따를 의무가 동의에 기초하는지 그렇지 않은지 또한 정치권력의 주장이 자연법의 범위 안에 포함되는지 그렇지 않은지를 결정하는 일은 독자들의 몫이다. 로크는 자연 상태 이론이 직면하는 실재적 문제들과 자신의 이성적 정치철학이 역사에서 비롯된 구체적 도전이 아니라 현실적 주제 또는 실제 경험의 여러 측면을 잘 반영하기 위한 모델이라는 점을 암시한다. 그리고 후커를 인용한 대목은 자연 상태 이론을 특정한 제도와 관행의 우연한 근원을 설명하는 것이 아니라 정치적 의무와 정당한 정치권력의 범위를 정당화하는 것으로 제대로 이해한다면 이 이론이 우리의 실제 경험에 관해 무척 많은 것을 알려 준다는 점을 드러낸다.

하지만 로크는 자연 상태가 규범적 모델이며 따라서 규범 실재론과 관련할 뿐 그런 상태가 결코 존재한 적이 없다는 역사적 주장으로부터는 아무런 영향도 받지 않는다는 점만을 주장하려 하지는 않는다. 14절에서 그는 우리가 국내의 정치 문제를 떠나 여러 국가와 왕국들 사이의 관계로 눈을 돌린다면 자연 상태와 유사한 상황이 국제 관계를 매우 잘 묘사한다는 점을 발견하리라고 주장한다. '전 세계에 걸쳐 **독립** 정부의 모든 **군주**와 통치자들은 서로 자연 상태에 놓여 있으므로 많은 사람들이 이런 상태에 놓여 있지 않은 세계란 과거에도 없었고 앞으로도 결코 없을 것임이 명백하다'(14절).

여기서도 로크의 논점은 복잡하지만 실제 경험과 그것에 대한 이해를 지지하는 것으로 볼 수 있다. 이를 통해 첫째, 그는 국가나 국가의 통치자들 사이에 인간이 만든 더욱 상위의 입법 기관 같은 것은 존재하지 않는다고―말하자면 세계국가는 없다고―주장한다. 하지만 이것이 통치자들 사이에 아무런 법도 성립하지 않는다는 말은 아니다. 국가와 통치자들은 서로 상대방이 원하지 않는 어떤 것도 할 자격이 없다. 한 국가가 이런 자연법을 위반할 경우 상대방 국가는 전쟁을 일으켜 자연법의 위반을 처벌할 권리를 지닌다. 둘째, 로크는 통치자가 법을 위반하는 외국인 범죄자를 처벌할 수 있는 것은 오직 이렇게 법이 지배하는 자연 상태에서만 가능하다고 주장한다. 하지만 그는 외국인이 자신의 재산권 등이 침해당했을 때 이를 법의 위반으로 여기면서 배상을 청구할 수 있는 것 또한 이런 사실 때문이라고 주장한다. 예를 들면 국제적인 통상 무역에 관여하는 외국인은 설령 자신이 거주하는 외국의 통치를 받아들이겠다고 적극적으로 동의하지 않았다 할지라도 자신의 재산이나 신체가 침해당했을 경우 얼마든지 처벌을 요구할 권리는 지닌다. 약속이나 계약을 지키는 일은 상대방이 같은 정치 공동체에 속하는 구성원인지 그렇지 않은지와 무관하게 우리가 반드시 행해야 할 의무에 속한다. 만일 공통의 정치사회나 국제적인 국가가 없는 상황에서도 우리의 행위를 규제하는 어떤 법이 존재한다는 사실을 믿지 않는다면 우리가 국제 무역이나 통상에 관여할 이유가 거의 없을 것이다.

국제 관계를 연구하는 20세기 학자들이 관심을 보이는 논점 중 하나는 자연 상태를 아직 정치권력이 성립하지 않은 사회 형태로 보는 로크의 견해가 자연 상태를 만인 대 만인의 전쟁 상태로 보는 홉스의 견해보다 사회를 훨씬 더 현실주의적으로 묘사한다는 점이다. 국제 관계를 '현실주의적'으로 보는 현대의 이론가와 실천가들은 국제 관계가 거의 채무 불이행과 같은 불안정한 상태에 가까우며 평화는 단지 가끔씩 일어나는 일에 지나지 않는다고 주장한다. 따라서 통치자는 항상 전쟁에 대비해야 하며 다른 국가의 위협에 맞서 자국의 이익을 추구하고 보호해야 한다. 이런 견해에 따르면 국제 관계는 정당한 이익과 부당한 이익을 구별해 주는 상위법이 없는 상태에서 각국의 이익이 충돌하는 상황일 뿐이다. 만일 로크라면 이런 견해는 방종과 무질서의 세계를 반영하는 데 그치며, 이런 견해가 실제의 국제 관계를 현실적으로 묘사하지는 않는다고 여길 것이다. 따라서 로크는 국제 관계를 현실주의적으로 보려 하는 현대의 이론들에 대해 자주 제기되는 비판, 곧 이런 이론들이 오히려 비현실적이며 그릇된 편파적 가정에 기초한다는 비판을 제시하는 셈이 된다. 로크는 국제 관계가 모든 국가들 사이에 무제한의 대립과 전쟁이 계속되는 세계가 결코 아니며 한 사람의 재판관이나 입법자가 존재하지 않는 다소 불완전한 사회라고 생각한다. 로크가 『통치론』에서 언급하지 않은, 따라서 우리가 답하지 않은 채 남겨 둘 수밖에 없는 흥미로운 질문을 꼽으라면 국제적인 자연 상태에서 오는 불편함이 통치자들로 하여금 국제적인 통치권 또는 국가 체계를 지닌 국제적인 정치사회를 추구하도록 이끄는가 그렇지 않은가를 들 수 있겠다.

전쟁 상태와 노예 상태

앞에서 우리는 상당한 시간을 들여 『통치론』의 2장에 등장하는, 자연 상태에 관한 로크의 설명을 논의했다. 그렇게 한 까닭은 바로 이 장에서 그가 이후 논의의 구성 요소들을 대부분 도입했을 뿐만 아니라 필머에 대해서는 직접적인, 홉스의 절대주의에 대해서는 간접적인 반응을 명확히 드러냈기 때문이다. 하지만 자연 상태나 정치권력 및 권한의 본질과 정당성에 관한 설명으로부터 자신의 최초 입장을 형성하려는 로크의 시도가 2장에서 완전히 마무리 지어지지는 않는다. 각각 '전쟁 상

태'와 '노예 상태'라는 제목이 붙은 뒤이은 두 장에서 로크는 자연 상
태를 더욱 분명히 해명하고 인간의 기본적 권리와 의무에 대한 논의를
이어 나간다.

전쟁

3장 '전쟁 상태'는 로크가 논의를 이어 나가는 방식으로는 다소 어색해
보일지 몰라도 매우 중요한 내용을 포함한다. 여기서 로크는 자연 상태
를 '만인 대 만인'의 전쟁 상태로 묘사한 홉스의 이론과 자신의 이론
사이의 중요한 차이점을 이끌어 낸다. 홉스의 경우 전쟁은 법과 통치권
이 없는 상태를 의미한다. 반면 로크는 아퀴나스(Thomas Aquinas)와
같은 철학자에게서 발견되는, 자연법과 정의로운 전쟁이라는 훨씬 더
오래된 전통에까지 거슬러 올라간다. 로크의 이론과 아퀴나스의 이론
은 핵심 논점에서 매우 큰 차이를 보이지만 둘은 모두 자연법학자이다.
둘 모두 도덕법칙이 지배하는 세계라는 개념 안에서 전쟁을 설명할 필
요를 느꼈다는 점에서 이들은 서로 연결된다. 전쟁이라는 일종의 현상
은 자연법에 의해 체계화된 세계라는 개념 안에 편입되어야 하는데, 이
런 세계가 인간이 처한 근본적인 자연적 상황임은 이미 앞에서 살펴보
았다. 따라서 전쟁은 홉스의 경우처럼 단지 법과 통치권의 부재로서만
설명될 수 없다. 사실 전쟁 상태가 단지 정치권력 외부에 존재하는 어
떤 상황이 아니라는 점은 로크에게 매우 중요하다. 왜냐하면 앞으로
『통치론』의 끝부분에서 보게 되듯이 로크는 군주나 통치자가 사실상
자신이 다스리는 국민들과 전쟁을 벌이게 된다면 어떤 일이 일어날지
에 대해 매우 급진적인 결론을 이끌어 내기 때문이다.

16절에서 로크는 전쟁 상태를 한 개인이 다른 개인의 생명을 해칠
것을 '냉정하고 차분한 의도로, 말이나 행위를 통해' 선언할 경우에 발

생하는 적대감과 파괴의 상태로 정의한다. 한 개인이 이런 의도를 선언하거나 명확히 밝힐 경우 이를 통해 위협받게 된 상대방은 모든 사람이 보존되어야 한다는 자연법의 요구에 근거해 자신을 파괴하겠다고 위협하는 개인을 파괴할 권리를 지닌다. 한 개인이 다른 개인의 생명을 위협하는 경우 이런 위협을 가하는 개인은 결국 자기보존의 권리를 박탈당하게 되며 따라서 야수나 다른 피조물이 자연법을 넘어선 행동을 할 때 우리가 그들을 죽일 수 있는 것과 마찬가지로 죽임을 당할 수도 있다. 여기서 로크가 제시하는 논거는 처벌을 옹호하는 논거, 즉 폭력과 생명 위협에 대한 처벌이 권리 박탈을 근거로 정당화된다는 논거와 유사하다. 18절에서 로크는 우리가 도둑을 죽일 수도 있다고 주장하는데 그 까닭은 설령 도둑이 나의 생명을 직접 위협하지 않더라도 자연법을 어기고 나를 자신의 물리적 힘 아래 놓으려고 시도함으로써 나의 자유를 제한하고 나의 재산을 빼앗으려 하기 때문이다. 따라서 나는 그가 나의 생명을 포함한 다른 모든 빼앗을 가능성이 있다고 가정하는 것이 당연하다. 만일 도둑이 나를 죽인다면 나는 어떤 배상도 받을 수 없으므로 나는 도둑이 나를 죽이려 할 때까지 기다릴 필요가 없이 도둑에 대한 처벌을 시도해야 한다. 따라서 나는 자기보존의 의무에 따라 나에 대해 전쟁을 선언한 부당한 침입자인 도둑을 죽일 권리를 지니게 된다. 이 경우 차이점은 도둑이 배상을 필요로 하는 어떤 행위가 아니라 위협 또는 차분한 의도를 통해 자연법을 위반했다는 점이다.

위의 내용에서 이미 로크 이론의 중요한 특징 세 가지가 분명히 드러난다. 첫째, 전쟁 상태는 반드시 상대방을 고의로 때리는 것과 같은 감정적이고 성급한 행위일 필요는 없다. 그 대신 전쟁은 냉정하고 차분한 의도로 상대방의 생명을 위협하는 것으로 간주된다. 둘째, 다른 사람의 생명을 위협하는 일은 한 개인 또는 여러 사람이 잠재적 공격자에 대해 자기보존의 권리를 주장할 수 있는 정당한 근거로 작용한다. 공격자는 다른 사람의 생명을 위협하겠다는 자신의 의도를 명확히 보이거나 선언해야 한다. 하지만 그가 아직 자신이 선언한 의도에 따라 행위하지 않더라도 그의 잠재적 공격에 맞서 우리를 방어하는 일은 충분히 정당할 수 있다. 셋째, 로크는 전쟁이 오직 정당하게 구성된 관계자, 곧 국왕이나 국가들 사이에서만 가능하다는 점에 관해서는 아무런 언급도 하지 않는다. 이를 통해 그는 오직 군주들만이 서로 전쟁을 시작할 수 있다고 주장하는, 전통적으로 아우구스티누스나 아퀴나스에게서 등장하는 정의로운 전쟁 이론과 결별한다. 로크에 따르면 전쟁 상태는 군주들 사이에도, 군주와 국민 사이에도 그리고 개인들 사이에도 얼마든지 성립할 수 있다.

로크는 17절에서 이런 이론을 발전시켜 위협 또는 차분한 의도의 역할을 명확히 밝힌다. 여기서 로크는 상대방을 자신의 절대 권력 아래 놓으려고 하는 사람은 누구든지 그 상대방에 대해 전쟁을 선언하는 것이라고 주장한다. 절대 권력은 곧 상대방의 생명을 어떻게 하겠다는 의도를 선언하는 것이기 때문이다. 로크에 따르면 생명에 대한 위협은 자유에 대한 위협에서 비롯된다. 로크는 만일 어떤 사람이 다른 사람을 자신의 절대 권력 아래 놓음으로써 노예로 삼으려 하거나 그의 자유를 빼앗으려 한다면 전자가 후자의 생명까지도 위협한다는 점을 충분히 추론할 수 있다고 주장한다. 왜냐하면 우리의 자유를 기꺼이 빼앗으려고 마음먹은 사람이라면 그가 우리의 다른 모든 것도 기꺼이 빼앗을 수 있다고 생각하지 못할 하등의 이유가 없기 때문이다. 이 점은 자연 상태에서나 아니면 정치사회가 구성된 상태에서나 마찬가지로 적용된다.

이제 로크의 이론이 자연 상태가 곧 전쟁 상태라고 생각한 홉스의 주장에 어떻게 답하는지를 살펴볼 단계에 이르렀다. 19절에서 로크는 자연 상태가 곧 '악의와 폭력, 상호 파괴'의 상태는 아니라고 주장한다. 그 대신 그는 적절히 이해한다면 자연 상태가 사람들이 자신들 사이의 분쟁을 판단해 줄 권력을 지닌 현실적인 우월한 존재가 없이 함께 살아가는 상태라고 말한다. 그렇다면 자연 상태를 대립이 난무하는 세계로 보는 것이 당연할지 몰라도 로크는 정의상 그렇지 않다고 생각한다. 뒤이어 로크는 사람들이 서로 전쟁 상태로 돌입할 권리를 지니는 까닭은 바로 분쟁에 대해 호소할 공통의 재판관이 없다는 사실 때문이라고 주장한다. 사실 합법적 권력이 존재하는 시민사회에서도 권력이 개인을 보호하지 못한다면 개인은 얼마든지 전쟁에 돌입할 권리를 행사할 수 있다. 따라서 절도 행위가 일어날 경우 설령 공권력이 존재하더라도 그 권력이 이런 위급 상황에 대응할 만큼 빨리 움직이지 않는다면 집주인은 도둑에 대해 전쟁을 시작할 권리를 지닌다. 이 경우 피해자와 침입자는 공통의 권력이 없는 자연 상태를 이루게 된다. 따라서 자연 상태는 개인들 사이의 대립을 판단할 공통의 권력 또는 권위가 존재하지 않는 상태인 반면 전쟁 상태는 누군가가 다른 사람을 위협하기 위해 '권리를 동반하지 않은 힘'을 사용함으로써 시작된다. 자연 상태가 전쟁 상태일 수도 있지만 반드시 그런 것은 아니다. 이와 더불어 로크에게 중요한 사실 중 하나는 만일 국가의 관리나 통치자가 권리 없이 부당하게 권력을 행사한다면 전쟁 상태가 사회나 국가 안에서 발생할 수도 있다는 점이다. 로크는 20절에서 이 점을 다음과 같이 매우 분명히 밝힌다.

… 법과 적절히 구성된 재판관에게 호소할 수 있는 길이 열려 있기는 하지만 정의가 명백히 왜곡되고 법이 뻔뻔하게 뒤틀려 일부 사람들 또는 어떤

집단에 속한 사람들의 폭력과 위법 행위가 옹호되고 면책됨으로써 적절한 치유책이 부정되는 곳에서는 **전쟁 상태**가 아닌 다른 어떤 상태를 상상하기 어렵다. 어디서든 폭력이 자행되고 침해가 발생하면 비록 정의를 집행하도록 임명된 사람들에 의해서 저질러졌다 할지라도 그것은 엄연한 폭력이며 침해이기 때문이다. …

비록 권위를 지닌 재판관이 등장함으로써 우리는 전쟁 상태로 빠질 위험이 있는 자연 상태에서 벗어날 수 있을지 몰라도 로크는 홉스처럼 정치 사회가 형성되기만 하면 전쟁 상태의 가능성이 아예 사라진다고까지 주장하지는 않는다. 사회 안에서도 통치자와 개인들 사이에 전쟁 상태가 형성될 수 있으며, 이런 경우 우리는 자기보존의 권리로서 전쟁의 권리를 정당하게 행사할 수 있다. 로크는 이런 주장이 일으킬 수 있는 문제를『통치론』의 마지막 장에서 다시 다룬다.

노예 상태

4장 '노예 상태에 관하여'에서 로크는 자연 상태 및 전쟁 상태에 관한 설명에서 등장한 것과는 다소 다른 일련의 질문을 던진다. 로크가『통치론』에서 노예 상태에 관해 논의한 것은 몇 가지 이유에서 논란거리가 된다. 특히 섀프츠베리 백작 아래에서 일하면서 로크는 캐롤라이나 주 기본 헌법(the Fundamental Constitution of Carolina)의 초안을 작성했는데 여기서 그는 모든 자유인이 '자신의 흑인 노예들에 대해 절대적인 권력과 권한을 지니는 것을' 허용했다. 또한 그의 자연법이 기초로 삼는 근본적인 평등이라는 전제는 노예제도의 개념을 완전히 배제하는 듯이 보이기도 한다. 다른 사람을 절대 권력 아래 놓는 것은 자연법과 완전히 배치되므로 노예제도는 방금 살펴본 전쟁의 권리를 행사할 합당한 근거를 제공하는 듯도 하다. 노예제도는 로크의 이론에서 어떻게 가능하며 그는 진정으로 노예를 재산으로 여기는 견해를 지지하는가?

로크는 노예제도를 지지하는 논거 중 한 가지, 아리스토텔레스의 『정치학』에 등장하는 이른바 자유인이 될 능력이 부족해서 노예가 될 것을 타고나는 계층이 있다는 논거는 명백히 거부한다. 앞서 로크가 평등을 옹호하는 내용에서도 살펴보았듯이 자유를 누릴 기준을 인간이라는 범위에 속한다는 것으로 이해하는 편이 가장 바람직하므로 모든 사람이 다소 훈련을 받기만 하면 충분히 자유를 누리는 데 성공할 것이다. 따라서 이성의 부족 때문에 노예가 될 것을 타고나는 사람은 거의 없다고 보아도 무방하다. 어쩌면 매우 어린아이들이나 무척 나이 많은 노인들 또는 정신적 질병을 지닌 사람 등을 이성이 부족한 계층으로 볼 수 있을지 모르지만 일반적으로 어느 누구도 이런 사람들을 노예로 삼으려 하지는 않을 것이다.

노예제도를 지지하는 두 번째 논거로 노예들이 스스로 노예가 되는 데 동의했다는 것을 들 수 있다. 22절에서 로크는 한 개인은 스스로 동의하지 않는 한 지상의 어떤 권력 아래에도 속하지 않는다는 자신의 주장을 반복한다. 이는 노예들이 노예제도에 동의하거나 노예 계약을 맺었을 가능성을 열어 두는 것으로 보일 수도 있다. 사실 노직 같은 현대의 많은 자유지상주의자들은 노예들이 노예제도에 동의할 가능성을 실제로 인정한다.[13] 노직에 따르면 우리는 우리 자신을 다른 사람의 권력 아래에 놓는 데 동의할 수도 있는데 여기에는 그 사람이 우리의 자유와 생명권을 제한하는 데 동의하는 경우까지도 포함된다. 만일 이런 것에

---

13   Nozick, Robert (1974), *Anarchy, State and Utopia*, 290-2면.

동의할 수 없다면 사실 우리는 자신을 정치권력 아래 놓는 데 동의함으로써 사형을 포함한 처벌을 부과할 권리를 획득하는 데도 실패할 것이다. 노직은 우리가 자신의 소유자(self-owner)이므로 우리가 소유한 바를 다른 사람의 지시나 명령 아래 속하게 할 수도 있다고 주장하면서 오직 우리가 최초에 그렇게 노예가 되는 데 동의해야만 한다는 점이 중요하다고 생각한다. 노직의 이런 주장은 그 자체로도 심각한 논란의 대상이 될 뿐만 아니라 로크의 주장과도 크게 다르다.

로크는 엄격한 의미에서 우리가 자신의 소유자가 아니라고 생각한다. 우리는 궁극적으로 창조자의 재산이며 소유물이다. 로크는 우리가 기껏해야 창조자에게서 우리 자신을 빌린 조건부 임대권 정도를 지닐 뿐이라고 여긴다. 따라서 로크는 필머가 내세운 소극적 자유의 개념에 반대하면서 우리의 자연적 자유는 우리에게 자기보존의 권리뿐만 아니라 의무를 부여하는 자연법에 의해 제한된다고 주장한다. 우리는 자신을 보존할 의무를 지니므로 필요하다면 우리 자신을 죽일지도 모를 다른 사람이 만든 임의적 규칙 아래 우리 자신을 놓아서는 안 된다. 노예 소유주가 만든 임의적 규칙 중에는 노예의 재산을 빼앗고 심지어 노예를 마음대로 죽일 권리까지도 포함된다. 하지만 왜 노예는 이런 자유와 권리를 양도할 수 없는가? 여기서 로크는 자연권 이론의 또 다른 관점, 곧 우리가 지닌 가장 근본적인 권리는 양도 불가능하다는 관점을 도입한다. 이 말은 우리가 어떤 상황에서도 이런 권리들을 다른 사람에게 넘겨 그가 우리의 권리를 마음대로 처리하도록 내버려 둘 수는 없음을 의미한다. 우리는 노예가 자신의 생명권을 소유주에게 넘길 수 없듯이 더 이상 기본적인 생명권을 통치자에게 넘길 수 없다. 설령 정치사회에서 정당한 재판관이 기본적인 자연법을 어긴 범죄자에 대한 처벌로 그를 죽일 수 있다 할지라도 재판관은 그렇게 하는 것이 편리하다든가 아니면 범죄자가 정치적으로 귀찮은 사람이라는 이유로 범죄자를 죽여서는 안 된다. 자연법은 어디에서나 항상 적용되며 기본적인 권리를 확립하는데 각 개인은 이런 권리를 양도하거나 포기할 권한이 없다. 따라서 로크는 자연적인 또는 기본적인 도덕적 권리로서 자살할 권리를 결코 용납하지 않을 것이다.

하지만 노예로 타고나는 사람이 없고 우리가 노예 계약을 맺을 수도 없다면 이는 노예제도를 둘러싼 문제를 명확히 해결하는 듯이 보이며 로크의 이론에서 노예제도가 설 자리는 없는 듯하다. 하지만 로크는 23-4절에서 자연법 아래서 자연적 자유가 성립한다는 자신의 주장과 조화를 이루는 또 다른 논거를 전개한다. 이 논거는 식민지 캐롤라이나에서 흑인 노예를 소유할 권리를 인정하려는 그의 태도와 일치하는 것으로도 보인다. 어쨌든 그의 논거는 다시 전쟁의 권리 이론으로 되돌아간다.

전쟁 상태로 돌입해 다른 사람의 생명과 자유를 위협하게 될 경우 각 개인은 자연법의 보호를 받지 못하는 상태에 놓이게 되며, 다른 사람들은 전쟁의 권리, 곧 침략자를 죽일 권리를 주장할 수 있게 된다. 하지만 침략자가 생포될 경우 포획자는 포로를 노예로 만들 권리를 지닌다. 23절에서 로크는 노예제도가 이미 자신의 생명권을 박탈당한 사람에 대한 사형의 집행 연기와 같다고 주장한다. 생명을 위협받는 전쟁에서 이런 생명권은 박탈되므로 포로는 자연법의 외부에 놓이게 되고 따라서 더 이상 자연권의 수혜자가 아니다. 결국 로크는 전쟁 상태가 정복자와 포로 사이에서 계속되며 포로가 노예로 될 수 있는 것은 오직 이 때문이라고 주장한다. 여기서 포로가 노예가 되는 데 동의하더라도 이것이 '어느 누구도 자신이 가진 것보다 더 큰 권력을 내줄 수 없으며, 따라서 자신의 생명을 박탈할 수 없는 사람은 다른 사람에게 그렇게 할 권력을 내줄 수 없다 …'(23절)는 경우에 해당되지 않는다는 점은 상당히 중요하다. 전쟁의 권리 중 사형 집행을 연기할 권리는 배타적으로 정복자에게 속하는 것이며, 이런 권리는 포로가 불법적으로 폭력과 전쟁에 가담했을 경우에만 정복자가 얻게 되는 것이다.

로크는 실제로 아메리카 식민지에서 일하는 아프리카 출신의 흑인 노예들이 생명권을 박탈당한 포로라고 생각했던 듯하다. 만에 하나 이것이 사실이라 할지라도 수많은 문제들이 발생하며 어쩌면 로크도 이를 알고 있었을 것이다. 포로의 사형 집행을 연기하고 그를 노예로 삼을 권리 같은 것이 설령 존재한다 할지라도 이는 오직 포로 자신에게만 적용되며 그의 가족이나 식구들에게는 결코 적용되지 않는다. 전쟁에 가담하지도 않고 전쟁의 위험과도 무관한 흑인 여성들까지 노예로 삼는 것은 불법이며 오히려 노예 사냥꾼들을 상대로 전쟁을 벌일 근거가될 만하다. 어린이에 대해서도 이와 유사한 주장을 펼 수 있다. 더욱이 노예 소유권은 한 세대를 넘어서까지 확장될 수는 없다. 부모가 노예라고 해서 자식까지 노예로 태어나서는 안 된다. 만일 이런 일을 허용한다면 로크는 필머식의 절대주의를 인정하는 데까지 이르게 될 것이다. 정복자는 자신이 전쟁에서 이긴 사람들을 영원히 통치할 권리를 지닐 것이기 때문이다. 만일 이런 견해에 따른다면 정복왕 윌리엄(William the Conqueror)의 후손들은 이후 모든 세대의 영국인들을 지배할 절대 권력을 주장할 수 있을 것이다. 하지만 로크는 이런 논거를 자연적 자유 및 평등에 위배되는 것으로 여겨 명백히 이에 반대할 것이다. 더욱이 로크에 따르면 침략자를 포로로 붙잡아 죽일 수 있는 권리를 연기하는 대가로 얻은, 그를 노예로 삼을 권리는 그의 재산을 마음대로 처분할 자격을 포함하지 않는다. 누군가가 훔친 물건은 정당한 주인에게 되돌려 주어야겠지만 전쟁에서 붙잡혀 포로가 된 개인이 합법적으로 소유한 바를 빼앗는 것은 허용되지 않을 뿐만 아니라 동산이나 부동산의 권리를 확립하는 데도 아무런 도움이 되지 않는다. 마지막으로 로크의 주장은 전쟁에서 포로로 잡힌 노예를 거래할 권리를 포함한다고 보기 어렵다. 유럽의 노예 상인들이 아프리카의 노예 상인들에게서 흑인 노예를 샀다 할지라도 이런 사실이 유럽의 노예 상인들에게 합법적인 권리를 보장해 주는지는 그리 분명하지 않다.

  로크는 이런 문제들에 대해 명확한 대답을 하지 않는데 그의 이런 침묵과 아메리카 식민지에서 아프리카 출신의 흑인 노예를 인정하고 정당화한 실제 태도 사이의 관계를 주의 깊게 해석할 필요가 있다. 이것이 매우 민감한 주제라는 점과 당연히 그래야 한다는 점은 분명하다. 왜냐하면 말로 표현할 수 없을 정도로 그릇된 관행인 흑인 노예제도는 로크가 내세우는 듯이 보이는 자유 평등주의적 가치에 정면으로 위배되는 것이기 때문이다. 하지만 로크의 철학적 주장을 노예를 소유할 권리를 매우 까다롭게 제한함으로써 아메리카 식민지에서 노예제도의 관행을 단시간 안에 뿌리 뽑으려는 시도로 해석할 수도 있다. 몇몇 학자들은 로크의 이론이 아리스토텔레스의 이론과 마찬가지로 노예제도를 정당화하는 기준을 매우 높임으로써 로크 당시의 노예제도라는 관행이 사실상 결코 정당화될 수 없는 것임을 보이려 했다고 생각하기도 한다. 로크의 전기적인 증거들에 비추어 볼 때 이런 해석은 노예제도와 관련해 어쩌면 그를 너무 관대하게 본 것일지도 모른다. 이런 해석이 옳든 그르든 간에 그가 제시한 이론이 이후 아메리카에서 전개된 노예제도의 관행을 지지하는 형태의 정당화를 제공하지 않음은 분명하다. 또한 더욱 중요한 문제로 그의 이론은 노예라는 신분 자체를 근본적으로 지지하는 어떤 기초도 제공하지 않는다. 설령 로크가 노예제도를 실제로 정당화하더라도 그는 흑인뿐만 아니라 백인 노예까지도 허용하는 방식을 채택할 것이다.

iii. 사유재산

로크는『통치론』에 대한 편지를 간접적으로 언급하면서 이 책에 등장하는 최고의 논의 중 하나가 재산에 관한 것이라고 여기고 이를 매우 자랑스러워한다. 또한 사유재산 개념은 로크 연구자들과 이후 철학자들 사이에서 가장 활발한 논의의 대상이 되었지만 몇몇 학자들은 로크 이론의 전체 구조에 비추어 5장의 핵심 논점에 대해 의문을 제기하기도 한다. 예를 들면 로이드-토머스는『통치론』에서 로크의 주요 관심이 정당한 정치 제도와 정치적 의무를 설명하는 것이므로 자연 상태를 다룬 장과 정치적 의무와 그 내용을 옹호한 장 사이에 사유재산을 논의한 장이 등장하는 것은 매우 이상한 일이라고 주장한다.[14] 이런 주장도 일리가 있지만 로크를 이렇게 몰아세우는 것은 정치철학의 본질과 논점을 지나치게 현대적인 관점에서 파악한 결과인 듯도 하다. 현대적인 관점에 따를 경우 우리는 정치철학을 우선 규범적으로 해석해 국가에 복종할 우리의 의무를 정당화하려는 시도로 여기고, 그다음에 정부의 기원을 설명하는 역사학이나 사회학적 접근에로 눈을 돌리는 경향을 보인다. 사실 로크의 이론도 부분적으로 이런 방식을 택하는 듯이 보인다. 그는 정치 공동체가 어떻게 등장했는지를 설명하기 위해 성서적이든 아니면 사변적이든 간에 역사에 의지하며, 그 후에 그런 공동체의 정당성과 그것이 부과하는 의무를 설명하는 규범적이고 철학적인 이론

---

14   Lloyd-Thomas, David (1995), *Locke on Government*, London: Routledge, 89면.

에로 눈을 돌린다. 비록 이런 유사성이 드러나기는 해도 로크의 관점과 현대의 자유주의 이론 사이에는 중요한 차이점도 존재한다. 로크는 정치적 의무와 정당한 정치 제도의 본질과 한계를 설명하려 했는데, 앞으로 살펴보게 되듯이 그는 동의의 개념에 기초해 이런 설명을 제시한다. 하지만 정치 제도는 추상적으로 성립할 수는 없고 구체적 공동체에, 로크의 용어로는 시민사회에 적용되어야 한다. 그렇다면 여기서 우리는 과연 시민사회가 무엇인가라는 질문에 답해야 한다. 이에 대해 로크는 96절에서 시민 또는 정치 사회는 하나의 정부 아래 단일한 정치 단체를 형성하는 데 동의한 사람들이 만든 공동체라고 답한다. 이것이 로크의 대답 중 일부라는 점은 명백하지만 이 대답에는 정치사회의 관할권이 미치는 영역에 관한 언급이 전혀 없으므로 다소 불완전하다. 바꾸어 말하면 동의에 기초한 이론은 정치 공동체 개념이 이미 관할권이 행사되는 영역으로서의 영토를 지닌다는 점을 전제하는 듯이 보인다. 사실상 영토는 현대의 국가 개념에서 매우 중요한 부분을 차지한다. 하지만 국가가 관할권을 행사하는 영토의 정당한 본질이 무엇인지에 대해서는 설명이 필요하다. 현대의 정치철학자들은 국가의 관할권을 관습상의 문제로 여기면서, 대부분의 국가들과 정치사회가 역사적 우연의 산물로 등장했다는 점에 근거해 주로 정당성의 문제에 초점을 맞추는 경향을 보인다. 이런 견해에 따르면 우리가 답해야 할 유일한 중요한 질문은 어떻게 국가가 그 구성원이나 다른 국가들이 볼 때 정당성을 확보하는가라는 것이다. 하지만 로크는 관습이라는 개념에 의존할 수 없다. 이 개념에 의존하면 자신이 거부하려 하는 정치적 절대주의의 일부 주장을 허용하게 되기 때문이다. 만일 영토상의 관할권이 동의가 아니라 관습의 문제라면 관할권은 동의가 없이도 변경될 수 있고 새로운 관습도 얼마든지 등장할 수 있을 것이다. 이런 논거는 국가나 정치 공동체의 경계뿐만 아니라 국가 안에서 재산권을 누리는 데도 영향을 미친다. 만일 시민사회의 영토적 경계가 관습의 문제라면 개인들이 국가 안에서 자신의 영토를 주장하게 될 것이며 이는 동의 없이 개인의 재산에 간섭하는 국가 권력을 낳을 위험성을 지닌다.

　이 문제에 대해 로크는 이런 접근 방식을 완전히 뒤집어 영토적 관할권 자체를 정치 이전에 성립하는 사유재산권에, 특히 토지 소유권에 의존하는 것으로 보는 전략을 취한다. 만일 우리가 이미 일부 토지를 사적으로 소유한다면 자발적인 동의를 통해 개인의 토지 일부를 공동으로 국가에 양도하고 시민사회의 구성원이 될 수 있다. 그리고 로크는 이런 방식으로 시민사회의 영토적 관할권을 설명하려 한다. 하지만 이는 또한 개인의 소유권이 시민사회에 앞서기 때문에 원래 소유자의 동의가 없이는 시민사회가 개인의 소유권을 변경하거나 방해할 수 없음을 의미한다. 따라서 정치사회의 영토적 측면을 설명하기 위해서는 자연 상태에서 성립하는 사유재산권을 설명할 필요가 있다. 그리고 바로 여기서 왜 로크가 『통치론』의 이후 여러 장에서 정치사회의 근원을 설명하기에 앞서 사유재산권의 정당화가 필요하다고 생각했는지가 매우 선명하게 드러난다. 사유재산권은 로크가 옹호하려 했던 개인주의적이고 주의주의적인 형태의 정치 공동체를 구성하는 핵심적 요소이다. 또한 칸트에서 노직에 이르는 많은 이후 정치철학자들, 곧 국가의 본질과 근거를 권리 보호로 제한하려 했던 철학자들도 이런 형태의 이론을 매우 매력적으로 받아들였다. 또한 로크의 이론은 도대체 왜 우리가 어떤 종류의 국가라도 필요로 하는가라고 반문하는 개인주의적인 무정부주의자에 대한 중요한 반박 중 일부를 형성한다.

　정치사회의 영토 주장에 관한 일련의 질문에 답하면서 로크는 개인주의적인 방법을 선택하는데 이는 또 다른 여러 문제들을 낳게 된다.

대표적인 예로는 정치에 앞서는 사유재산권은 어떻게 등장하는가라는 문제를 들 수 있다. 뒤이어 살펴보겠지만 로크는 개인의 사유재산권을 정당화하면서 결국 그리 성공적이지는 못하지만 상당히 기발한 논거를 제시한다. 하지만 그의 논거를 검토하기에 앞서 로크가 개인주의적인 관점을 전개해 나가는 맥락에 관해 살펴볼 필요가 있다.

　로크의 다소 급진적인 접근 방식 아래 놓인 주요 관심은 다시 한번 가부장권에 기초해 재산권을 설명하는 필머의 이론을 비판하려는 것이다. 필머 이론의 핵심은 신이 창조 시에 세계의 모든 것에 대한 지배권을 아담에게 주었다는 것이다. 이 지배권에는 정치권력뿐만이 아니라 모든 세계에 대한 영토적 관할권도 포함된다. 따라서 필머의 가부장권 이론은 단지 정치적 지배를 가부장적 지배의 일종으로 설명하는 데 그치지 않고 재산의 근원과 본질에 관한 주장까지 포함하는 것으로 확장된다. 그리고 이는 가부장권을 내세우는 절대왕정주의자들이 필머의 이론에서 가장 매력적으로 여기는 부분이기도 하다. 왜냐하면 국왕을 아담의 계승자로 여겨 그를 영토 안에 있는 모든 것의 궁극적 소유자로 본다면 시민들의 동의 없이도 얼마든지 세금을 부과할 수 있을 것이기 때문이다. 이런 견해에 따르면 어떤 특정 국가의 영토도 결국 국왕의 개인 재산이며, 국민들은 왕에게 빌리는 형태로만 일부 토지를 사용할 수 있다. 필머의 이론에서 중요한 점은 이것이 이른바 성서적 논거와 관습적 논거를 서로 결합한다는 점이다. 국왕의 영토 안에서 재산 문제를 규정하는 구체적 규칙들은 대체로 관습에 따라 형성된다. 재산법은 국왕의 재산을 어떻게 배분하는가에 관한 관습의 형태를 띠므로 국민의 동의가 없이도 변경될 수 있다. 이는 다시 국민의 대표가 없이도 세금을 부과할 수 있고, 국왕에 불복종할 경우 재산을 몰수하는 처벌을 마음대로 시행할 수 있다는 것으로 이어진다.

국왕이 아담에게서 지배권을 물려받았다고 주장하는 필머의 핵심 논거가 다소 약하다고 느끼는 사람이 있을지 몰라도 필머의 주장에 특별히 강력한 힘을 실어 주고, 사유재산권의 근원을 동의로 여기는 다른 이론들을 비판하는 근거로 작용하는 더 이상의 논점이 존재한다. 필머의 주장과는 달리 만일 이 세계가 아담에게 사유재산으로 주어지지 않았다면 세계는 모든 인류의 공동 자산이었을 것이다. 그리고 실제로 로크는 우리가 이성과 계시 모두를 통해서 세계가 인류에게 공동 자산으로 주어졌음을 알 수 있다고 주장한다(25절). 설령 우리가 '땅은 사람들에게 주셨다'는 「시편」의 말씀을 받아들이지 않는다 할지라도 (여기서 로크가 인용한 「시편」 115편 16절은 매우 중요한데 그 까닭은 이것이 성서가 일관되게 신이 아담에게 세계의 지배권을 주었다는 점을 지지한다는 필머의 주장을 정면으로 반박하기 때문이다) 이성의 법칙으로서의 자연법을 통해 세계가 우리에게 공동의 자산으로 주어졌으며 우리는 이 세계에서 우리의 보존에 필요한 것들을 얻을 수 있다는 점을 알게 된다. 이런 사실이 우리가 자신을 보존할 권리와 의무를 지닌다는 점을 설명해 주지는 않을지 몰라도 우리의 생존과 유지를 위한 물질적 조건을 제시한다는 점은 부정할 수 없다.

하지만 필머는 만일 이 세계가 우리에게 공동의 자산으로 주어졌다면 어떻게 누구라도 토지와 생산물에 대해 사유재산권을 주장할 수 있는가라고 반문한다. 분명히 우리는 이 세계에서 필요한 바를 얻어서 먹고 마신다. 하지만 세계가 공동 자산이라면 우리는 다른 사람들이 우리 땅에서 난 곡식을 먹는 일을 막을 권리가 없을 것이며, 다른 사람들을 배제할 어떤 권리도 결코 존재하지 않을 것이다. 이에 대한 표준적인 대답은 사유재산권이 동의를 기초로 성립한다는 것인데 필머는 이런 대답을 비웃는다. 동의에 기초한 이론을 주장한 대표적인 인물은 로크에게 매우 큰 영향을 미쳤던 (하지만 지금은 다소 소홀히 다루어지는) 동시대의 독일 철학자 푸펜도르프(Samuel Pufendorf, 1632-94)였다. 그는 세계가 인간들이 공동으로 소유한 자산으로 주어졌는데, 모든 인류의 공동 재산에서 일부분을 개인이 소유하고 이 부분에 대해 다른 사람을 배제할 수 있게 된 것은 오직 모든 사람들 사이에 이루어진 동의의 결과라고 주장했다. 더 나아가 그는 이런 개인의 원초적 소유물이 이후 계약을 통해 특수한 정치사회가 형성되면서 사회의 공동 관리 대상이 되었다고 주장한다. 하지만 그는 또한 정치사회의 형성 과정에서 개인들은 원초적 재산을 통치자에게 양도하게 되었으며, 이 결과 통치자는 자신의 영토 안에서 공적으로 인정된 재산을 소유하게 되었다고 주장한다. 따라서 토지에 대한 재산권은 사회적 관습이며, 이는 국민들의 모든 권리를 완전하게 지배하는 절대 권력을 지닌 통치자에 의해 변경될 수 있다. 로크는 이런 전략을 그리 탐탁지 않게 여겼지만 필머가 제기한 문제, 곧 사유재산의 최초 획득을 동의의 개념에 기초해 설명하기 어렵다는 지적을 더욱 큰 압박으로 느꼈다.

로크는 개인의 사유재산권 주장을 정당화하는 문제에 직면해 동의에 기초한 논거에 반대하지는 않았지만 이 논거에 극복하기 어려운 문제점들이 있다는 점을 인정한다. 첫 번째로 인류 공동의 재산에서 개인이 무언가를 취득하는 데 대한 동의는 그 개인을 제외한 나머지 모든 사람의 동의를 필요로 할 것이다. 로크가 정치사회를 형성할 수 있다고 주장한, 같은 영토에 사는 소규모 사람들만으로는 이런 동의가 결코 이루어질 수 없다. 그런데 개인의 취득을 정당화하려면 모든 인류의 동의가 필요하다. 만일 이런 동의가 이전에 실제로 이루어졌다면 반드시 그것에 대한 어떤 기록이 남아 있을 텐데 심지어 필머조차도 그런 기록이나 증거는 없다고 주장한다. 하지만 만에 하나 그런 증거가 존재하더라도 그것이 공동 재산에서 사유재산에로의 이행을 정당화하는지는 그리 분명하지 않다. 왜냐하면 최초의 동의에 의해 권리가 변경되지만 이런 동의에 직접 참여할 수 없었고 따라서 동의할 수 없었던 미래 세대의 문제가 항상 대두되기 때문이다. 만일 이런 단 한 번의 동의가 이후 모든 미래 세대에게 구속력을 지닌다면 정치 체제의 형성에 대해서도 이와 유사한 주장을 펼칠 수 있다. 과거 몇몇 사람이 최초에 동의한 바가 미래 세대의 동의와 상관없이 미래 세대의 자유를 제한하는 특정한 정치 체제로 이어질 수 있기 때문이다. 그리고 이런 견해는 다시 한번 홉스적인 절대주의를 낳을 위험성을 지닌다.

   만일 공동 재산에서 사유재산에로의 이행을 정당화하는 최초의 동의가 이루어지지 않았기 때문에 동의에 기초한 논거가 제대로 성립하지 않는다면 우리는 어떤 정당한 사유재산권도 주장할 수 없으며 모든 사람이 다른 모든 개인의 사적 소유권 주장을 거부하는 현실에 직면할 것이다. 하지만 로크는 이런 결론이 얼토당토않다고 생각한다. 이런 결론은 우리가 생존과 자기보존을 위해 공동의 자원에서 일부를 취할 수 있는 가능성을 배제하고 따라서 자연법에 위배되는 것이기 때문이다(28절). 그렇다면 우리는 재산의 획득에 관한 필머의 주장 또는 다른 어떤 관습적 설명에 동의하거나 아니면 자연법과 양립할 수 있는, 사유재산의 획득에 관한 다른 어떤 설명을 발견해야 한다. 바로 이것이 로크가 시도하려는 바이다.

자기소유권

매우 독창적이며 이후 철학자들에게 큰 영향을 미친 로크의 이론은 우리가 자신의 신체에 대해서 최초의 사유재산권을 지닌다는 생각에서 출발한다. 이 이론은 '자기소유권' 이론으로 불리는데 로크는 다음과 같이 말한다.

> … 각자는 자기 자신의 **인신**(人身, person)에 대한 **소유권**을 지닌다. 자기 자신을 제외하고는 어느 누구도 이 권리를 지닐 수 없다. 어떤 사람의 신체를 통한 **노동**과 그의 손을 사용한 **작업**은 당연히 그의 것이라고 말할 수 있다. 그렇다면 그가 자연이 제공하고 남겨둔 바를 그런 상태에서 꺼내어 여기에 자신의 노동을 섞고 자신의 것인 무언가를 더할 경우 그것은 그의 **소유**가 된다.(27절)

이 이론은 현대의 절치철학에도 매우 큰 영향을 미치는데 노직은 『아나키, 국가 그리고 유토피아』에서 이를 다시 도입했으며 코헨이나 오츠카(Michael Otsuka) 등의 철학자들은 이를 더욱 확대해서 논의했다.[15] 이를 통해 로크는 우리가 최소한 개인의 사유재산권을 주장할 수 있는 한 가지 원초적 요소를 지니는데 그 요소는 우리의 인신에 내재한다는 점을 명확히 제시한다. 우리는 어떤 집단, 예컨대 문화나 인종, 민족에 속하기에 앞서 한 개인으로 존재하므로 우리의 가장 기본적인 재산권은 사적이며 개인적인 것이다. 이 사실이 명확히 함축하는 바는 개인의 권리 주장이 집단의 집합적 권리에 선행한다는 점이다.

우리가 우리 자신을 소유한다는 점이 로크의 주장임은 명백한 사실이지만 그가 앞서 우리가 지닌 자연권의 근원에 대해 설명한 바에 비추어 보면 이는 오히려 상당히 놀라운 주장이다. 앞서 자연 상태에 관한 설명에서 이미 살펴보았듯이 로크는 우리가 서로에 대해 권리를 누리

---

15   Cohen, G. A. (1995), *Self-Ownership, Freedom and Equality*, Cambridge: Cambridge University Press; Otsuka, Michael (2003), *Libertarianism without Inequality*, Oxford: Oxford University Press.

는, 도덕적으로 평등한 존재라고 주장한다. 왜냐하면 궁극적으로 우리는 신이 창조한 질서의 일부이며 따라서 신의 소유물이기 때문이다. 그렇다면 우리는 이미 누군가의 재산이므로 우리 자신을 죽여서는 안 되며, 우리 자신을 보존할 의무뿐만 아니라 우리의 자기보존과 양립 불가능하지 않은 한에서 우리와 유사한 다른 모든 존재를 보존할 의무를 지닌다. 엄밀하게 말하자면 우리가 자기소유자라는 말에 대한 로크의 생각과 노직, 코헨의 생각은 서로 상당히 다르다. 두 현대철학자는 자기소유권이 우리의 인신에 대한 완전한 소유권을 부여한다고 여겨 우리가 자기학대나 자살을 통해 자신을 파괴할 수도 있다고 생각한다. 특히 노직에 따르면 우리는 자신을 노예로 팔아 버림으로써 자신의 전체를 남김없이 다른 사람에게 넘길 수도 있다. 반면 로크는 우리가 자신을 노예로 팔 수 있다는 생각을 거부하면서 만일 노예가 되는 것이 가능하다면 이는 오직 부당한 침략 행위를 시도하다가 권리가 박탈된 경우뿐이라고 주장한다. 이와 유사한 논거를 통해 로크는 자살할 권리 또한 인정하지 않는다.

그렇다면 로크의 이론은 완전한 자기소유권이 아니라 일종의 제한적 권리, 비유하자면 임대인이 아니라 임차인이 누리는 권리를 주장하는 것으로 해석되어야 한다. 하지만 우리가 자신의 인신에 대한 소유권을 지닌다는 주장을 통해 로크가 여전히 매우 중요한 논점을 전개한다는 점을 기억해야 한다. 그는 비록 우리가 신의 재량에 따라 존재를 유지하는 신의 소유물일지라도 신이 아닌 다른 어떤 권력의 소유물일 수도 없다는 점을 명시한다. 이런 생각은 미국식 국기에 대한 맹세에 등장하는, 미국이라는 공화국이 '신 아래' 하나의 국가라는 문구를 떠올리게 만드는 듯하다. 하지만 이 맹세가 강조하는 바는 단순히 신에 대한 경건함이 아니라 미국이라는 공화국이 인간에 의해 형성된 어떤 상위 권력이나 법 아래에도 놓이지 않는다는 점이다. 이와 마찬가지로 로크의 경우에도 인신은 그가 복종에 동의하지 않는 한 인간이 만든 어떤 상위 권력 아래에도 놓일 수 없다는 점이 강조된다. 이런 방식으로 로크는 우리가 자신을 소유한다는 주장을 그의 근본적인 평등주의와 연결한다. 만일 우리가 본성상 어떤 상위 권력의 지배를 받을 수 없으며, 인간이 만든 어떤 권력도 우리를 소유할 수 없다면 우리는 최소한 이런 면에서는 모두 도덕적으로 평등한 존재이다.

또한 로크의 주장이 우리가 자신의 신체를 소유하며 따라서 우리는 다른 사람의 이익 추구를 위한 도구로 사용될 수 없다는 점을 주장하는 데 그치지 않는다는 점을 지적할 필요가 있다. 그는 우리가 우리 자신의 인신을 소유한다고 주장하는데 이는 상당히 복잡한 주장이다. 로크가 인신이라는 용어를 통해 무엇을 의미하는가는 매우 까다로운 질문이다. 그가 이 개념을 통해 의미한 바는 『지성론』에서 전개한 생각과 관련되는데 이런 생각이 『통치론』의 주장과 썩 잘 들어맞지는 않는 듯하다. 『지성론』에서 로크는 인신의 개념을 설명하기 위해 신체적 지속성과 더불어 경험과 기억의 개념에 의존한다. 반면 여기서는 우리가 궁극적으로 소유하는 인신을 신체의 노동과 손을 사용한 작업이라는 표현을 통해 정의한다. 여기서 노동 또한 매우 애매한 의미를 지니는데 로크는 이를 핵심 단어로 사용해 우리가 노동을 투입한 모든 것은 우리의 인신과 연결되며 따라서 궁극적이고 배타적으로 우리의 소유가 된다고 주장한다.

이런 자기소유권 논거는 로크의 복잡한 이론에서 단지 첫 번째 전제에 해당할 뿐이지만 이에 대해서도, 특히 자기소유의 의미가 정확히 무엇인지와 관련해서 이미 많은 문제점들이 지적된다. 현대의 많은 비판자들이 거듭해서 제기한 문제는 과연 소유권이 우리가 자신의 인신 또는 자아와 더불어 형성할 수 있는 일종의 관계인가라는 것이다. 설령 우리가 바지 한 벌을 소유하더라도 이 바지를 팔거나 찢어 버리거나 누구에게 준다면 이 바지는 얼마든지 우리의 인신에서 제거될 수 있다. 바꾸어 말하면 소유의 대상은 소유자의 인신과 분리될 수 있다. 하지만 우리와 우리 자신과의 관계는 결코 이런 것이 아니다. 어쩌면 우리는 자신과 실제로 어떤 관계도 맺을 수 없는지도 모른다. 왜냐하면 관계를 맺을 수 있다는 주장은 인신이 관계를 맺을 수 있는 무언가가 존재한다는 점을 암시하는데 인신과 다른 무언가가 과연 우리 안에 존재할 수 있는가? 어쩌면 우리는 시간의 흐름이라는 관점에서 우리 자신과 관계할 수 있을지 모른다. 따라서 어떤 시점 t1에서의 인신이 약속이나 계약과 같은 합의를 통해 다른 시점 t2에서의 인신과 서로 결합된다고 말할 수 있을지 모른다. 이런 형태의 자기 결합은 로크가 『지성론』에서 제시한, 개인의 정체성에 대한 설명과도 양립 가능하다. 하지만 이는 소유로서의 인신과 관련해 우리가 기대했던 그런 종류의 관계는 아니다. 설령 우리가 노예가 되는 데 동의함으로써 우리 자신을 포기할 수 있다 할지라도 위에서 말한 바지의 경우와는 달리 우리 자신을 누군가에게 완전히 줄 수는 없다는 중요한 차이가 존재한다. 설령 노예가 되더라도 우리는 우리의 자아 또는 인신을 계속 유지하며 따라서 우리 자신을 완전히 포기할 수는 없기 때문이다.

로크의 주장에 의미를 부여하는 다른 방법은 이런 관계를 우리의 인신이 지닌 여러 측면 사이의 관계로 보는 것인 듯하다. 이런 해석은 노동과 손을 사용한 작업이라는 언급에 의해서 지지된다. 이 경우 우리의 노동은 우리 자신의 표현이며 우리가 자신으로부터 분리하거나 누군가에게 줄 수 있는 것은 바로 노동이다. 하지만 이런 해석은 인신이라는 개념이 지닌 애매함을 노동의 개념에로 옮길 뿐이다. 데이(J. P. Day)

와 월드론은 노동의 개념이 지닌 여섯 가지 의미를 제시하면서 이들 중 어떤 것도 우리가 노동과 관련해 원초적 소유권을 확보한다는 로크의 주장과 들어맞지 않는다는 점을 보인다.[16] 여섯 가지 의미 중 셋은 인신과 분리된 대상에 적용되는 노동의 개념, 예를 들면 노동의 생산물, '조직화된 노동'이라 할 수 있는 노동자들의 집단 그리고 노동자들의 임무나 작업 또는 고용 등으로부터 도출된 것이므로 현재 우리의 관심사가 아니다. 그러면 로크가 주장한 방식으로 인신에 적용될 수 있는 노동의 의미로 세 가지가 남게 되는데 이들은 다음과 같다.

 1. 일종의 활동으로서의 노동. 이는 노동을 우리가 참여하는 무언가라고 말할 수 있음을 의미한다. 하지만 이런 '부사적'(adverbial) 의미에서의 노동은 로크의 주장을 설명하기에는 부적절하다. 우리가 일단 활동에 참여하면 노동은 중단되거나 사라지기 때문이다.
 2. 노동은 노동력을 의미할 수도 있다—이는 마르크스(Marx)와 그의 후계자들이 노동가치설에서 받아들인 노동의 의미이다. 하지만 이런 의미의 노동은 로크가 주장하는 듯한 방식으로 대상에로 이전될 수 있는 무언가가 아니다. 노동의 능력은 여전히 개인에게 남아 있는 듯이 보인다.
 3. 작업 활동에 들이는 힘 또는 에너지라는 의미에서의 노동.

이들 중 세 번째가 로크의 이론에서 노동의 의미를 어느 정도 포착하는 듯이 보이기도 하지만 셋 중 어떤 것도 로크의 자기소유권 개념과 꼭

---

16 Day, J. P. (1966), 'Locke on Property', *Philosophical Quarterly*, vol. 16, 207-20면; Waldron, Jeremy (1988), *A Right to Private Property*, Oxford: Clarendon Press, 184-91면.

들어맞지는 않는다. 이들은 인신과 분리될 수 없거나 아니면 능력의 발휘를 강조하는 듯하므로 우리가 노동을 멈추면 아무 소유할 것도 남지 않음을 암시하기 때문이다. 이는 우리가 자기소유권이라는 전제와 사유재산의 최초 취득에 관한 로크의 주요 주장을 연결하려 할 때 다시 문제를 일으킨다.

원초적 취득

다른 어느 누구도 우리를 소유하지 않는다는 최소한의 의미에서 우리가 우리 자신을 소유한다고 말할 수 있을지 몰라도 이런 생각은 여전히 이 세계가 공동의 소유라는 문제에 봉착한다. 어떻게 개인이 토지와 같은 부동산의 소유권을 주장하게 되는지에 관한 로크의 설명을 살펴보기에 앞서 세계 안의 공동 재산에 대한 권리를 정확히 어떻게 해석해야 하는지를 검토할 필요가 있다. 만일 세계를 우리 각각이 소유한다는 주장을 우리 각각이 세계 전체에 대해 공동의 권리를 주장할 수 있다는 의미로 해석한다면 어느 누구라도, 세계의 어떤 부분에 대해서라도 사유재산권을 지닌다는 주장은 거의 불가능하게 된다. 누구라도 다른 사람이 재산을 최초로 취득하는 일을 거부할 것이기 때문이다. 하지만 이는 단지 왜 우리가 세계에 대한 공동의 권리를 다른 모든 사람에게 엄격한 의무를 부과하는 권리 주장으로 여겨야만 하는가라는 문제만을 제기할 뿐이다. 로크의 이론은 세계에 대한 공동의 권리를 이런 식으로 해석하는 데 반대한다. 그 대신 로크는 세계가 인류에게 공동으로 주어졌다는 사실이 세계에 대한 공동의 소유권이 아니라 세계가 우리들 각각이 자기보존을 보장하기 위해 필요로 하는 바를 자유롭게 얻을 수 있는 공동의 자원임을 의미한다고 주장하며 이런 사실을 이성과 계시를 통해 알 수 있다고 생각한다. 따라서 세계는 공동의 자원이며, 우리들

각각은 우리에게 필요한 바를 취해서는 안 되는 의무 아래 놓여 있지
않다. (여기서 무언가를 해서는 안 되는 의무 아래 놓여 있지 않다는
이중부정은 자유권을 구성하기 위해 사용되었다.) 세계는 공동의 재료
이며, 우리는 자유롭게 세계로부터 자기보존을 위한 수단을 취할 수 있
다. 만일 이런 주장이 단지 우리가 생존을 위해 아직 주인이 없는 사과
를 따서 바로 소유할 수 있다는 점을 정당화하는 수준에 그친다면 이 주
장은 여기서 멈추고 말 것이다. 하지만 로크는 이보다 더 나아가 토지의
취득과 배타적 소유 그리고 경계선을 확보하는 일을 정당화하기를 원한
다(32절). 이를 위해 그는 생존에 필요한 수단을 일시적으로 소유하는
것 이상의 권리를 필요로 한다. 즉 그는 배타적 소유를 정당화하기 위
해 특별한 논거를 필요로 한다. 사실 로크는 서로 구별되는 두 논거를
제시하는데 그중 하나는 '노동 투여'(labour-mixing) 논거(27-8절)이
며, 다른 하나는 노동가치설(40-6절)이다.

　노동 투여 논거는 우리가 자기소유자라는 로크의 주장에서 이미 예
시되었다. 그는 우리가 아직 주인이 없는 세계의 대상에 우리의 노동을
더함으로써 그 대상에 우리가 소유한 무언가를 섞고, 이를 통해 그것을
취득하여 배타적인 소유권을 주장하게 된다고 말했다. 이런 배타적 소
유권의 주장을 부정한다면 나의 인신 중 일부에 대한 소유권을 다른 사
람에게 허용하는 결과를 낳게 될 것이다. 이를 보면 자기소유권 논거가
로크에게 얼마나 중요한지를 잘 알 수 있다. 이 논거가 없다면 우리는
우리의 노동을 투여한 세계의 어떤 것도 소유하지 못하고 그저 소비하
거나 잃게 될 것이다.

　이런 로크의 논거는 다소 특이하고 옹호하기 어렵지만 작업과 노동,
세계를 변형하려는 우리의 시도에 대한 몇 가지 통찰을 제공한다. 로크
의 주장에 비추어 보면 이 논거는 토지에 대한 재산권의 취득을 지지하

는데(32절), 이는 새로운 식민지에서 처녀지를 처음 개간하는 사람을 떠올리게 한다. 식민지로 이주한 사람은 나무와 뿌리, 바위들이 가득한 땅을 정리하고 울타리를 둘러 자연의 공동 자원 중 일부를 차지한다. 그다음 그는 이 땅에 쟁기질을 하여―문자 그대로 이마에 땀을 흘리며 새로 흙을 뒤집어―땅을 개간한다. 수확 과정에서도 이와 유사한 신체적 노동이 투입된다. 이런 모습에 대해 엄밀하고 상세한 철학적 검토가 요구되지는 않지만 이 농부가 자신의 노동을―이마에 흐르는 땀을― 이전에는 사용되지 않던 땅에 투입했다는 점은 직관적으로 파악된다. 만일 다른 누군가가 와서 그의 경작을 방해하거나 수확물을 빼앗는다면 우리는 이를 불공정한, 다른 사람의 이익을 취하는 일로 여길 것이다. 또한 이런 행위를 이미 다른 누군가에 속하는 것을 빼앗는 것으로 생각할 것이다. 하지만 바로 이 지점에서 로크의 논거는 어려워지기 시작한다. 우리의 직관을 검토해 보면 우리는 분명히 농부가 자신의 수확물에 대한 권리를 지닌다고 생각한다. 그의 노동이 없었다면 수확물 또한 존재하지 않을 것이기 때문이다. 이런 의미에서 노동은 명백히 소유권 주장과 연결되는 듯이 보인다. 만일 그가 토마토를 키웠다면 그의 노력이 없을 경우 토마토는 생산되지 않았을 것이고 따라서 그는 공동 자산에서 무언가를 취한 것이 아니다. 다른 사람이 와서 토마토 농사를 돕는다고 해도 이는 공동인 무언가에 대해 그가 자신의 권리를 행사한 것이 아니다. 토마토는 결코 공동 자산의 일부가 아니다. 이 경우 소유권 주장이 확립되었다고 볼 수 있지만 이런 주장이 노동의 투입에 기초하지 않는지도 모르는데 이 점에 대해서는 잠시 후에 살펴보려 한다. 어쨌든 이 경우에서 아직 확립되지 않은 바가 있는데 그것은 바로 작물을 경작하는 땅에 대한 소유권 주장이다. 땅에 울타리를 치는 일은 명백히 공동 자산 중 일부를 취하여 배타적으로 사용하고 향유하는 것인데, 농부가 땅에 투입한 노동이 그에게 그 땅에서 다른 사람들을 배제할 권리를 부여하는지는 결코 분명하지 않다. 다른 사람들은 얼마든지 농부가 차지한 땅을 여전히 공동 자산으로 여겨 그 땅에서 사냥을 하고, 거기에 길을 내고, 개와 함께 산책할 권리를 주장할지도 모른다. 이런 활동 중 어떤 것도 농부의 수확물을 빼앗는 것이 아니다. 이들은 단지 땅을 배타적으로 사용하겠다는 농부의 주장에 반대하는 것일 뿐이다. 따라서 왜 땅에 노동을 투입하는 것이 배타적 권리를 부여하는가는 불명확해지고 만다.

　노직은 깡통에 든 토마토 주스를 아무도 소유하지 않은 바다에 버리는 경우를 예로 들어 위와 같은 논거의 배후에 놓인 직관을 검토하려 한다.[17] 토마토 주스를 버리는 행위가 분명히 누군가에게 속하며, 자연에 투입되는 일종의 노동이라고 가정해 보자. 이렇게 이전에 아무도 소유하지 않았던 바다에 우리의 노동을 투입함으로써 우리는 바다의 일부에 대한 소유권을 취득하는가 아니면 그저 토마토 주스를 잃게 된 것뿐인가? 노직은 이런 예가 로크의 논거를 완전히 무너뜨린다고까지 말하지는 않지만 이것이 로크의 논거가 지닌 문제점을 지적한다는 점은 분명한 듯하다. 어쨌든 우리가 토마토 주스를 바다에 버린다면 주스의 분자들이 전체 바다로 확산되리라고 가정할 수 있다. 우리가 땅에 노동을 투입할 경우에도 이와 같은 일이 일어나는가? 우리는 직접 작업한 작은 구역의 땅만을 취득하는가 아니면 우리의 노동은 아직 주인이 없는 넓은 구역으로 확산될 수 있는가? '이마에 땀 흘리는' 모습을 있는 그대로 받아들인다면 주스를 바다에 버릴 때와 같은 종류의 확산이 일어나는 듯도 하다. 이런 논거를 통해 땅의 범위를 정하려면 어느 정도

---

17   Nozick, Robert (1974), *Anarchy, State and Utopia*, 175면.

의 범위를 정할 수 있는지를 명확히 알아야 한다. 우리는 노동을 통해 울타리로 둘러싸인 영역 전체가 아니라 단지 울타리 기둥 아래 놓인 좁은 땅에 대한 소유권을 얻는 것이 아닌가? 우리가 쟁기질을 통해 얻는 것은 단지 실제 쟁기질을 함으로써 판 고랑뿐이며 그 주변의 땅 모두를 얻는 것은 아니지 않은가? 이런 주장은 어쩌면 단순한 '트집 잡기'로 보일지 몰라도 로크의 논거가 지닌 직관적 호소력은 땅의 표면에만 한정되며, 표면 아래의 땅에 대한 소유권 주장은 명확하지도 결정적이지도 않다는 점을 주목할 필요가 있다.

노동 투입 논거는 그다지 설득력이 없는 듯이 보이지만 이후 여러 학자들은 이로부터 무언가를 이끌어 내기 위해 많은 노력을 기울였다. 이들은 대체로 노동의 투입에 근거해 토지에 대한 소유권을 이끌어 내려는 주장이 취약하다는 점을 인정하면서 그 대신 노동의 결과물에 대한 사유재산권 주장에 초점을 맞추었다. 로크는 정치 이전에 성립하는 사유재산권에 기초해 토지에 대한 소유권을 설명하려 했지만 이 소유권을 그리 쉽게 확보할 수는 없다. 하지만 노동가치설에 대한 로크의 설명을 원초적 취득을 정당화하는 대안으로 볼 수는 있을 듯하다.

로크는 재산권을 설명하는 부분 전반에서 노동의 중요성을 무척 강조한다. 처음에 로크는 노동을 사유재산권 이론이 시작되는 출발점으로 삼지만 그 후에는 주로 노동의 잠재적 변형 가능성과 노동과 작업을 통해 대부분의 가치 있는 것들을 만들어 내는 방식에로 눈을 돌린다. 실제로 40절에서 그는 심지어 천연자원과 노동이 재산의 가치에 기여하는 상대적 비율을 계산하려고까지 한다. 노동을 하지 않으면 우리는 산업을 통한 이익도 전혀 거둘 수 없고, 문화를 일으킬 수도 없다. 노동은 왜 유럽 국가들이 부유한 반면 북아메리카와 같이 자원이 풍부한 지역이 가난하고 근대적 물질문명을 발전시키지 못했는가에 대한 이유도

설명해 준다. 노동 때문에 광대하고 비옥한 지역의 왕이 '… **영국의** 일
용 노동자보다도 훨씬 못한 삶을 산다.' 로크는 노동을 다룬 장 전반에
걸쳐 노동을 무척 찬미하지만 그가 노동을 마르크스와 같은 방식으로
본 것은 아니므로 노동을 최고선 또는 인간의 목적으로 여겼다고 과장
해서는 안 된다. 로크에 따르면 노동은 일종의 작업이며 힘든 일이지만
충분한 보상을 받는다. 따라서 부지런한 사람이 '게으르고 말만 앞세
우는' 사람보다 더 잘살아야 한다는 점은 분명히 옳다. 래스키(Laski)
와 맥퍼슨(Macpherson)은 로크가 고된 노동과 그것에 따르는 보상을
강조하는 개신교 윤리, 이른바 '자본주의 정신'을 옹호한 초기 철학자
라고 주장했는데[18] 여기서 우리는 그 증거를 발견한다. 이런 해석이 공
정하든 그렇지 않든 간에 노동이 지닌, 가치를 창조하는 측면을 강조하
는 로크의 태도는 원초적 취득을 옹호하는 또 다른 방식을 제공한다.

　이런 논거는 노동을 통한 생산이 무엇보다도 공동 자산의 일부가 아
니라는 로크의 주장에 의존한다. 방금 살펴보았듯이 로크는 천연 자원
의 투입은 기껏해야 노동이 창출하는 가치의 매우 작은 일부에 지나지
않는다는 점을 증명하려 애쓴다. 따라서 노동자는 별다른 사정이 없다
면 자신이 생산한 바를 소유할 수 있는 조건부(prima facie) 권리를 지
닌다. 이전에 황무지였던 땅을 개간해 토마토를 경작한 농부의 예로 돌
아가 생각해 보면 농부가 울타리를 친 땅에 대한 권리를 주장할 수 있
는지는 약간 의심스러울지 몰라도 그가 자신의 생산물에 대해 권리를
주장할 수 있음은 직관적으로 인정해야 한다. 이런 주장이 지닌 직관적
설득력은 노동이 없었다면 생산물 또한 없었을 것이며, 어느 누구도 생

18　Laski, Harold J. (1996), *The Rise of European Liberalism*, New Brunswick NJ:
Transaction Publishers; Macpherson, C. B. (1962), *The Political Theory of Posses-
sive Individualism*, Oxford: Oxford University Press.

산물이 공유 자산이라는 근거에서 그것을 나누어 달라고 요구할 권리가 없음을 인정함으로써 더욱 강화된다. 따라서 생산자는 분명히 생산물에 대한 조건부 권리는 지니는 듯이 보인다. 더욱이 생산자에게서 생산물을 빼앗는 일은 명백히 부당하다고 주장할 수 있으므로 생산물의 강제 몰수는 정의롭지 못한 행위가 될 것이다. 노직은 정확히 이런 방식의 주장을 통해 현대의 분배적 정의 이론들을 '로크적인' 관점에서 비판한다. 하지만 공정에 근거한 논거가 이전에 있는 그대로의 자연에서 얻은 바에 노동을 혼합한다는 사실에 대해 아무런 언급도 하지 않는다는 점은 주목할 필요가 있다. 설령 생산된 대상의 구조 안에서 '노동'이라 불리는 어떤 유형의 실체를 확인할 수 없을지라도 우리는 생산물에 대한 권리를 취득할 수 있다. 이런 의미에서 로크의 이론은 일종의 활동으로서 노동이 지닌, 더욱 공통적인 '부사적' 관점에 의존한다. 노동에 의해 산출된 가치를 공평하게 누려야 한다는 점으로부터 도출된 이 논거는 부동산에 대한 배타적 권리 주장의 근거를 제공하지 못한다는 다소 부정적인 면을 낳는다. 로크의 추종자들은 이를 별 문제로 여기지 않을지 몰라도 로크의 주장 안에서는 문제가 된다. 왜냐하면 그는 정치 이전에 성립하는 토지 소유권에 기초해 국가의 영토 관할권을 설명할 필요가 있기 때문이다.

세계의 소유권과 평등

재산의 최초 취득에 관한 로크의 설명 중 중요한 한 가지 특징을 아직 검토하지 않았는데 그것은 그의 주장에 은연중에 포함된 평등주의적 기초이다. 어떤 관점에서 보면 그는 신이 세계를 부지런한 사람들에게 주었다고 주장하기 때문에 토지나 재산의 평등한 분배라는 문제에 의해서 특별히 곤란을 겪지 않는 듯이 보인다. 로크의 노동 이론은 물질적 불평등을 자연적 질서의 일부로 그리고 고된 노동과 노력에 대한 적절한 보상으로 봄으로써 자본주의를 지지한 개신교적 근원을 가장 분명하게 표현한 것으로 여겨져 왔다. 만일 로크에게서 분배적 정의를 발견할 수 있다면 그것은 보상을 받을 만한 자격을 크게 강조해야 할 것이다. 노직과 같은 자유지상주의자들은 실제로 이런 주장을 펴는데 이들은 로크의 이론을 극빈자에게 복지나 물질적 평등을 제공할 책임을 부과하지 않는 최소국가를 지지하는 데 사용한다. 로크가 최소국가의 지지자였으며, (현대의 관점에서 보면) 가난한 사람이나 실직자들에 대해 특히 가혹한 태도를 보였음을 보여 주는 근거들도 많지만, 동시에 그가 또 다른 중요한 의미에서 엄격한 형태의 평등주의를 지지했음을 보여 주는 증거도 있다. 첫머리에서 살펴보았듯이 로크의 자연법 및 자연권 이론은 생명과 자유를 누릴 권리라는 관점에서 근본적인 평등을 인정한다. 반면 이 문제와 관련해 재산권은 다소 애매하다. 명백히 로크는 자연법에 기초해 각 개인에게는 자신의 자기보존을 위한 수단을 획득할 권리가 있다고 믿었다. 그리고 이는 재산을 취득할 평등한 권리를 함축한다. 하지만 재산을 취득할 권리는 재산의 총량을 평등하게 소유할 권리와는 전혀 다른 것이다. 개인의 재산 소유와 관련해 로크는 소유한 재산이 노동과 노력을 반영한다고 믿었다. 따라서 재산 취득에 관한 노동 이론은 동등한 권리를 소유한 사람들 사이의 물질적 불평등을 허용한다. 하지만 노동을 통해 산출된 가치의 총량이 아무리 크더라도 어떤 측면에서 보면 모든 노동은 자연의 천연자원을 사용하기 마련인데, 우리는 이미 이런 자원이 공동 자산임을 지적했다. 또한 노동자 개인에게 그의 노동으로 산출된 결과를 주는 것이 직관적으로 아무리 그럴듯해 보일지라도 그에게 세계의 천연자원에 대한 배타적 소유권을 부여하는 것은 상당한 논란거리가 된다. 로크는 어떻게 이런 최초의 취득이 이루어질 수 있는지를 노동에 기초한 자신의 두 논거를 사용해 설명하려 했다. 하지만 이런 최초의 취득은 로크가 모든 인간이 소유한다고 주장하는, 재산을 취득할 평등한 권리를 침해하지 않을 경우에만 정당화될 수 있다. 따라서 로크는 최초의 취득이 어떻게 다른 모든 사람이 지닌 공동의 권리와 양립될 수 있는지를, 최소한 그들을 극빈자로 만들지 않는 한에서, 보일 필요가 있다. 이 점은 노동 혼합 논거와 공정성의 논거 모두의 경우에 적용된다.

　로크는 이 문제를 인식하여 재산의 정의로운 최초 취득이 갖추어야 할 두 가지 필요조건을 도입한다. 이들은 공유 자산을 '충분히 남겨 두어야 한다는' 조건(27절)과 '남아돌아 썩힐 정도로 많이 소유해서는 안 된다는' 조건(31절)이다. 이들 중 두 번째 조건이 가장 명확한 것으로 여겨지므로 나는 이 조건을 우선 검토하려 한다.

　한 사람이 남아돌아 썩힐 정도로 많이 소유해서는 안 된다는 조건은 가능한 한 많은 사람을 보존해야 한다는 자연법을 통해 분명히 제시된다. 이 자연법은 공동 자산에서 무언가를 취하는 일을 기본적으로 정당화한다. 따라서 우리가 사용하기 위해서가 아니라 단지 썩히고 낭비하기 위해서 자연으로부터 무언가를 취한다면 이는 이상한 일이 되고 말 것이다. 낭비를 몹시 싫어하는 로크의 태도는 노동과 창조에 대한 그의 열정과 밀접하게 관련된다. 노동은 가치를 창조하지만 썩히는 일은 가치를 파괴한다. 따라서 남아돌아 썩힐 정도로 많이 소유해서는 안 된다는 조건은 한 사람이 개인적으로 소유할 수 있는 토지의 넓이를 제한한다. 즉 우리는 자신이 경작하여 인간의 목적에 기여할 수 있는 정도를 넘어서는 광대한 토지에 대해 소유권을 주장해서는 안 된다. 하지만 이 조건은 또한 공동 자산의 일부가 아닌 무언가를 생산하기 위해 자연을 사용하는 방식에도 제한을 가한다. 로크는 한 개인의 토지에서 생산한 바를 정당하게 축적할 수 있는 방법 또한 그것을 소비하고 매매할 수 있는 능력에 의해 제한된다고 생각한다. 만일 어떤 농부가 대단한 풍작을 이루어 자신이 썩히지 않고 소비할 수 있는 것보다 훨씬 더 많은 곡물을 수확했다면 그의 정당한 재산권은 자신이 사용할 수 있는 분량으로만 제한된다. 이는 남아도는 곡물에 대해서는 다른 사람들도 일종의 권리가 있음을 암시한다. 다른 사람들이 소비하지 않으면 넘치는 곡물은 썩어서 사라질 것이기 때문이다. 이런 주장은 사회적 분배의 가능성을 열어 두는 듯이 보이기도 하지만 그렇게 보는 것은 로크의 주장을 지나치게 확대 해석한 것일지도 모른다. 위의 조건은 화폐가 발명되기 이전의 자연 상태에서 행하는 개인적 취득에도 적용된다. 이 조건은 생산자의 권리를 제한하지만 다른 어느 누구의 의무도 함축하지 않는다. 다른 사람들이 남아도는 생산물에 대해 권리를 지닌다는 점은 오직 그런 생산물이 엄밀히 따지면 개인의 재산이 아니며 따라서 개인들이 자유롭게 취할 수 있는 공동 자산의 일부에 해당한다는 사실로부터 도출된다─더욱 흥미롭게도 이 주장은 노동 또한 혼합될 수 있을 뿐만 아니라 낭비될 수도 있다는 점을 암시한다! 로크는 과잉 생산의 문제를 그리 심각하게 여기지는 않으며, 여전히 노동을 고되지만 반드시 필요한 것으로 보면서 이성적 개인들이 오직 노동 자체를 위해 불필요하게 무제한 노동하는 일은 일어날 수 없다고 생각한다. 더욱이 과잉 생산을 낳는 자연적 조건은 매우 드물게 발생하며 계속 유지되기가 어렵다. 따라서 설령 로크가 필요한 것보다 더 많은 것을 얻으려는 우리의 자연적인 또는 사회 형성 이전부터 지닌 욕구를 인정한다 할지라도(37절) 그는 이 욕구를 많은 사람이 과잉 생산을 하도록 만들 만큼 강한 것으로 보지는 않는다. 그러므로 한 사람이 남아돌아 썩힐 정도로 많이 소유해서는 안 된다는 조건은 자연 상태에서 매우 쉽게 충족된다.

　이보다 훨씬 더 큰 문제가 되는 것은 첫 번째 조건, 즉 재산은 오직 '… 다른 사람들을 위한 공동 자산을 충분히 남겨 둘 경우에만'(27절) 취득될 수 있다는 요건이다. 이 조건은 매우 주의 깊게 해석해야 한다. 혹시 그렇게 하지 않는다면 이는 천연자원을 정당하게 최초로 취득하는 일을 아예 불가능한 것으로 만드는 듯이 보이기도 한다. 실제로 코헨을 비롯한 많은 현대철학자들은 공유 자산을 '충분히 남겨 두어야 한다는' 조건에 대한 해석을 노직의 '로크주의적' 자유지상주의 및 자기소유권이 평등주의와 양립 불가능하다는 주장을 거부하는 기초로 사용해 왔다.[19] 다른 유명한 로크 연구자인 맥퍼슨은 이 조건이 최초의 정당한 취득의 가능성을 점차 훼손한다고 주장한다. 왜냐하면 내가 무언가를 취득한다면 다른 사람들이 취득할 것은 적게 남아 있을 수밖에 없고 따라서 나는 다른 사람을 위해 공유 자산을 '충분히 남겨 두어야 한다는' 조건을 충족시킬 수 없기 때문이다. 이 조건을 둘러싼 심각한 논쟁이 전개되고 또한 이것이 로크의 이론에 상당한 문제를 일으킬 수 있다는 점을 전제할 때 우리가 던질 수 있는 질문은 결국 이 조건을 어떻게 해석해야 하는가이다.

　월드론은 로크가 공유 자산을 '충분히 남겨 두어야 한다는' 조건을 실제로 개인 재산 취득의 조건으로—즉 권리 취득을 제한하는 원리로 제시하지는 않았다고 주장한다. 그 대신 월드론은 자신이 '충분성' 조건으로 부르는 이 조건이 로크의 이론에 대한 억지 해석에 의존할 뿐이며, 자연법에서 도출된 진정한 조건은 오직 한 사람이 남아돌아 썩힐 정도로 많이 소유해서는 안 된다는 조건뿐이라고 주장한다.

　'충분히 남겨 두어야 한다는' 조건에 대한 전통적 해석이 지닌 문제

19　Cohen, G. A. (1995), *Self-Ownership, Freedom and Equality*, 10장.

점은 이것이 재산의 원초적 취득을 불가능하게 만드는 듯이 보인다는 점이다. 설령 사람은 매우 적고 땅은 무척 넓은 가상적인 원초적 상황을 가정하더라도 한 사람이 땅을 취득하면 아무리 넓은 땅을 다른 사람들이 취득할 수 있도록 남겨 놓더라도 결국 다른 사람들이 차지할 수 있는 땅은 최초의 경우에 비해 줄어들기 마련이다. 따라서 이 조건은 세계의 자원과 토지를 모든 사람들이 똑같이 나눠 가져야 한다는 의미로 해석되어야 하는 듯이 보인다. 다시 이로부터 최초의 취득자가 자신의 공정한 몫 이상을 취하지 않는 한 이 조건은 충족되고 취득은 정당하다는 주장을 펼 수 있을 듯이 보인다. 하지만 이런 해석도 문제에 직면하는데 곧바로 토지와 자원의 동등한 몫을 어떻게 산정해야 하는가라는 질문이 제기되기 때문이다. 로크가 활동할 당시에 오늘날 사우디아라비아에 해당하는 지역은 영국의 작은 시골 지역보다도 훨씬 더 가치가 없었을 것이다. 하지만 지금 우리는 이와는 전혀 달리 생각할 것인데 그 까닭은 사우디아라비아의 사막 아래 묻혀 있는 엄청난 자원을 알기 때문이다. 마찬가지로 농업이나 천연자원과 관련해서도 넓은 지역이라고 해서 반드시 더 큰 가치를 지니지는 않는 듯하다. 오늘날 아프리카 니제르(Niger)에 속한 얼마만큼의 땅이 미국 북동부 매사추세츠 주의 일정 영역과 같은 가치를 지니는가? 따라서 위의 조건에 대한 평등주의적 해석은 로크의 주장을 옹호하기 어렵게 만드는 불확정성을 포함한다. 또한 이런 평등주의적 해석과 충분성의 조건을 부적절하게 만드는 더 이상의 결정적인 불확정성이 등장할 가능성도 존재한다. 지금까지 우리는 소수의 개인들이 공존하는 상황에서 발생할 수 있는 취득의 문제만을 검토했다. 하지만 권리 주장은 시대와 무관하게 모든 개인들에게 적용되어야 한다. 최초의 개인들이 세계를 평등한 몫으로 나눠 분배하는 데 성공했다고 가정해 보자. 그러면 이 또한 이후 모든 세대들에게 세계의 자원과 토지를 '충분히 남겨 두어야 한다는' 조건을 부정하는 결과를 낳을 것이다. 하지만 앞서 살펴보았듯이 한 사람이 어떤 세대에 태어났는지가 그의 권리에 영향을 미쳐서는 안 된다. 따라서 로크의 이론은 일관성이 없는 듯하다. 이로부터 몇몇 학자들은 사회적 요구에 따라 변화할 수 있는, 재산권에 대한 관습적인 설명으로 되돌아가야 한다는 주장을 펴기도 했고, 다른 학자들은 더욱 대담하게 우리가 세계에 대해 모든 사람들이 동의할 경우에만 누릴 수 있는 공동의 권리를 지닌다고 주장하기도 했다. 후자와 같은 주장을 편 대표적인 학자는 코헨이다. 하지만 이런 비판으로부터 로크를 구할 수 있을지도 모른다. 우선 로크가 실제로 우리가 각자의 개인적 재산의 총량에 대해 자연권을 지닌다고 주장하지는 않는다는 점을 지적할 필요가 있다. 『통치론』 전반에 걸쳐 그의 주장은 자연권을 자유로 확장하려는 의도에서 노동을 통해 재산을 취득할 권리를 옹호하는 데 초점을 맞춘다. 더욱이 27절에서 '충분히 남겨 두어야 한다는' 조건을 언급할 때 로크의 일차적 관심은 재산의 취득이 다른 사람들의 이익을 침해해서는 안 된다는 점에 있었음을 알 수 있다. 따라서 원초적 취득은 다른 사람들이 자신의 유지와 보존을 위한 수단을 취득하는 일을 방해하지 않는 한에서만 허용되며 또한 정당하다. 이제 이런 주장이 사실상 모든 것이 풍부한 자연 상태에서 적용되는 원초적 조건을 제시하기 위한 것이라는 점과 재산의 취득이 썩혀 내버리는 것에 반대하는 자연법의 요구에 의해 제한된다는 점을 기억한다면 충분성의 조건이 비판자들의 주장처럼 원초적 취득을 크게 제한하는 것으로 보이지는 않는다.

누군가는 이런 해석이 '충분히 남겨 두어야 한다는' 조건을 문자 그대로 독해할 경우 여전히 비판받을 여지를 남긴다고 주장할지도 모른다. 하지만 우리가 로크의 이론 중 한 부분만을 마음대로 고르고 선택해서 받아들일 수 없는 것과 마찬가지로 이 조건에 등장하는 문구만을 그의 전체적인 이론에 거스르게 해석해서도 안 된다. 만일 충분성 조건이 인류 전체를 위해 충분히 많은 것을 남겨 두어야 한다는 것을 의미하고 결국 이런 조건을 충족시키지 못한다는 이유로 모든 취득을 제한하는 결과를 낳는다면 로크의 이론은 우리가 자신의 유지, 보존을 위해서라도 공동 자산에서 아무것도 취할 수 없다는 주장을 함축할 것이다. 이는 결국 우리에게는 굶어죽을 의무밖에는 없다는 주장으로 이어지는데 이런 주장은 로크가 자연법을 통해 우리의 가장 근본적인 의무로 제시한 바와 명백히 정면으로 반대된다. 따라서 우리는 로크가 어쩔 도리 없이 혼란스럽고 자기 모순적인 주장을 폈다고 여기거나 아니면 '충분히 남겨 두어야 한다는' 조건을 다소 관대하게 해석하는 선택지 중 하나를 택해야 한다. 그리고 충분성 조건을 지나치게 엄격하게 해석하지 않는다면 얼마든지 관대한 해석을 발견할 수 있을 듯하다. 즉 사유재산권에 대한 로크의 설명을 자연법에서 도출된, 훨씬 더 일반적인 생존권을 특수한 영역에 적용한 것으로 여겨야 한다. 원초적 상태에서 생존권은 토지를 배타적으로 사용하고 노동의 결과물을 (썩혀 내버릴 정도가 아닌 한에서) 취득할 권리와 완벽하게 양립될 수 있다. 다른 사람들이 그들의 생존을 보장하기 위해 사용할 토지나 자산이 풍부하게 남아 있기 때문이다. 로크가 자신이 살았던 당시에조차도 새로 발견된 북아메리카 식민지에는 그곳에 사는 사람들보다 훨씬 더 많은 인구를 충분히 먹여 살릴 만한 토지가 사용되지 않은 채 남아 있었는데 그가 이런 것을 보고 위와 같은 생각을 했음은 명백하다. 이를 통해 그의 핵심 논점은 아직 아무도 소유하지 않은 토지를 개인이 취득한다고 해도 이것이 개인의 생존 보장을 전혀 해치지 않는다는 점을 보이려는 것임을 알 수 있다. 결국 그의 주장은 어느 누구도 다른 사람이 주인 없는 토지를 취득하는 일을 막을 권리가 없다는 주장으로 이어진다. 따라서 누군가가 자신의 노동을 통해 스스로 생존을 보장할 수 있음에도 다른 사람이 노동을 통해 생산한 바를 빼앗는 것은 명백히 정의롭지 못한 일인 것과 마찬가지로 다른 사람이 생존을 보장하기에 적절한 범위를 넘지 않는 토지를 소유하는데 그의 토지를 빼앗는 일은 결코 정의롭지 못하다는 것이 바로 로크의 핵심 주장이다. 한 개인이 무언가를 취득한다면 이는 모든 사람들이 같은 수준의 복지를 누리는 것을 방해할 수도 있다. 하지만 로크의 이론에는 이런 식의 주장이 등장하지 않으며, 모든 사람이 평등하게 복지를 누릴 권리를 지닌다고 주장할 만한 근거를 제공하는 자연법도 존재하지 않는다. 로크의 이론이 암시하는 바는 다른 현존하는 재산권의 체계 때문에 사람들의 생존이 방해받는데 생존을 보장할 다른 방법이 없는 상황에서는 우리 자신과 다른 사람들을 보호할 일차적인 의무가 사유재산권의 요구보다 앞선다는 점이다. 하지만 이런 주장이 사회주의적 재분배의 길을 열었다고 여기기에 앞서 로크가 재산이 없는 사람들이 그 때문에 죽음에 이른다면 이는 가장 참담한 도덕적 재앙일 것이라고 언급한다는 점을 기억할 필요가 있다. 그는 가난한 사람들에게 다른 사람들의 재산을 차지할 권리가 있다고는 결코 주장하지 않는다—그 대신 이를 자선의 문제로 여긴다. 또한 로크가 사유재산권을 열렬히 옹호하면서 재산권을 위협하는 것은 제대로 먹지 못할 정도로 가난하고 무력한 사람들이 아니라 무제한의 국가 권력이라고 여긴다는 점을 지적할 필요가 있다.

화폐의 발명

다른 사람에게 피해를 주지 않는 재산의 취득이 기본적으로 원초적 상태에서만 이루어지며 시민들이 정치사회를 구성한 이후에까지 계속되

지는 않는다고 주장함으로써 로크는 영국의 모든 토지를 이미 누군가
가 소유하고 있는데 여전히 토지를 필요로 하는 미래세대가 존재한다
는 문제를 다루어야 하는 부담에서 벗어나는 듯이 보인다. 그가 이런
문제를 피할 수 있는 까닭은 바로 화폐의 발명 때문이다.

　화폐의 발명과 영속적인 가치를 지니는 일부 귀금속을 재화의 비축
과 교환 수단으로 사용하는 관행은 정치사회의 생성 이전에 사회가 형
성되는 중요한 단계 중 하나를 보여 준다. 귀금속을 교환 수단으로 사
용하는 관행은 로크의 이론에서 가장 중요한 위치를 차지하는데 그 까
닭은 이것이 재산권이 동의와 합의에 의해 성립한다는 생각을 다시 확
인해 주기 때문이다. 화폐가 일종의 관행에 속하는 이유는 귀금속을 주
고받는 일이 전체의 동의에 앞서 이루어지기 때문이다. 바꾸어 말하면
이런 관행은 사람들이 그렇게 하자고 의식적으로 동의한 적이 없는 상
황에서 자연스럽게 등장한 것이라고 할 수 있다. 일단 이런 관행이 자
리를 잡고 나면 화폐 사용에 대한 동의가 이루어지고 화폐는 정당화된
다. 하지만 이런 동의는 묵시적으로 이루어진다는 점을 지적할 필요가
있다(50절). 생산품의 교환 대가로 화폐를 받으라고 어느 누구도 강제
할 수는 없지만 사람들이 일단 화폐를 사용하는 관행의 장점을 인식하
면 화폐 사용에 동의할 충분한 근거를 지니게 될 것이다.

　화폐의 주요 장점은 우선 화폐가 없다면 남아돌아 썩힐 정도로 많이
소유해서는 안 된다는 조건과 충돌하게 될 재산의 축적을 가능하게 만
든다는 것이다. 이런 축적이 가능해지면 사회와 산업, 문화와 예술의
발전에 필요한 사회적 여유도 생겨난다. 화폐를 통해 노동력도 당장 필
요한 것을 얻기 위해 급급하는 수준에서 벗어나게 된다. 노동자들이 생
산한 것들을 판매하여 화폐를 소유함으로써 훨씬 더 나은 생존 조건에
처하는 결과를 낳기 때문이다. 로크는 48절에서 당시 북아메리카와 영

국의 경제 발전 수준을 대비함으로써 화폐의 발명이 사람들을 노동에서 벗어나게 만드는 엄청난 잠재성을 지닌다는 점을 시사한다.

화폐의 발명은 사람들을 오직 생존에 필요한 것들을 생산하는 노동에서 벗어나게 한다는 점 이외에도 이후 로크 이론의 전개 과정에서 두가지 중요한 의미를 지닌다. 첫째, 화폐는 후에 등장한 세대들이 재산을 취득하는 문제를 해결한다. 설령 개간 가능한 모든 토지가 이미 누군가에게 할당되었다 하더라도 후속 세대들은 여전히 생존을 안전하게 보장할 재산을 마련할 수 있는 수단 하나를, 즉 노동력을 지니게 된다. 각 개인은 계속해서 노동력을 팔아 임금을 받음으로써 평등하게 재산의 취득에 접근할 수 있다. 물론 이런 사실이 이들 모두가 동일한 재산을 취득할 권리를 지닌다는 점을 의미하지는 않는다. 하지만 이런 사실은 어떤 개인도 재산이 없이는 생존할 수 없으며 따라서 모든 개인은 항상 임금을 받는 노동을 할 권리를 지닌다는 점을 분명히 의미한다. 마르크스주의 학자들은 로크의 주장을 자본주의 사회에서 발생하는 임금 노동의 소외와 착취를 향해 한 걸음 더 나아가는 미끄러운 경사길로 여기려는 경향을 보여 왔으며 따라서 로크의 이론을 자유로운 국가에서 국민들에게 가해지는 강제와 밀접히 연관된 것으로 여긴다. 하지만 다른 학자들은 로크가 노동과 화폐 경제를 강조한 까닭은 귀족과 지주 계층을 중심으로 한 권력을 강력하게 비판하기 위한 것이라는 점을 들어 로크를 지지하는 태도를 보이기도 했다. 또한 그가 화폐의 발명이 낳은 결과로서 임금 노동과 동산의 이동을 강조한 것은 시민사회가 형성된 이후에는 토지와 같은 부동산이 그리 중요하지 않게 된다는 생각과 대비되면서 그가 정치의 영역에서 귀족정(貴族政)의 개념에서 벗어나 더욱 민주적인 방향으로 이행하는 흔적으로 여겨지기도 한다.

화폐의 발명이 지니는 또 다른 중요한 의미는 화폐에 의해 물질적 불

평등이 정당화된다는 점이다. 파괴되지 않는 금속 조각을 상품의 대가
로 받는 데 묵시적으로 동의함으로써 사람들은 필요한 것 이상을 축적
하려는 동기, 즉 원초적 상황에서 노동의 어려움과 남아돌 정도로 소유
해서는 안 된다는 조건에 의해서 제한되었던 동기로부터 효과적으로
벗어나게 된다. 화폐는 생존을 위해 필요한 것 이상의 재산을 정당하게
축적할 수 있도록 만듦으로써 동시에 심각한 물질적 불평등을 낳기도
한다. 하지만 로크의 논점은 단순히 물질적 불평등이 일어날 수 있다는
점이 아니라 그런 불평등이 정당하다는 데 있다. 물질적 불평등이 정당
한 까닭은 우리가 불평등을 가능하게 만드는 체계에 묵시적으로 동의
했기 때문이다. 우리는 화폐를 계속 사용하고 화폐 체계를 받아들임으
로써 불평등에도 계속 동의하는 셈이 된다. 이런 주장을 지지하는 로크
의 논거는 만일 우리가 원한다면 여전히 화폐의 사용을 거부할 수도 있
는데 그렇게 하지 않는 것은 동의의 표시로 볼 수 있다는 것인 듯하다.
더 나아가 화폐를 통해 부를 축적하고 노동력에서 해방됨으로써 사회
에 이익이 되는 많은 일들이 생겨났다는 그의 주장에서는 그의 논거가
공리주의적인 측면을 지닌다는 점도 엿볼 수 있다. 우리가 묵시적이기
는 하지만 화폐 사용에 동의하는 까닭은 화폐가 우리 모두에게, 심지어
가장 가난한 사람들에게도 커다란 이익을 가져다주기 때문이다. 즉 화
폐를 통해 남는 부를 축적함으로써 자선행위가 가능해지기 때문이다.

　로크는 화폐 사용에 대한 묵시적 동의가 자유롭게 이루어지는지 아
니면 강제에 의한 것인지에 대해서는 고려하지 않는데 그 까닭은 그가
임금 노동 및 화폐 제도가 권력과 이익의 불평등한 분배를 고착화하는
정도를 고려하지 않은 것과 같은 이유에서이다. 그는 이런 정도를 결정
하는 것은 절대왕정에서나 등장하는 독단적 권력과 같은 수준으로 독
단적인 일로 여긴다. 후에 루소와 마르크스는 모두 정확히 이 점을 지

적하여 임금 노동 체계에 의해 성립되는 사유재산제를 비판한다. 하지만 로크는 경제력과 그것이 지니는 강제적 잠재성을 이론적인 측면에서 전혀 이해하지 못했다. 이후 많은 학자들은 이런 명백한 실패를 자유주의 정치이론들에 대한 전반적인 비판으로 확장하기도 했다. 로크가 경제력의 독단성에 대해 무관심했는지 그렇지 않은지는 추측의 문제로 남겨 둘 수밖에 없다. 하지만 모든 자유주의 이론이 이런 명백한 약점을 지니며 따라서 경제적 불평등과 그것이 낳는 모든 결과를 당연하거나 아니면 그리 중요하지 않은 문제로 여겼는지는 그리 분명하지 않다.

재산과 식민지의 취득

이제 로크의 논거에서 지적할 만한 마지막 논점에 이르렀는데 이 문제는 로크의 저서에서 등장하는 북아메리카의 식민화 논의와 관련된다. 이런 문제가 제기되는 까닭은 최근 캐나다와 오스트레일리아 원주민들의 토지 소유권 주장을 옹호하는 학자들이 로크를 비롯한 다른 17세기 사상가들에서 등장하는 자유주의적인, 서구의 재산권 개념이 식민지 확장과 착취를 정당화하는 근거를 제공했다고 주장하기 때문이다.

로크는 북아메리카의 미사용 황무지 중 일부를 취하고 노동을 투여해 개간할 식민지 이주자들의 권리를 옹호한다. 식민지 이주자들은 공동의 자산 중 일부를 취득할 권리를 행사한 것이므로 자연법 안에서 행위한 것이다. 따라서 만일 아메리카 원주민들이 이주자들을 땅에서 내쫓고 그들의 소규모 경작지를 파괴한다면 이에 대해 로크는 원주민들이 불법적인 공격에 가담한 것이며 따라서 이주민들은 아메리카 원주민들에 맞서 전쟁을 일으킬 권리를 지닌다고 주장할 것이다. 로크는 북아메리카에서 식민지 지배의 확장을 옹호하기 위해 정의로운 전쟁 논거를 제시하는데 그 근거는 아메리카 원주민들이 주인 없는 토지의 정당한 취득을 방해함으로써 이주자들의 권리를 박탈당했다는 것이다. 이런 주장 중 어디까지가 그저 다른 사람들을 위한 겉치레가 아닌 로크 자신의 진정한 논거인지는 여기서 다룰 문제가 아니다. 진정한 문제는 식민지 이주자들이 차지한 토지가 사실상 강탈된 것이라는 아메리카 원주민 후손들의 주장과 더불어 발생한다. 이들은 예를 들면 이주민들이 차지한 토지가 사용되지 않고 주인이 없는 듯이 보였을지 몰라도 사실은 원주민들 전체에게 속한, 오래된 사냥터였다고 주장한다. 그렇다면 로크의 논거는 식민지 이주민 집단의 주장을 지지하지 못할 뿐만 아니라 오히려 이에 맞서는 원주민들의 주장을 인정하는 근거를 제공하는 듯이 보인다.

　앞서 살펴보았듯이 최초의 취득에 관한 로크의 기본적 주장은 토지에 울타리를 치고 그것을 경작하는 활동을 통해 설명된다. 어떤 숲을 모든 사람이 향유하는 공유 자산이라고 주장하더라도 이 주장이 그 숲에 대한 개인의 소유권을 배제하지는 못한다. 이런 집단적 주장은 기껏해야 숲에서 생산된 것들만을―예를 들면 그곳에서 사냥으로 잡은 사슴이나 다른 동물만을―공유 자산으로 인정할 수 있다. 어쩌면 로크는 이런 집단적 주장이 어떤 숲이나 땅을 특정한 활동을 위해 배타적으로 사용하는 데까지 확장될 수 있다는 점을 부정했어야 할지도 모른다. 하지만 사실상 그는 영국에서 귀족들이 사냥이라는 배타적 활동을 위해 넓은 영역에 울타리를 치는 현실을 보고도 그리 크게 신경 쓰지 않았다. 로크 이론의 핵심에 재산권 부여라는 특수한 개념이 놓여 있음은 분명한 사실인데 이 개념은 최초의 국가나 부족 연합이 내세우는, 어떤 지역의 문화적 사용이 곧 재산권으로 이어진다는 주장을 배제하는 듯이 보인다. 최근 몇몇 학자들은 재산권에 대한 이런 '로크적인' 또는 자유주의적인 개념이 유행했는데 이는 여러 지역에서 자신들의 정당한 토지 소유권을 인정해 달라는 원주민들의 주장을 크게 방해하는 결과를 낳았다고 지적한다.

iv. 가부장적 권력과 가족

로크는 『통치론』의 첫머리부터 정치권력과 권한에 대한 가부장권 이론들을 거부하는 날카로운 비판을 계속해 왔다. 필머로 대표되는 가부장주의자들에 반대하는 로크의 가장 강력한 논거는 이들의 이론이 한마디로 모순적이라는 점이다. 만일 국왕의 권력이 가부장권의 일종이라면 아버지의 수만큼이나 많은 국왕이 존재하게 되고 국왕에게 복종하다 보면 실제 아버지에게 복종하지 못할 경우도 발생할 텐데 이런 경우 가부장권 이론은 성서의 계명들에 명백히 위배된다. 로크는 정치권력과 관련해서는 가부장권 이론에 반대했지만 부권(父權)이라는 것이 존재한다는 사실까지 부정하지는 않았으므로 자신의 자연법 및 자연권 이론과 부권이 어떻게 조화를 이룰 수 있는지를 설명할 필요를 느꼈다. 따라서 그는 『통치론』 52-86절에서 가족과 자녀에 관해 그리고 여성들의 '자연스러운' 복종에 관해 상세히 논의한다. 이 부분의 내용이 로크에게 중요한 까닭은 그가 이 내용을 정치권력과 다른 형태의 권력을 구별하는 근거로 삼기 때문이기도 하고, 이 내용이 그가 직접 주장하려 했던 법과 권리의 개념과 관련해 여러 명백한 문제들을 일으키기 때문이기도 하다. 또한 현대적 관점에서 볼 때 로크의 설명은 여성의 복종을 강화하거나 심지어 여성과 남성이 근본적으로 평등하다는 생각을 부정하는 것으로 여겨지기도 한다. 더 나아가 그는 공적 영역과 사적 영역을 서로 엄밀히 구별해야 한다는 입장을 옹호함으로써 가족과 부부의 결합을 공적인, 정치적인 검토가 필요 없는 영역으로 배제해 버렸다는 평가를 받기도 한다. 이런 여성주의 관점에서의 비판은 직접 로크를 겨냥하기도 했고 그가 대중화한 사회계약론에 대해 제기되기도 했다. 앞으로 살펴볼 것이지만 로크의 주장은 우리가 흔히 생각하는 것보다 훨씬 미묘한 여러 요소를 포함한다. 그는 그가 살았던 당시의 기준에 비추어 보면 분명히 급진주의자였지만 21세기 초의 관점에서 볼 때 여성주의자는 아니다. 하지만 여성의 지위와 관련된 논의에서 그를 지금은 도저히 납득할 수 없는 주장을 편 17세기 철학자라고 무시하기에 앞서 그가 부권(paternal power)보다는 부모의 권력(parental power)이라는 용어를 사용하는 편이 더욱 적절하다고 말하면서 논의를 시작한다는 점을(52절) 기억해야 한다. 그에 따르면 부권이라는 용어는 '… 자녀에 대한 부모의 권력이 순전히 **아버지**에게만 속한 것으로 보이게 함으로써 마치 **어머니**에게는 아무런 권력도 없다는 듯이 생각하게 만든다. 하지만 이성이나 신의 계시에 따르면 어머니도 동등한 자격을 지닌다는 점을 발견한다'. 또한 로크는 아버지뿐만 아니라 어머니도 부모로서 자연스러운 권위를 공유한다는 점을 성서도 인정했다는 사실을 보이기 위해 '너희 부모를 공경하라'는 성서의 명령을 인용한다. 이를 통해 로크는 가족 안에서 일종의 양성 평등이 성립한다는 점을 암시하는데 뒤에 가서는 이런 주장을 철회하는 듯이 보이기도 한다. 하지만 여기서 그의 논점은 양성 평등을 옹호하려는 것이 아니다—그는 이런 일을 결코 시도하지 않는다. 그 대신 그는 이런 부정확한 언어 사용이 아버지의 권위와 정치권력을 뒤섞으려는 가부장주의자들의 시도를 돕는 결과로 이어진다는 점을 보이려 한다. 부모의 권위가 아버지뿐만 아니라 어머니의 권위까지도 포함한다는 점을 제대로 이해한다면 국왕의

권력을 부모의 권위에 비유하려는 시도는 곧바로 의미를 잃고 만다. 왜
냐하면 이런 비유는 국왕의 수중에 있어야 할 단일한 통치권이 가족 안
에서 부모의 권위처럼 명확히 분할되고 다른 사람과 공유되어야 함을
주장하기 때문이다. 통치권의 분할과 공유는 가부장주의자들이 결코
받아들일 수 없는, 가장 혐오하는 주장이다.

설령 부권이 정치권력과 서로 다르다 할지라도 여전히 부권의 근원
이 무엇이며 이것과 정치권력 사이의 관계는 무엇인지를 설명할 필요
는 있다. 이런 설명은 가족과 부권이 지닌 자연적인, 정치 이전의 여러
측면을 포함해야 하며 동시에 로크가 자연법 및 자연권과 관련해서 통
치권의 정당성을 설명하기 위해 제시한, 자연적 권위와 여러 제도들에
관한 주장과도 조화를 이루어야 한다. 그는 가족 안의 권위라는 주제를
다루면서 설명과 정당화를 주의 깊게 분리하는데 그 까닭은 그가 만일
자연적 권위를 지나치게 인정하면 필머의 주장처럼 정치적 복종이 자
연스러운 일이라고 주장하는 이론 쪽으로 향하는 문을 다시 열어 주는
결과를 낳으리라는 점을 잘 알았기 때문이다. 하지만 심지어 가족 안에
서도 유일하게 정당한 권위의 근거는 동의와 합의뿐이라고 주장한다면
로크는 자유와 평등에 관한 그의 설명에서 과연 어린 자녀들은 어떤 지
위를 차지하는가라는 비판에 직면하게 된다.

자녀들의 지위

로크의 자연권 이론이 가장 먼저 전제하는 바는 '… 모든 인간은 본래
평등하다'는 점이며, 바로 이런 평등 때문에 사람들은 오직 동의 또는
합의에 의해서만 다른 사람의 지배에 복종하게 된다. 이런 근본적 평등
의 주장은 곧 규범적이며 윤리적인 주장이기도 하다. 로크가 54절에서
거듭 인정하듯이 이런 권리의 평등은 어떤 자연적인 불평등 또는 그가

사람들이 '뛰어난 재능'이나 장점과 관련해서 큰 차이를 보인다고 말할 때 드러나는 불평등과 얼마든지 양립할 수 있다. 이를 통해 그는 어떤 사람들이 다른 사람들에 비해 더욱 강하거나 똑똑할 수 있음을 인정한다. 하지만 그는 모든 사람이 평등해야 한다는 규범적 평등을 내세움으로써 인간이 완전히 성장한, 자연적으로 평등한 존재로서가 아니라 매우 나약한 존재로 태어나므로 부모에게 복종해야 한다고 주장하는 가부장주의자의 주장에 맞서려 한다. 모든 인간이 본래 평등하다는 전제의 현실성을 부정하려는 시도는 이 전제의 규범적 힘을 비판하는 근거로 사용된다. 만일 자연적 평등의 주장을 그저 순진한 겉치레 정도로 만들 수 있다면 이 주장의 도덕적 설득력은 크게 약해질 것이다. 그리고 바로 이것이 정치사상사 전반에 걸쳐 평등주의 이론들과 자연 상태 논거에 대한 표준적인 비판이기도 하다.

로크는 이렇게 평등에 대해 회의적인 사람들에게 아마도 어린 자녀들이 자연적으로 평등한 존재로 태어나지는 않지만 권리의 소유자로서 도덕적으로는 평등하다고 주장함으로써 대응할 수 있었을 듯하다. 하지만 그는 55절에서 이런 주장을 정면으로 부정한다. 그는 **'어린이들은 후에 성인이 되면 평등해지겠지만 처음부터 이처럼 완전히 평등한 상태로 태어나지는 않는다'**고 말한다. 그가 이렇게 한발 물러서는 이유는 앞서 자연 상태에 관해 논의하면서 등장했던 근본적 평등의 개념에서 드러난다. 각 개인은 이성적 사고와 행위 능력이라는 '영역 성질'을 공유한다는 의미에서만 평등하다. 유아들은 갓 태어났을 때 말하거나 추론하는 능력이 없으므로 이런 '영역 성질'을 지니지 못하며 따라서 그들은 우리처럼 도덕적으로 평등한 존재가 아니다. 로크는 오직 성서에 등장하는 아담만이 처음부터 완전한 인간으로 세계에 등장했고 따라서 완전히 자연법 아래 놓여 있었다고 주장한다. 다른 모든 인간은 불완전하게 태어나므로 자연스럽게 이성적 능력을 얻기 전까지는 부모의 통제를 받지 않을 수 없다. 로크는 자녀에 대한 부모의 자연스러운 지배를 갓난아기를 감싸서 보호하는 '배내옷'의 역할에 비유한다. 자녀가 점차 성장하여 이성을 계발하고 완전히 성숙해지면 부모와 자녀 사이의 유대는 점점 느슨해진다. 자녀의 이성적 능력이 완전한 수준에 이르러 스스로 이성의 자연법을 이해하게 되면 자녀에 대한 부모의 권위는 사라진다. 대부분의 사회에서는 한 사람이 언제부터 성인으로 인정받는지, 언제부터 한 행위자로서 자신의 행위에 책임져야 하는지를 정하는 관습이 통용된다. 하지만 여기서 로크의 논점은 한 사람을 성인으로 인정하는 사회적 관습이 어떻든 간에 개인의 추론 능력이 일정 수준에 이르기만 하면 그 개인은 부모의 통제에서 벗어난다고 주장하는 점에서 보기보다 더욱 근본적이다. 하지만 이른바 '미치광이 또는 백치'로 불리는 사람들은 이런 최소한의 추론 능력에도 이를 수 없으므로 평생 동안 계속 부모의 통제를 받아야 한다. 정신적 능력이 영구히 손상된 개인들은 엄밀히 말하자면 완전한 인간이라고 보기 어렵고, 이성적 사고와 행위 능력이라는 '영역 성질'을 드러낼 수 없다는 점에서 인간으로서의 잠재성을 지니지도 않는다.

도덕적 행위자가 되려면 개인은 세계와 그 안에서 자신이 차지하는 위치를 어느 정도 이성적으로 파악할 수 있어야 한다. 로크가 인간들이 자연적으로 평등하듯이 도덕적으로도 평등하다고 주장하지 않은 것은 바로 이 때문이다. 그는 모든 개인들이 자유로운 이성적 행위자가 될 능력을 타고난다고는 분명히 주장하지만 이런 능력 자체와 능력의 발휘는 서로 명확히 구별한다. 문제가 되는 것은 바로 이 능력의 발휘이며, 사실 이 능력이 발휘된다는 증거를 발견하지 못한다면 우리는 누군가가 이 능력을 지니는지 그렇지 않은지조차 알 수 없을 것이다. 규범적 또는 윤리적 지위에는 분명히 정도의 차이가 존재한다. 그렇다면 이런 사실은 이 능력을 발휘할 가능성을 전혀 드러내지 못하는 몇몇 사람들은 윤리적 의미에서 결코 완전한 인간이 아니라는 점을 의미한다. 이런 유형에 속하는 인간들은 동물의 유형 또는 본성상 인간이 아닌 다른 유형에 더욱 가깝다고 보는 편이 적절하다. 이런 생각은 현대적 기준에서 우리가 지적 장애인들을 대하는 도덕적 태도와는 충돌되는 것으로 보일지도 모른다―하지만 로크의 주장은 그런 '사람들'이 가족의 권위에 복종해야 한다는 점을 강조한 것이며, 17세기에 지적 장애인 또는 정신병자들을 대했던 다양한 관행에 비해서는 훨씬 인간적이었다고 말할 수 있다. 어쨌든 로크의 주장은 주로 어린아이들의 역할과 지위에 초점을 맞춘 것으로서 이들이 삶을 막 시작한 연약한 시기에는 도덕적 관심의 영역 밖에 놓여 있다는 점을 밝힌 것이다.

이 문제를 로크가 어떻게 단번에 해결하는지에 관해 아래에서 살펴볼 것이지만 부모가 자녀에게 지니는 의무의 근거를 다루기에 앞서 두 가지 중요한 점을 지적하려 한다. 첫째, 이성적 능력이 배움을 통해 길러지고 발전될 수 있는 것이라는 생각은 로크의 철학 체계 전반에서 드러나는 교육의 중요성을 설명해 준다. 그의 체계에서 배움과 가르침 그리고 지식의 본성과 조건이 중요한 역할을 한다는 점은 널리 알려져 있다. 이는 또한 이후의 자유주의 전통에서 교육과 지성의 계발을 왜 중시하는지도 설명해 준다. 둘째, 법이나 의무를 이해하지 못하는 사람은 어느 누구도 법이나 의무 아래 놓일 수 없다는 로크의 주장이(57절) 자연법에 대한 그의 설명에서 매우 중요한 역할을 한다는 점을 지적할 수 있다. 로크가 현 단계에서 이런 주장이 함축하는 바를 분명히 밝히지는 않지만 이 주장은 그가 자신의 자연법을 신학적 관점에서 규정하고, 자연법이 특별한 계시에 근거한 신성한 법과는 구별되어야 한다는 점을 예시하는 과정에서 중요한 역할을 한다. 후기 저술에서 그는 자연법에 관한 자신의 설명이 기독교의 신성한 법과 어떻게 조화를 이룰 수 있는 지를 보이기 위해 상당히 긴 설명을 제시하지만 그는 또한 자연법을 신성한 법으로 환원해서는 안 된다는 점을 명확히 밝힌다. 로크가 활동했던 시대에 세계 대부분 지역에서 살았던 대부분의 사람들은 성서에 제시된 기독교의 계시를 몰랐을 것이다. 로크는 이런 문제를 충분히 의식했기 때문에 이성이 그 자체만으로 우리에게 도덕의 기초에 대한 지식과 다른 사람들에 대한 우리의 의무와 권리의 근거를 제공할 수 있다는 점을 보이기 위해 노력했던 것이다. 그리고 바로 이것이 그가 이성적 능력을 우리가 도덕적 공동체의 구성원임을 확인해 주는 '영역 성질'과 동일시하는 이유이기도 하다. 따라서 기독교에 바탕을 둔 로크 자신의 도덕적 태도가 그의 정치 및 윤리 이론에 큰 영향을 미쳤다고 해석해서는 안 된다. 분명히 그는 우리의 의무가 성서에 대한 각 개인의 지식에 의존한다고 주장하려 하지 않았다. 신이 우리가 어떻게 행하기를 원했든 간에 엄격한 의무는 각 개인의 지식과 지성을 통해 인식할 수 있는 것이어야 한다.

부모의 의무와 가족의 역할

우리는 바로 앞에서 어린이들은 성인과 도덕적으로 평등하지 않으며, 따라서 자연법의 영역 밖에 놓여 있고 다른 모든 사람에 대해 주장할 수 있는 자연권의 소유자가 아니라는 로크의 주장을 살펴보았다. 이런 주장이 사실이라면 왜 부모가 자녀들을 마음대로 죽여서는 안 되며 왜 그들을 바위나 동식물 같은, 자연법과 무관한 자연의 사물처럼 다루어서는 안 되는가라는 질문이 제기된다. 부모가 자녀를 죽여서는 안 된다는 의무는 최소한 자녀들의 권리에 기초해서 성립하는 의무일 수는 없다. 다른 한편으로 로크는 부모에게는 자녀들을 돌볼 의무가 있으며, 바로 이런 의무에 기초해 부모는 자녀에 대한 권위를 지니게 된다고 주장한다. 그렇다면 이런 의무는 어디서 생겨나는가? 이에 대한 명확한 대답은 가능한 한 다른 사람들을 유지, 보존해야 한다는 기본적인 자연법의 결과로 자녀를 양육하고 보호해야 하는 부모의 의무가 성립한다는 것이다. 따라서 이유 없이 유아를 죽이는 일은 이런 보존의 의무를 정면으로 위반하는 것이다. 하지만 여기서 두 가지 점을 지적할 필요가 있다. 첫째, 이런 부모의 의무는 일반적 의무이므로 자녀가 주장하는 어떤 특별한 도덕적 요구에 기초하는 것이 아니다. 둘째, 이 의무는 오직 부모뿐만이 아니라 다른 모든 사람에게도 부과된다. 부모는 자녀와 가깝다는 이유 때문에 특별한 의무를 질 뿐 그 이상은 아니다. 사실 로크는 자녀를 돌볼 의무가 양부모나 다소 먼 친척들에게도 똑같이 이어진다고 주장하면서, 더욱 중요하게는 자녀를 돌볼 책임이 단지 어머니에게뿐만 아니라 부모 모두에게 있다고 주장하면서 이 점을 분명히 인정한다. 또한 매우 흥미롭게도 로크는 부모가 자녀를 이 세상에 태어나도록 만드는 데 공을 들였기 때문에 자녀에 대한 소유권을 지닌다는 견해를 단호히 거부한다. 자녀는 부모의 '피조물'이 아니다—오직 신만이 인간을 창조했다는 점을 근거로 인간에 대한 소유권을 주장할 수 있다. 앞서 재산권에 관해 논의하면서 살펴보았듯이 로크는 각 개인이 자기 자신에 대한 완전한 소유권을 누린다는 생각을 부정하는데 이와 마찬가지로 각 개인은 자신의 자녀에 대해서도 완전한 소유권을 주장할 수 없다.

그렇다면 여기서 중요한 것은 일종의 특별한 의무나 권리가 아니다. 자녀들은 부모로부터 돌봄을 받을 권리를 지니지 않는다. 그들은 부모의 권위가 더 이상 효력을 발휘하지 못하고 부당한 것이 되는 성년에 도달하기 이전에는 어떤 권리도 지니지 않기 때문이다. 이와 마찬가지로 부모 또한 자신이 낳은 자녀를 보호하는 것 이외에는 자녀에게 특별한 의무를 지지 않는다. 앞서 지적했듯이 이 의무는 원리상 모든 사람에게 적용되는 것이며 따라서 생부나 생모가 세상을 떠난 경우에는 당연히 양부모에게로 이어진다. 그렇다면 원리상 어린이들을 양육하고 보호하기 위한 최선의 방법으로서 공동의 사회적인 양육 기관을 설립할 필요가 있을 듯한데 로크는 가족에 특별한 중요성을 부여하면서 이런 기관의 설립에 반대한다. 사실 가족은 자녀를 돌보고 양육하기 위한 기관으로서뿐만 아니라 정치사회와 권력의 도입에 앞서 존재하는 기관으로서 로크의 이론에서 매우 중요한 위치를 차지한다. 하지만 왜 가족이 특별하며, 왜 부모가 자녀에 대해 특별한 의무를 지고 일차적인 책임을 져야 하는가라는 질문은 여전히 제대로 답변되지 않은 채 남아 있다.

이 질문에 대한 로크의 대답이 흥미로운 까닭은 그가 이를 통해 권리와 의무라는 표현에서 벗어나 이후 18세기 철학에서 매우 중요한 역할을 담당했던 정서라는 표현으로 눈을 돌리며 결국 공리주의적인 방향으로 나아가기 때문이다. 그는 다음과 같이 말한다.

> 신은 자녀들을 이렇게 돌보는 것을 부모의 의무로 만들었으며, 자녀가 부모의 도움을 필요로 하는 한 부모는 자신의 권력을 절제하고 신의 지혜가 계획한 대로 자녀의 복지를 추구할 수 있도록 신은 부모에게 자상함과 배려라는 적절한 성향을 부여했다.(63절)

로크는 이런 동기의 근원을 우리 인간의 본성을 창조한 신의 계획을 통해 설명하지만 이런 주장에서 이보다 훨씬 더 중요한 점은 자녀와 후손에 대해 특별한 관심을 보일 의무가 바로 우리의 자연적 성향에서 발견된다는 사실이다. 이런 논거는 도덕을 정서에 근거해 설명하려 했던 18세기 철학자들의 태도를 예견한 것이며, 어떤 의미에서는 공리주의의 근거를 제공한 자연주의 심리학을 예견한 것이기도 하다. 하지만 로크는 도덕적 의무가 전통적인 자연법의 범위 너머로 확장될 수 있는 가능성 또한 제시한다. 만일 우리의 책임 중 일부가 본성적 정서에 기초한다면 오직 이성을 발휘할 능력만이 도덕과 관련되는 유일한 기준은 아니기 때문이다. 로크는 이런 주장을 발전시키지는 않으며, 자연권에 관한 이성주의적 설명을 정서에 관한 자연주의 윤리학으로 대체하기를 결코 원하지 않는다. 하지만 앞으로 묵시적 동의에 관한 그의 설명에서 등장하듯이 그가 후에 그를 비판했던 많은 철학자들이 개척하려 했던 경로, 즉 자연법에서 공리주의로 나아가는 길을 스스로 열었다는 점은 충분히 지적할 만한 가치가 있을 정도로 흥미롭다.

어쨌든 여기서 기억해야 할 가장 중요한 점은 로크가 자연적 성향으로부터 의무를 이끌어 내지는 않는다는 것이다. 그 대신 그는 왜 부모가 자신의 자녀에 대해 책임을 느껴야 하는지를, 더욱 중요하게는 왜 가족이 핵심적인 사회적 기관인지를 설명하기 위해 자연적 성향에 호소한다. 이를 통해 그는 다시 한번 우리를 어떤 방식으로 행위하게 이끄는 인과적 동기와 의무에 대한 설명을 분리한다. 부모가 무엇보다도 책임감이라는 자연적인 성향을 지니는 까닭은 다른 사람보다도 이런 책임감을 강력하게 느끼며 또 이렇게 느끼는 것이 바람직한 일이기 때문이다. 따라서 자녀를 양육하는 데 가족이 반드시 필요하다는 주장은 일종의 공리주의적 근거, 곧 가족이 산출하는 이익 때문에 가족이 존중되어야 한다는 근거를 통해 정당화된다. 로크가 가족을 바람직한 것으로 여긴다는 점은 명확한 사실이며, 또한 가족은 우리가 최초로 접하는 원초적이고 자연적인 사회이기도 하다. 로크는 가족의 가치를 자연주의적 근거에서 옹호하고 자녀를 돌보고 양육하는 일에는 부모가 가장 중요하다고 주장하려 하지만 이런 시도에도 여전히 그의 자연법이 개입된다. 부모는 자녀를 돌보려는 자연적인 (신이 부여한) 정서를 지니지만 이는 단지 일시적으로 자녀가 부모에게 복종해야 한다는 점을 정당화하는 데 그친다. 어쨌든 간에 자녀는 성년에 도달하기만 하면 완전한 자연권을 누리며 더 이상 부모의 권위에 복종해야 할 필요가 없다. 이는 로크가 부모의 권위와 정치권력을 혼동하는 가부장주의의 잘못을 지적하는 또 다른 방식이기도 하다. 만일 자녀가 성년에 이르러서도 부모의 권위로부터 벗어나지 못한다면 자녀는 결코 정치권력을 행사할 수 없을 것이다. 항상 부모에게 의존해서만 권력을 행사할 수 있을 것이기 때문이다. 또한 앞서 로크가 지적했듯이 부모의 권위는 아버지뿐만 아니라 어머니도 똑같이 (사실은 더 많이) 행사하는 것이다. 그렇다면 모든 국왕은 자신의 어머니에게 복종해야 할 것이다. 그런데 이런 결론은 필머와 같은, 가부장주의를 내세우는 절대주의자들이 결코 기꺼이 받아들일 만한 것이 아니라는 사실이 다시 한번 명백히 드러난다.

부모와 자녀의 의무

부모는 자녀에 대해 어떤 엄격한 의무를 지지는 않는다. 하지만 로크는 부모가 자녀들 돌보고 양육하려는 자연적이고 기본적인 성향을 지닌다고 주장한다. 이런 성향에 대한 로크의 논의는 대부분 유아의 생존을 위한 것에 집중되지만 그렇다고 해서 그가 부모의 관심을 단지 동물적인 생존 차원에만 한정한 것은 아니다. 그는 자녀를 교육, 훈련시킬 부모의 의무에 대해서도—때로 그는 이를 후견의 권리로 부르기도 하는

데(67절)—언급한다. 앞서 살펴본 대로 교육이 중요한 까닭은 오직 이를 통해 이성을 발휘하고 자유롭게 행위할 능력을 계발할 수 있기 때문이다. 이런 교육의 의무는 양도될 수 있는 권리이며, 자녀가 충분히 교육을 받은 후에는 끝나게 된다. 로크는 충분히 교육받은 것이 어느 정도인지에 대한 명확한 기준을 제시하지는 않지만 그가 이성적 행위 능력을 발휘할 수 있을 정도를 최소한의 충족성 기준으로 삼는다는 점은 이미 제시되었다. 또한 교육의 책임은 도제 교육이나(69절) 어쩌면 학교 교육의 예에서 드러나듯이 다른 사람에게 양도될 수 있다. 도제 교육이나 학교 교육을 받는 동안 자녀를 통제할 부모의 권리는 도제 스승이나 학교 교사가 지니게 된다. 그리고 오직 이런 경우를 통해서 훈육의 권리는 부모가 아닌 제삼자가 제멋대로 폭력을 행사하는 것과는 분명히 구별된다는 점이 드러난다. 자녀를 돌보는 일은 부모의 일차적인 책임인 반면 도제 스승이나 학교 교사가 지는 이차적인 책임은 관련되는 성인들 사이의 합의로부터 도출되는 것일 뿐 자연적인 성향이나 정서에 기초한 것이 아니다. 부모의 자연적 동기는 양도될 수 없다 할지라도 기본적인 의무는 양도될 수 있다. 교육의 경우 교사와 학생 사이의 생물학적 관련성이 어떤 특별한 역할을 하지 않는다. 부모는 자녀를 교육함으로써 자신의 역할을 완수하지만 부모가 직접 교육을 담당하든 아니면 더욱 자격을 갖춘 다른 사람이 대신하든 그것은 문제가 되지 않는다.

마지막으로 부모는 분명히 자녀에 대해 어떤 의무를 지지만 재산을 자녀에게 남겨 줄 의무를 지지는 않는다. 부모가 자녀를 기대하는 이유가 자신의 재산을 물려주기 위해서라는 생각이 일종의 관행처럼 널리 퍼져 있다. 로크는 이런 관행을 받아들이고 부모의 기대가 지니는 비중을 인정하지만 유산을 받을 자녀의 권리는 단지 자유로운 권리일 뿐

(자녀는 유산을 받지 않아야 할 의무를 지니지는 않지만) 적극적인 권리는 아니다. 여러 자녀에게 유산을 어떻게 분배할지 결정하는 것은 전적으로 부모의 자유에 속하며, 자녀가 부모에게 복종하고 부모를 돕는 정도에 따라 이에 대한 보상으로 적절하게 유산을 나누는 것 또한 전적으로 부모의 재량에 속한다.

자녀에 대한 부모의 책임에는 정해진 기한이 있으며 양도될 수 있지만 부모에 대한 자녀의 책임은 그렇지 않다. 누군가는 왜 로크가 부모에 대한 자녀의 책임이 존재한다고 생각하는지 궁금하게 여길지도 모른다. 성년에 도달하기만 하면 자녀는 오직 자신이 동의할 경우에만 부모의 권위에 복종할 것이기 때문이다. 이에 대한 명확한 대답은 네 부모를 공경하라는 성서의 명령에서 발견된다. 이는 성서에 명시된 명령이며, 수많은 사회와 문화권에서 자연적이고 관습적인 정서에 의해서도 지지되는 듯이 보인다.

부모를 공경할 의무에 관한 로크의 논의를 중 대부분은(66-76절) 이런 의무의 의미를 해명함으로써 이것이 자녀를 통제하는 가부장적인 권리의 기초 또는 자녀가 부모에 대해 지는, 자녀의 의무의 근거로 사용될 수 없음을 보이려는 데 집중된다. 앞서 살펴보았듯이 진정한 자녀의 권리는 성립하지 않는데 그 까닭은 성년에 이르기 이전에 자녀는 아직 권리의 소유자가 아니므로 자녀를 통제할 부모의 권리가 자녀에 대한 어떤 의무에도 기초하지 않기 때문이다. 일단 자녀가 성년이 되어 권리를 지니게 되면 자녀가 부모에 대해 지는 의무들은 동의에 기초한다. 로크는 부모를 공경할 의무에 대해 논의하면서도 이 점을 다시 강조하여 부모에 대한 이 의무가 자녀에게 명령할 부모의 권리를 확립하지는 않으며, 이보다 더욱 중요하게 이 의무가 자녀의 재산이나 부의 일부라도 마음대로 사용할 자격을 부모에게 부여하는 것은 결코 아니라고 주장한다. 자녀가 부모를 공경하고 부양해야 하는 이유는 어린 시절 부모가 자녀를 부양하고 양육했기 때문이다. 부모가 자녀를 이 세계에 태어나게 했고 자유로운 행위자가 되도록 키웠기 때문에 부모에 대한 자녀의 의무가 성립한다면 이 의무는 상호성에 근거하는 듯이 보인다. 부모를 공경하는 방식에는 부모의 삶이나 행복을 손상하지 않는 매우 직접적인 것도 포함된다. 더 나아가 로크는 '… [부모를] 보호하고, 돕고, 편안하게 모시는 것을 …'(66절) 언급한다. 하지만 이것이 자녀가 부모의 통제에 복종해야 한다든지 자신의 삶과 자유, 재산에 대한 권리를 부모에게 넘겨야 한다는 점을 정당화하는 것은 결코 아니다. 부모를 공경할 의무가 부모에게 성년에 도달한 자녀의 권리를 마음대로 변경할 권한을 주는 것은 아니며, 부모를 어떻게 공경할 것인지를 결정할 자녀의 자유와 재량권을 제한하지도 않는다. 마지막으로 공경의 정도는 자녀가 어렸을 때 부모가 보살핌과 교육의 의무를 실천해 자녀에게 베푼 관심과 부양의 정도에 따라 달라질 수 있다. 로크는 부모에게 학대받은 자녀는 부모를 공경할 필요가 없다고까지 말하지는 않지만 이런 경우 공경의 의무는 최소한으로 줄어들 수 있음을 인정하면서 다음과 같이 말한다. '… 자녀에게 요구되는 정도는 [부모가 베푼] 보살핌이나 친절과 노력 그리고 종종 어떤 자녀보다 다른 자녀에게 더 많이 지출되기도 하는 비용의 차이에 따라 달라지기도 한다'(70절). 이런 모든 조건들이 중요한 까닭은 이들이 부권으로부터 정치권력을 이끌어내는 기반을 약화시키는 요소로 작용하기 때문이다. 만일 전자로부터 후자를 도출하려 한다면 우리는 각각의 시민들이 국왕으로부터 얼마나 좋은 대우를 받아 왔는가에 따라 시민들 사이에 국왕에 대한 서로 다른 정치적 의무를 설정할 수밖에 없을 것이다. 더욱 중요하게 우리는 국왕을 해치거나 죽이지 않을 최소한의 의무만을 질 뿐 우리의 신체와 자

3장 본문 읽기 149

유, 재산을 그의 지배 아래 둘 의무는 성립하지 않을 것이다. 우리가 이런 권리를 부모에게 넘기지 않았는데 왜 국왕을 존중해 그에게 넘겨야 하는가? 이 질문에 대한 대답이 부모를 공경할 의무로부터 도출된다면 그 대답은 서로 달라야만 할 것이다.

로크는 부권과 정치권력을 혼동한 것에 관한 논의를 마무리 지으면서 왜 이런 혼동이 발생했는지에 대해 상당히 흥미로운 역사적, 인류학적 설명을 덧붙인다(74-6절). 그는 더욱 원시적인 사회에서는 부모의, 특히 아버지의 역할이 지배자의 역할과 거의 동일시된다고 주장한다. 아버지들은 자녀와 가족 구성원을 대표해 자연법에 따른 집행권을 행사하는 경향을 보였으며, 이런 권리를 행사해 잘못을 저지른 가족 구성원에 대한 처벌로 생사여탈권까지 지니는 모습을 보였다. 하지만 로크는 부권과 정치권력의 혼동은 단지 외형상의 문제일 뿐이라고 단호히 주장한다. 어쨌든 자연법의 집행권과 처벌의 의무는 어떤 성인이라도 행사할 수 있는 것이므로 위의 경우 부권과 정치권력의 결합은 단지 기능적인 편리함의 문제일 뿐 정당성의 문제는 아니다. 이런 관점에서 보면 아버지들은 다른 어떤 사람보다도 더 큰 권리를 지니는 것이 결코 아니다. 로크는 다소 짓궂게 원시 사회에서는 아버지가 성직자와 같은 역할을 수행한 것으로 볼 수도 있다고 주장함으로써 원시 사회의 관행들로부터 어떤 규범적 주장이라도 이끌어 내는 것의 한계를 더욱 분명히 지적한다. 필머처럼 가부장주의를 내세우는 학자들은 아버지와 국왕 그리고 성직자의 권력을 한데 결합하는 것을 결코 원하지 않을 것이다. 왜냐하면 가부장적인 절대주의를 지지하는 보수파들은 대부분 또한 주교가 교회를 관리하는 주교중심주의의 열렬한 지지자들이고 따라서 군주의 권리와 분리된 주교의 권리를 강력히 옹호하는 사람들이기 때문이다.

부부 사이의 또는 성적인 계약

가족에 관한 로크의 논의는 '정치사회 또는 시민사회의 기원에 관하
여'라는 제목이 붙은 다음 장(7장)까지 계속 이어진다. 여기서의 논의
는 가장 단순한 형태의 인간 사회의 근원에 관한 정치적 사고의 역사를
다루는 친근한 주장과 더불어 시작된다. 아리스토텔레스를 비롯해 로
크 당시까지의 거의 모든 정치철학자들에게서 이런 논의가 발견된다.
이런 견해에 따르면 최초의 사회는 부부 사이에서 등장하는데 부부는
인간 종의 생식과 후손을 돌보는 일에 관심을 쏟는다. 그리 길지 않은
77-84절에서 로크는 가족에 관한 논의를 자녀에 대한 부모의 책임으로
부터 가족 내부의 지배 체계로 확대해 나간다. 이들 절에서 로크는 가
족 안에서 노동이 성별에 따라 나뉘는 관행이 널리 퍼진 근거를 설명하
는데 이런 노동의 분화는 로크 당시에도 존재했을 뿐만 아니라 오늘날
까지도 남녀 사이의 관계를 특징짓는 것 중 하나로 작용한다. 후에 등
장한 많은 여성주의자들과 로크의 비판자들은 정치권력에 대한 가부장
적 설명을 비판하려는 그의 시도가 오히려 폭넓은 사회관계에서 가부
장적 질서를 확산하는 결과를 낳았다고 주장한다. 이런 비판자 중 한
사람인 페이트먼(Carole Pateman)은 상당한 영향력을 발휘한 저술
『성적 계약』(*The Sexual Contract*)에서[20] 로크의 『통치론』에 뿌리를 둔
사회계약론적 전통 전반이 사실은 여성에 대한 끊임없는 압박과 억압
을 감추고 있다고 주장하기에 이른다. 페이트먼이 언급하는 성적 계약
이란 78절에서 로크가 주장한 부부 사이의 계약을 지칭하는데, 로크는
이를 통해 가족의 본질과 가족 간의 권리를 설명한다. 여기서 로크의
핵심 주장은 부부가 형성하는 사회가 계약 또는 합의에 기초하므로 권

---

20   Pateman, Carole (1988), *The Sexual Contract*, Cambridge: Polity Press.

력이나 권위, 권리상의 어떤 불평등도 부부 양자 사이의 합의에 기초한다는 것이다. 이에 대한 여성주의적 비판의 핵심은 부부 사이의 계약이 계약 이전에 이미 성립하는, 여성이 남성에게 복종하는 상태를 그대로 반영한다는 것이다. 이런 비판을 검토하기 위해 부부 사회에 대한 로크의 설명으로부터 논의를 시작해 보자.

부권을 다룬 앞 절에서 로크는 자녀에 대한 부모의 의무가 어떻게 자녀를 돌보고 양육하려는 자연적 성향에 기초해 등장하는지를 설명했다. 이 설명은 왜 개인으로서의 부모가 자녀를 돌보는지에 대한 이유는 제시하지만 왜 이런 일이 일종의 사회, 곧 가족을 만들어 내는지에 대한 이유는 제시하지 못한다. 로크는 이제 78절에서 이 문제로 눈을 돌려 남성과 여성인 부모가 형성한 부부 사회는 양측 사이의 자발적인 합의에 기초한다고 주장한다. 처음에 이런 합의는 상대방의 육체에 접근할 것을 허용하는 형태를 취한다. 이를 통해 로크는 성적 관계가 합의에 의해 이루어져야 함을 분명히 밝힌다. 이런 조건은 강간이 심각한 권리 침해라는 점을 드러낼 뿐만 아니라 결혼과 부부 사회에 대한 개인주의적이고 자유주의적인 관점을 암시한다. 더 나아가 로크는 처음 주제였던 상대방의 육체를 사용할 권리가 곧바로 상호 원조라는 장기적인 관계의 기초로 작용하게 된다고 주장한다. 결혼은 성행위와 출산의 필요성 때문에 시작되지만 곧 상호 원조라는 복잡한 사회적 관계로 발전한다. 전자의 요소는 강요될 수 없으므로 후자 또한 강요될 수 없다는 점이 은연중에 드러난다. 결혼과 장기적인 부부 사회는 결국 동의와 합의에 기초해야 한다. 바로 이런 이유 때문에 결혼과 부부 사회는 일종의 계약으로 불린다. 이런 관계가 오래 지속되어야 하는 까닭은 어린 자녀를 낳고 양육하는 동안 부모가 모두 필요하기 때문이다. 로크는 일부 동물들의 경우 부부 사회가 오직 생식 행위를 위해서만 필요하다고

주장한다. 여기서 그는 태어나자마자 거의 곧바로 부모로부터 독립하
는 초식동물들을 염두에 두는 듯하다. 반면 다른 '육식동물들은' 훨씬
더 오랫동안 부모의 도움과 보호를 필요로 한다. 그러면서 로크는 인간
이라는 동물은 '풀을 뜯어먹는 태생동물' 보다는 육식동물에 훨씬 더 가
깝다고 주장하는 듯하다(79절). 인간의 부부 사회가 다른 어떤 동물보
다도 훨씬 더 오래 지속되는 까닭 또한 계속 출산하여 대가족을 형성하
는 인간의 본성을 통해서 설명된다. 인간의 부부 사회가 다른 동물들에
서 관찰되는 어떤 부부 사회보다도 훨씬 오래 지속되는 까닭은 한마디
로 그런 사회의 필요성이 훨씬 더 크기 때문이다. 더욱이 같은 배우자
와 부부 사회를 유지하지 않는다면 삶에 필요한 것들을 충족시키는 일
이 계속 큰 지장을 받을 것이다. 이렇게 부부 사회가 등장하고 지속되
는 이유 중 일부는 인간의 본성을 통해서 설명된다. 로크는 자녀 출산
과 교육의 임무가 완전히 끝났다면 자연적인 부부 사회가 더 이상 지속
될 이유가 없어진다는 점을 인정한다. 결국 부부 사회를 평생 지속되도
록 만드는 것은 실정법의 존재뿐이며 그 외의 다른 어떤 이유도 없다.
로크는 정치사회의 실정법이 왜 적절한 시기에 부부가 이혼하는 것을
허용해서는 안 되는지 그 이유가 없다는 점을 인정하며, 이보다 더 중
요하게 부부 사회가 삶의 끝까지 지속된다면 그 까닭은 그 부부가 그렇
게 하기로 선택했기 때문이라는 점도 은연중에 인정한다. 이를 통해 우
리는 다시 한번 결혼과 가족이 합의와 동의에 기초한다는 점을 분명히
확인한다. 하지만 82절에 이르면 상황은 더욱 복잡해지는데 여기서 로
크는 가족 또는 부부 사회 안의 지배권에 관해 논의한다. 부부 사회 안
에서 문제가 발생하는 까닭은 이 사회의 목적을 성취하기 위한 최선의
방법이 무엇인지를 결정하는 과정에서 두 사람의 서로 구별되는 의지
가 상충할 수 있기 때문이다. 이런 대립 상황에서는 어떤 지배권이 필

요하게 되는데 이에 관해 로크는 다음과 같이 주장한다. '… [지배권은] 당연히 더욱 유능하고 힘이 센 남성의 몫에 속해야 한다.' 바로 이런 주장 때문에 로크는 자연적인 힘의 불평등에 기초해 가족 안의 지배권을 결정하는 당시의 관행을 그대로 수용하는 것으로 비치게 되었고 또한 이 때문에 수많은 비판을 받게 되었다. 이와 관련해 지적해야 할 문제는 한두 가지가 아니다.

1. 로크는 당시의 관행을 따르는 수준에 그치지 않는다. 왜냐하면 그는 자연적 힘과 관련해서 이러한 관행을 설명하는 데까지 이르기 때문이다.

2. 그는 본성의 차이가 단지 힘의 차이뿐만 아니라 능력의 차이도 포함하는 것으로 여기는 듯이 보인다. 이를 근거로 어떤 학자들은 로크가 여성은 충분히 이성적이 아니거나 최소한 남성만큼 이성적이지는 못하다고 생각했다는 주장을 펴기도 했다.

3. 로크는 서로 다른 자연적 능력의 차이를 근거로 복종을 정당화함으로써 자신의 주장을 스스로 약화하는 듯이 보인다. 반면 지금까지 그의 주장 전반에서 우리의 신체적 본성과 자연법 아래 놓여 있는 도덕적 본성은 분명히 서로 구별되어 왔다. 또한 그는 설명과 정당화를 구별해 왔다. 그렇다면 현재의 경우에서 그는 이 둘을 혼동하는 듯이 보인다.

관행과 관련해 로크가 당시의 관행을 무비판적으로 추종하지 않았음은 명백하다. 가족이 부부 모두의 상호 이익에 기초해서 등장한다는 그의 설명에서 드러나듯이 그는 여성이 남성에게 복종하는 것이 당연하다고 여겼던 17세기의 관행과 단호히 결별한다. 이런 태도는 방금 인용한 대목에 뒤이어 등장하는 주장, 곧 남성이 지배권을 갖는다고 해서 여성의 어떤 재산권도 남성에게 넘어가는 것은 아니라는 주장을 통해서 더욱 강화된다. 이런 측면에서 로크의 주장은 예를 들면 남편의 통제에서 벗어나 여성이 독립적으로 재산을 소유하는 일을 법적으로 금지한 것과 같은, 당시의 수많은 편견들을 정면으로 비판한 것이라 할 수 있다. 물론 로크는 21세기의 기준에서 여성주의자는 아니지만 현재의 기준을 가지고 그를 너무 가혹하게 비판하지 않도록 주의할 필요가 있다.

　로크가 여성은 남성보다 덜 이성적이라고 주장했다는 데 대한 비판과 관련해 이런 주장이 그 자신의 논거를 매우 부자연스럽게 만든다는 점은 명백하다. 방금 살펴보았듯이 로크는 어린아이와는 달리 여성은 재산을 소유할 수 있으며 따라서 권리도 지닐 수 있다고 주장한다. 설령 로크가 여성은 남성보다 덜 이성적이라고 생각했다 할지라도 단지 일부 여성에 대해서만 그렇게 생각했을 수도 있으며, 따라서 이런 생각이 이성적임을 '영역 성질'로 보는 그의 설명에 따른 평등한 권리를 부정하는 것은 결코 아니다. 아마도 로크는 몇몇 여성들, 예를 들면 자신의 임종을 지켰던 다마리스 매섬(Damaris Masham) 같은 여성은 남성보다 지적으로 우월하다고 여겼을 것이고 다른 여성들은 남성보다 열등하다고 여겼을 것이다. 말하자면 어떤 개인을 자연법의 범위 안에 포함되도록 만드는 최소한의 도덕적 평등 기준이 존재하는데 이 경계선을 벗어나게 되면 그 개인은 도덕적으로 평등한 존재로 대우받지 못한다. 로크가 주장한 내용 중 모든 여성들이 집합적으로 이 경계선 아래에 속한다는 점을 암시하는 언급은 전혀 발견되지 않는다.

　지금까지의 모든 해명에도 여전히 로크가 분명히 가부장적인 부부 관계를 수용했다는 여성주의의 비판을 받지 않을 수 없게 만드는 근거가 한 가지 남아 있다. 그것은 바로 자연적 불평등에 기초한 관행이 남성에 대한 여성의 복종을 정당하게 만드는 토대를 제공한다는 생각이다. 누군가는 여성들이 본성상 남성들보다, 최소한 모든 남성들보다 약하다는 경험적 주장에 반기를 들지도 모른다. 일부 여성들이 일부 남성들보다 더욱 강하다는 점에는 의심의 여지가 없지만 이는 논의의 핵심이 아니다. 핵심 문제는 자연적 불평등이 복종을 정당화하는가 그렇지 않은가이다. 지금까지 『통치론』에서 로크가 내세운 모든 주장은 자연적 능력이 복종의 기초로 작용한다는 생각을 한결같이 거부한다. 만일 이런 전제를 유지하지 않는다면 로크는 강한 능력을 지닌 사람이라면 누구든 다른 사람들을 마음대로 부리는 일을 허용해야 하고 또 이를 정당한 것으로 인정해야 한다. 예를 들면 제임스 2세와 같은 가톨릭 왕정이 마음대로 부릴 수 있는 프랑스 군대를 소유하는 한 그의 통치가 정당하다는 점을 인정해야 할 것이다. 따라서 로크에 대한 여성주의 관점에서의 비판은 매우 훌륭한 것이다. 만일 로크가 자연적 불평등이 복종의 근거가 된다는 점을 한 번이라도 허용한다면 그는 이를 모든 곳에서 허용해야 하거나 아니면 최소한 왜 여성은 특별한 경우에 속하는지에 대한 설득력 있는 논거를 제시해야 한다. 방금 지적했듯이 그는 여성이 특별한 경우에 속한다는 데 대한 명확한 논거를 어디서도 제시하지 않는다.

　로크를 옹호하려면 그가 가족 내부의 동의에 기초해 여성의 복종을 정당화하며 따라서 아무런 문제도 발생하지 않는다고 주장해야 할 듯하다. 하지만 여성주의자들에 따르면 바로 이것이 정확히 문제가 제기되는 지점이다. 우리는 (홉스의 표현을 빌리면) 상대방이 들이댄 칼 앞에서 마지못해 동의하고 상대방에게 굴복할 수도 있기 때문이다. 이 경우 우리에게는 다른 현실적 선택이나 대안이 없으며, 폭력의 위협 때문에 자신을 검열해 계약에 동의하지 않는다는 표현을 못 하기도 한다. 바로 이것이 여성주의자들의 핵심 주장이다. 만일 남성들이 기회와 자원을 독점해 남성과 여성의 능력이 이미 불균형을 이루는 상태라면 이 상태에서 이루어지는 어떤 계약도 단지 계약 당사자의 불평등한 지위를 반영하는 데 그친다. 노상강도가 권총으로 위협해서 그에게 지갑을 건넨 사람을 재산의 양도에 동의했다고 여겨서는 안 되듯이 우리는 불공정한 출발점이나 자연적 불평등 또는 정치적 억압 등에 대해서 이루어진 어떤 합의도 받아들여서는 안 된다. 실제로 많은 여성들이 많은 남성들보다 육체적으로 더욱 강하다는 점을 전제할 때 거의 성별에 따라 집안일과 책임을 분담하는 관행뿐만 아니라 남편의 지배에 아내가 복종해야 한다는 주장 등에 대해서는 의심의 눈초리를 거두어서는 안 된다. 그리고 이성적인 여성들이 지금까지 남성들의 손에 달려 있었던 자신들의 권리와 이익을 되찾으려 하는 것은 자연스러운 성향으로 보아야 한다. 남성의 여성 지배를 정당화하려는 시도는 가부장주의가 얼마나 깊게 침투하여 큰 영향을 미치는지를 반영할 뿐이다.

로크에 대한 이런 비판들을 현대의 정치적 가치를 17세기에 무리하게 적용한 것으로 무시하기에 앞서 로크가 활동했던 시대에 이미 아스텔(Mary Astell) 같은 여성은 당시 여성들의 열악한 상황에 대해 주의를 기울이기 시작했으며, 18세기 후반에 등장한 울스턴크래프트(Mary Wollstonecraft)는 권리에 기초한 논변을 통해 여성의 사회적, 정치적 평등을 옹호했다.

로크에 대한 여성주의 관점에서의 비판은 로크가 생각한 평등과 권리 개념의 본질을 더욱 근본적으로 다시 생각하게 만들며, 이는 이후 자유주의나 급진주의 신념을 지닌 사상가들에게 계속 문제가 되었던 것이기도 하다. 만일 사회적, 물질적 평등의 경계 위에서 기본권을 누리지 못한다면 (자유주의자들과 급진주의자들은 평등의 범위가 얼마나 넓어야 하는가를 두고 논쟁을 벌이는데) 이런 평등은 단지 이름에 그칠 뿐이며 사람들의 권리는 지배와 착취에 맞서 보호받지 못할 것이다. 현대의 자유주의자들 사이에서 이 문제는 사회적 정의의 우선성 또는 공정한 기본 구조의 개념 등과 관련해 논의되는데 이런 기본 구조는 개인의 권리 행사, 예를 들면 부부 사회를 형성할 권리 등의 행사가 경제적 필요에 따른 개인의 행위에 의해 결코 제한되지 않는 것을 보장하는 체계로 묘사된다. 로크의 이론이 사회 정의와 구조적 불평등 등의 문제에 얼마나 개입하는지 아니면 얼마나 비판적인지를 검토하는 것은 이 책의 범위를 크게 넘어서는 일이다. 하지만 이와 관련해 로크가 현재 우리의 정치사회에서도 여전히 중요한 문제들을 이미 언급하고 드러낸다는 점은 지적할 만하다.

v. 정치사회의 기원

지금까지 로크의 논의는 정치적 지배나 권력을 부권의 지배나 노예소유주의 전횡적인 지배와 구별하여 대비하는 방식으로 이루어졌다. 어떤 경우든 이런 대비는 절대왕정의 정치적 지배를 옹호하려는 가부장주의자들의 시도가 한 종류의 권력과 다른 종류의 권력을 서로 혼동하는 범주적 오류에 빠져 있음을 보이기 위한 것이었다. 하지만 다른 종류의 권력이나 부당한 형태의 정치적 지배와 구별하여 정당한 지배를 강조하는 이런 방식은 정당한 정치적 지배에 관한 로크의 설명이 과연 현실 세계에서 실현 가능한가라는 질문을 불러일으킨다. 이에 답하기 위해 로크는 헌법에 의해 통치되는 국가를 구성하려는 자신의 견해가 어떻게 가능한지를 설명하려 하며, 그다음에는 자신의 설명이 역사적 관점에서는 어떻게 작용하는지를 제시하려 한다. 이 절에서 로크의 주장은 가설적인 계약 이론에 초점을 맞추고 있는데, 앞으로 살펴보게 되 듯이 단지 계약 이론에만 그치지 않는다는 점이 드러난다.

최초의 계약

국가의 기원에 관한 로크의 설명이 답해야 하는 듯이 보이는 첫 번째 질문은 무정부주의자가 제기할 만한 질문—곧 도대체 왜 우리가 국가 를 필요로 하는가라는 질문이다. 무정부주의자의 이런 도전적인 질문 은 홉스를 비롯한 다른 비관주의적 계약론자들의 경우와는 달리 로크 에게는 특별한 중요성을 지닌다. 로크는 인위적인 시민사회 또는 정치 사회의 형성에 선행하는 사회가 존재한다고 분명히 인정했기 때문이 다. 앞서 살펴보았듯이 로크는 정치사회 이전에 성립하는 가족이 지니 는 본질을 인정했으며, 근대 국가의 형성에 앞서 씨족 또는 부족 사회 가 성립했다는 생각을 암시적으로 드러냈다. 이와 유사하게 그는 자연 상태에서 화폐 및 물물교환과 같은, 사유재산권과 관련된 복잡한 사회 적 관행이 통용된다고 생각한다. 이런 모든 사회적 관행들은 유일한 통 치 권력과 무관한 관습과 규칙들을 포함한다. 하지만 가장 중요한 점은 로크가 생각한 자연 상태가 만인 대 만인의 전쟁 상태가 아니라 오히려 법이 지배하는 질서가 통용되는 상태로서 사람들이 이미 권리와 의무 및 책무 그리고 법의 위반을 처벌할 집행력을 지닌다는 점이다. 무정부 주의자의 질문에 대해서는 이런 사실을 보이는 것으로 충분할 듯하다. 그렇다면 통치력을 지닌 정치권력이 형성되기 위해서는 무엇이 더해져 야 하는가?

　이 질문에 답하기 위해서는 자연 상태에 관한 로크의 설명에서 핵심 위치를 차지하는 자연법의 집행력에 대한 논의로 거슬러 올라가야 한 다. 자연 상태에서 각 개인은 자연법의 준수를 강요하고 위반을 처벌할 집행력을 지닌다. 하지만 앞서 13절에서 살펴보았듯이 집행력을 행사할 평등한 권리는 사람들의 불공정함과 감정 개입 때문에 수많은 불편함을 낳게 된다. 만일 모든 사람이 자연법을 효과적으로 공정하게 적용하는 재판관, 배심원 또는 집행관이라면 법의 적용이나 위반 시 적절한 처벌 수위를 둘러싼 논쟁에서 제멋대로 불공정한 판단을 내리는 일이 없겠지만 현실은 그렇지 않다. 정치사회 또는 시민사회의—로크의 경우 이 두 표현은 당시의 용법이나 의미와는 반대로 동일한 것을 지칭하는데—기원은 사람들의 권리를 둘러싼 논쟁에서 유일한 공정한 판단을 내리려는 이성적 욕구에서 비롯된다. 그렇다면 국가의 임무는 이런 일을 정당하게 수행하는 것, 곧 모든 사람에게 적용되는 법률을 정함으로써 개인들의 권리가 명확하고 엄밀하게 행사되도록 이끌고, 개인들 사이에 분쟁이 발생할 경우 이런 법률을 적용하고 집행하는 것이다. 그렇다면 로크가 생각한 최초 계약의 핵심은 자연 상태의 불편함을 극복할 수 있는 정부를 확립하는 것이다. 하지만 시민사회 또는 정치사회의 기원에 관한 로크의 설명은 두 단계로 나뉜다. 첫 단계는 정치 공동체를 확립하는 것이며, 둘째 단계는 정부를 확립하는 것인데 이에 관해서는 다음 절에서 살펴보려 한다.

 우선 정치사회의 기원에 관한 로크의 설명을 검토함으로써 논의를 시작해 보자. 95절에서 로크는 한 무리의 사람들이 다음과 같은 일을 함으로써 정치 공동체가 탄생한다고 주장한다. '… 재산을 안전하게 향유하고 공동체에 속하지 않는 사람들과의 사이에서 더 큰 안전을 확보하면서, 사람들 상호 간에 편안하고 안전하고 평화로운 삶을 영위하기 위해 다른 사람들과 함께 공동체를 결성하기로 합의한다.' 이렇게 최초의 단계에는 사람들이 서로 결합하여 이전에는 존재하지 않았던 하나의 정치 단체 또는 특수한 공동체를 형성하는 과정이 포함된다. 여기서 첫 번째로 지적해야 할 점은 로크가 다른 형태의 사회와는—부족, 씨족, 가족과는—다른 정치사회를 자발적인 연합의 산물로 본다는 점이다. 정치 공동체에 가입하는 데 동의하지 않은 사람들에 대해서는 결코 그 공동체의 규칙을 준수하라고 강요할 수 없다. 하지만 앞서 토지와 같은 부동산의 선점에 관한 로크의 설명에서 드러났듯이 시민사회의 관념은 단지 서로를 구성원으로 인정하기로 합의한 사람들이 형성한 추상적인 공동체가 아니다. 이런 추상적인 공동체의 예로 많은 수의 분산된 개인들이 어떤 권위를, 말하자면 교회나 교단의 권위를 받아들이기로 합의한 경우를 들 수 있다. 이렇게 한다고 해서 한 지역에 집중된 영토나 명확한 경계의 사법권이 확보되지는 않는다. 사실 로크가 로마 가톨릭에 대해 관심을 보였던 이유 중 하나는 교리적인 내용이 아니라 보편적 사법권의 요구 때문이었다.[21] 로크가 생각한 정치사회의 개념은 명확한 경계로 둘러싸인, 하나의 사법권이 적용되는 영토로서 영토의 경계는 곧 그 사회 구성원들 각각이 자신의 재산권을 주장할 수 있는 경계선으로 작용한다. 따라서 정치 공동체의 기원에서 드러나는 본질적 특성 중 하나는 일정한 영토로 구성된 정치 공동체에서 재산을 공동 관리한다는 점이다. 이 점은 왜 특수한 정치 공동체들이 성립하는지 그 이유를 설명해 준다. 만일 사람들이 재산을 한데 모으지 않는다면 정치 공동체는 성립하지 않을 것이기 때문이다. 일정한 영토로 구성된 정치 공동체에서 재산을 공동 관리한다는 것은 곧 법률을 제정해 재산을 보호한다는 것을 의미하는데 이런 보호의 일차적인 필요성은 대체로 멀리 떨어져 사는 사람들보다는 가장 가까이 사는 사람들 때문에

21　Locke, J. (1689), *Letter Concerning Toleration*, in J. Horton and S. Mendus (eds). (1991), *John Locke – A Letter Concerning Toleration in Focus*, London: Routledge, 46면.

생겨난다. 로크의 이론에서는 하나의 세계국가로 향해 나아가려는 발전적인 논리가 등장하지 않으며, 세계국가가 단일한 보호 체계를 형성하리라는 우려도 전혀 발견되지 않는다. 이렇게 재산과 영토를 강조하는 태도는 로크의 자연법 이론을 그보다 먼저 등장한 학자들, 예를 들면 아퀴나스의 이론과 구별해 주는 근거로 작용한다. 재산의 안전과 법률을 통한 평등한 보호는 개인이든 다른 국가든 외적의 침략을 받을 걱정이 없을 정도의 충분한 규모를 갖춘 국가만이 제공할 수 있다.

  하지만 재산의 공동 관리를 통해 하나의 정치 공동체 또는 정치 단체를 형성한다고 언급하면서 로크는 동시대 인물이었던 푸펜도르프와는 달리 개인들이 사유재산을 공동체에 양도해야 (넘겨주어야) 한다고 주장하지 않는데 이는 중요한 의미를 지닌다. 로크의 논점은 우리가 재산과 관련해 자연법을 집행할 권리만 양도할 뿐이며 그 재산에 대한 원래의 소유권은 전적으로 계속 유지한다는 것이다. 로크는 정치 공동체가 모든 개인의 재산을 지배할 권력을 얻는다는 점을 결코 인정하지 않는다. 우리는 자연 상태에서 개인적인 재산에 대한 소유권을 지니는데 이 재산은 이후 입법권을 지닌 통치자가 등장하면 그의 개인적인 재산으로 넘어가 버리는 것이 결코 아니다. 우리는 자연 상태에서 시민사회로 이행하더라도 재산에 대한 완전한 소유권을 지니며 이를 계속 유지한다. 우리의 재산을 공동 관리한다는 것은 재산을 안전하게 보호하면서 국가의 사법권이 미치는 경계 안에서 그렇게 한다는 점을 의미할 뿐이다. 국가 또는 정치 공동체는 어떤 시민사회의 내부인과 외부인 사이에 분쟁이 발생할 경우 이를 조정할 사법권을 지니지 않는다. 정치사회는 외부인에 맞서 내부인을 보호할 수는 있지만 외부인이 주장하는 재산의 정당성에 대해 어떤 결정을 내릴 수는 없다. 비로 이런 이유 때문에 로크는 한 국가의 통치자라도 다른 정치사회에 속한 개인과는 자연 상태에 놓여 있다고 주장한다(14절).

이런 자발적인 연합으로서의 정치사회라는 모델은 이후 많은 정치이론가들이 계속 상당한 매력을 느낀 것이기는 하지만 로크를 가장 열렬히 옹호하는 현대철학자 노직이 견해에 따르더라도 전혀 난점이 없는 것은 아니다.[22] 노직은 특히 어떤 정치사회의 영토로 둘러싸인 곳에 살면서도 그 정치사회에 속하기를 선택하지 않는 독립인들의 문제를 우려한다. 만일 이런 사람들이 주변 정치사회의 구성원들을 위협한다면 이들은 아마도 쉽게 제거될 것이다. 반면 이들이 주변의 정치 공동체와 평화롭게 공존하기를 원한다면 이들은 심각한 문젯거리가 될 것이다. 결국 이런 독립인들은 주변의 새 국가로부터 충분한 보호를 받겠지만 그 국가의 구성원은 아니므로 이들에게 국가 구성원으로서 부담해야 할 어떤 것도, 예를 들면 재판이나 안전 보장, 국방의 비용 등도 전혀 요구할 수 없다. 로크의 견해에 따를 경우 이런 독립인들의 존재가 상당한 문제를 일으키리라는 노직의 지적은 옳다. 왜냐하면 로크는 우리가 오직 최초의 계약을 통해 어떤 정치사회의 구성원이 되는 데 동의할 경우에만 그 사회에 대한 의무를 지게 된다고 확고히 주장하기 때문이다. 로크의 이론은 자연 상태에서의 불편함을 피하려는 이성적 욕구에 기초하므로 그는 정치사회 구성원으로서의 부담을 지는 데 동의하지 않은 독립인들의 이른바 무임승차도 정당하다는 점을 받아들이지 않을 수 없다.

이 문제에 대한 노직의 해결책은 공정함의 관념 그리고 독립인들에게 정치적 지배에 동의할 근거를 제공하는 정치 공동체의 다수가 독립인들에게 가하는 위협의 이익에 의존한다. 하지만 노직의 저술을 읽은

---

22   Nozick, Robert (1974), *Anarchy, State and Utopia*, 10-25면.

독자들 대부분은 이런 논거에 만족하지 못했으므로 결국 이 문제는 제대로 답변되지 않은 채 남아 있다. 로크의 이론은 사유재산권이라는 훨씬 더 탄탄한 개인주의적 권리로부터 출발하므로 그는 독립인들에게 특정한 정치사회에 가입하라고 강요할 논거를 전혀 제시하지 않는다.

달리 말하면 이 문제는 로크의 이론에서 다소 모호한 부분으로 남아 있지만 그는 실제로 이런 문제가 발생하리라고는 생각하지 않는다. 왜냐하면 영토의 집중이라는 문제가 역사적으로 특정한 사회의 진화를 주도했기 때문이다. 로크가 『통치론』 8장에서 정치사회의 기원을 설명하면서 펼치는 주장 중 가장 놀랄 만한 것은 그가 이전에 존재했던 씨족 또는 부족 사회로부터 정치사회로의 발전이 어떻게 이루어지는지를 보이기 위해 수많은 추측에 따른 역사나 성서적인 역사에 의지한다는 점이다. 그는 이런 역사적 이야기들이 정치사회의 정당성을 확립하는 것은 아니라고 분명히 지적하지만 또한 그는 마찬가지로 최초의 계약에 대한 정당화가 이루어지는 지점이 곧 영토의 집중이 이루어져 독립인의 문제가 사라지는 지점이라고 분명히 주장한다. 그런데 이런 주장은 정치사회를 자발적인 연합을 통해 형성되는 것으로 봄으로써 등장하는 문제에 대한 적절한 철학적 대답을 제공하지 못한다. 하지만 로크는 최초의 계약 논거에 대한 이런 종류의 비판, 곧 흄의 저술에서 등장하고 또 흔히 제기되기도 하는 비판 때문에 상처를 받을 필요는 없을 듯하다. 로크가 사망하고도 한 세대쯤 지난 후 저술 활동을 했던 흄은 최초의 계약을 통해 정치사회가 형성된 일이 역사상 단 한 번도 실제로 일어난 적이 없었다는 점을 들어 로크를 비판했다. 그런 최초의 계약이 이루어졌다는 역사 기록이 없을뿐더러 우리가 아는 바에 비추어 보면 초기 정치 공동체의 기원은 오히려 로크의 주장에 정반대되는 듯하다. 대부분의 사회에서는 로마를 세운 로물루스(Romulus)와 레무스(Remus)와 같은 건국 신화가 발견되지만 어떤 최초의 계약을 통해 세워진 사회는 찾아볼 수 없다.

하지만 로크는 역사 기록이 자신의 이론에서 그리 큰 문제가 된다고 생각하지 않는다. 앞서 살펴보았듯이 역사 기록은 성서적 역사나 추측에 따른 역사에서 볼 수 있듯이 재산의 집중을 설명하는 대안을 제공하기도 한다. 그러나 로크의 이론은 기본적으로 단지 정치적 지배의 인과적 기원이 아니라 그것의 정당성에 관한 것이라는 점을 항상 기억해야 한다. 일단 하나의 정치 공동체 안에 재산이 집중되고 공동체의 구성원들이 자신이 속한 지배 체제를 정치 공동체로 인정하기만 하면 우리는 로크의 이론에 따라 어떻게 씨족이나 부족 사회로부터 동의 행위를 통해 정치사회가 등장하게 되는지를 파악할 수 있다. 비록 로크가 정치사회의 기원을 설명하면서 역사적 과정을 해명하는 방식을 사용하지는 않지만 우리는 어떤 사회가 정치사회로 변화하는 지점까지 발전하는 과정을 설명함으로써 이 과정을 은연중에 인식할 수는 있다. 하지만 이 과정에는 재산 소유자들이 자신의 재산을 특정 국가의 사법권에 맡기겠다고 합의하는 절차가 반드시 포함되어야 한다. 후에 살펴보겠지만 이런 동의와 합의의 문제에서는 상당한 난점이 발견된다. 특히 이들이 자유롭게, 어떤 강요도 없이 이루어져야 한다는 로크의 주장을 전제할 때 이런 난점은 더욱 커진다.

이제 정치사회의 기원에 관한 로크의 설명 중 두 번째 단계를 검토하기에 앞서 주권 국가의 사법권이 미치는 영토에 대한 그의 견해에서 고려해야 할 점이 한 가지 더 있다. 나는 앞서 정치 공동체를 형성하기 위해 재산을 다른 사람들과 공동 관리하지만 재산권 자체는 원래 소유자로부터 공동체로 양도되지 않는다는 점을 지적했지만, 개인의 재산권이 변동될 수 있는 한 가지 방식이 남아 있다. 일단 토지 같은 부동산이

정치 공동체를 형성하기 위해 공동 관리되기만 하면 그 공동체의 구성
원은 자신의 토지 부동산에 대한 재산권을 유지한 채 공동체에서 탈퇴
할 권리를 더 이상 누리지는 못한다. 누구라도 국가의 사법권에서 벗어
나려 한다면 그는 부동산을 팔아 다른 동산의 형태로 바꾼 후에 다른
곳으로 이주해야 한다. 하지만 그는 국가의 사법권이 미치는 영토에서
자신의 토지를 빼내 갈 수는 없다.

　후속 세대의 경우와 관련해 로크는 이탈의 금지가 그리 큰 문제가 되
리라고 생각하지 않는다. 앞서 자녀에 대한 부모의 권리를 논의하면서
살펴보았듯이 로크는 자녀가 성년에 이르러도 부모가 자녀를 구속할
수 있는 방법을 한 가지 인정하는데 그것은 바로 유산에 조건을 다는
것이다. 자녀가 아버지에게 속하는 재산의 상속을 기대하는 것은 정당
한 일일 수 있지만 아버지는 자녀가 재산을 물려받는 데 대해 조건을
달 수 있다. 가장 명백한 조건 중 하나는 그 재산을 상속된 재산이 위치
한 정치 공동체 안에서 누려야 한다는 것이다. 더욱이 앞으로 묵시적
동의에 관한 논의에서 살펴보게 되듯이 자녀가 유산을 받아들이는 것
은 곧 그 재산이 속한 법률 체계를 인정하는 것이기도 하다. 따라서 재
산을 상속받는 자녀는 자신이 정치 공동체에 속한다는 점에 동의하는
셈이 된다. 후속 세대들이 공동체에서 이탈해서는 안 되는 까닭은 그들
이 공동체 안의 재산을 물려받아 누림으로써 정치 공동체의 지속에 동
의했기 때문이다. 앞으로 보게 되듯이 이런 논거의 강력함은 로크의 동
의 이론이 얼마나 설득력을 지니는가에 의존한다.

　로크는 계약을 맺은 최초의 세대가 공동체에서 이탈하는 데 반대하
는 또 다른 논거를 제시하는데 그 근거는 정치사회의 합리성이 이탈에
반대하는 강력한 근거로 작용한다는 것이다. 그리고 이탈이라는 문제
가 발생한다면 그것에 대한 최선의 대응책은 정치사회 자체의 해산이

라기보다는 오히려 정부를 해산하고 재구성하는 것이라 할 수 있다. 여기서 핵심 논점은 설령 우리에게 동의를 철회하고 정부에 반기를 들 충분한 이유가 있을지라도 우리는 그런 상황에서조차도 정치사회를 형성할 근거를 계속 유지한다는 점이다. 따라서 이탈에 반대하는 이런 논거는 두 단계의 계약을 채택하려는 로크 이론에 대해 그 근거 중 일부를 제공한다. 첫 번째 계약을 통해 정치사회가 형성되고, 두 번째 계약을 통해 정부가 구성된다. 정치사회와 정부를 구별함으로써 로크는 한편으로는 자연 상태의 불편함에 대한 해결책으로서 정치사회가 지니는 영속적인 정당성을 주장할 수 있으며, 다른 한편으로는 정부가 부당한 일을 저지른다면 그런 정부를 거부하는 것 또한 얼마든지 정당하다는 점을 주장할 수 있게 된다. 이탈은 다음 주제인 정부의 정당성과 관련해 볼 때 반드시 필요한 대응 방식이 아니다. 이탈의 필요성을 회의하고 국가의 경계선을 다시 설정하는 데 강력히 반대하는 로크의 태도는 현대 정치이론에 계속해서 큰 영향을 미쳤다. 현대 이론들은 대체로 이탈의 권리를 매우 드물게, 기껏해야 지속적으로 부당한 대우를 당할 경우 이에 대한 대응으로 이탈할 권리 정도를 인정할 뿐이다. 로크는 정부가 지속적으로 불의를 행할 때 이는 정부를 해산하고 정당한 정부를 재구성할 근거가 된다고는 주장하지만 어떤 경우에도 이탈의 권리를 인정하지는 않는다.

두 번째 단계의 합의와 다수의 역할
로크가 생각한 최초의 계약 중 두 번째 단계는 정부의 확립과 관련되기 때문에 그의 이론에서 가장 중요한 위치를 차지한다. 입법권과 집행권을 지닌 정부는 정치사회 또는 시민사회가 우리에게 제공하는 최고선이라 할 수 있다. 우리가 권리를 보호 또는 보장받고 또한 공공의 선이

증진되는 일은 오직 정부를 통해서 이루어지기 때문이다. 여기서 공공
선은 기본적으로 법률 아래서 권리와 의무 체계를 유지하고 향상시키
는 데 필요한 것들, 예를 들면 방어와 안전 보장, 사법 체계 등의 제공
을 의미한다. 또한 우리의 특수한 권리들이 포함하지도 않지만 배제하
지도 않는 재화나 공공 서비스 등의 제공도 의미한다.

　정치사회가 확립되려면 그 사회를 형성하는 모든 구성원들이 만장일
치로 동의하는 일이 필요하지만 정부의 확립은 단지 다수의 동의만을
요구한다. 로크는 97절에서 다음과 같이 주장한다.

> … 모든 사람은 다른 사람들과 더불어 하나의 정부 아래 놓이는 하나의 정
> 치 체제를 결정하는 데 동의함으로써 **다수의** 결정에 승복하고 이에 따를
> 의무를 그 사회의 모든 구성원에 대해서 지게 된다. 만일 그렇지 않다면
> 사람들이 **하나의 사회**를 이루기 위해 다른 사람들과 맺은 **최초의 계약**은
> 무의미하며, 아예 계약이라고 할 수도 없을 것이다. …

여기서 등장하는 다수결 원칙이라는 개념은 로크 이론의 다른 부분에
서도 등장한다. 사실 이는 가족 안에서 남성의 여성 지배를 정당화하
는 데도 사용되었다. 하지만 다수결 원칙은 자주 로크가『통치론』의 다
른 부분에서 사용한, 권리에 기초한 논거와 충돌하는 듯이 보이기도
한다. 밀(J. S. Mill)에게서 잘 드러나듯이[23] 자유주의를 내세우는 현대
의 입헌주의자들은 주로 다수결 원칙이나 다수의 횡포에 맞서기 위한
방어책으로 권리를 내세운다. 노직 같은 자유지상주의자는 다수결 원
칙을 절대적인 권리의 주장과 충돌하는 사회주의적인 재분배 정책의

23　Mill, J. S. (1991), *On Liberty*, in J. Gray (ed.), *John Stuart Mill On Liberty and Other Essays*, Oxford: World Classics, 8면.

원천으로 여긴다. 하지만 근대 자유주의의 창시자 중 한 사람인 동시에 노직의 자유지상주의에 영감을 불어넣기도 한 로크는 자신의 정치 사회를 설명하면서 다수의 판단에 호소해 정부의 본질과 구조를 결정한다.

그렇다면 기본권의 강조와 다수결 원칙은 서로 양립할 수 있는가? 이 질문에 답하면서 우리는 다수결에 따른 결정을 옹호하는 로크의 주장을 지나치게 과장하지 않도록 주의할 필요가 있다. 우선 지적해야 할 점은 로크가 근본적인 도덕의 문제에 답하면서 다수의 결정에 호소하지 않는다는 점이다. 다수의 결정은 도덕적 의무의 원천으로서 어떤 우월한 인식적, 규범적 지위도 지니지 않는다. 로크는 자연법 아래서 우리가 지는 기본적 의무와 관련해 개인의 이성이 신뢰할 만한 도덕 원리들의 유일한 원천이라고 매우 단호하게 주장한다. 또한 그는 기본적 권리에 관련된 어떤 문제를 해결하면서도 다수의 판단에 호소하지 않는다. 이런 점에서 로크의 이론은 루소의 일반 의지 이론과 크게 다르다. 그 대신 로크는 국가의 정체를 결정하기 위해 다수의 결정이라는 관념을 도입한다. 뒤이은 절에서 보게 되듯이 그는 국가의 유일한 정체가 존재한다고 생각하지 않았다. 이 경우 정체는 자연법에 의해 구속되고 제한되기만 한다면 그리 중요한 문제가 아니다. 하지만 정체의 세부적인 내용은 기본적 자연법에 호소해서는 직접 규정될 수 없다. 사람들이 정치 체제를 어떻게 구성할지, 행정부를 구성하는 관리들을 어떻게 임명할지, 입법부의 구성과 회기 등을 어떻게 정할지 등에 대해 서로 다른 의견을 보이는 것은 당연한 일이다. 그리고 이런 문제들에 대해서는 하나의 올바른 대답이 존재할 수 없다. 결국 로크가 다수의 의지에 호소해서 해결하려 했던 것은 바로 이런 문제들이다.

로크가 지적하듯이 정부의 본질과 구조에 대해 우리가 만장일치의 동의를 이끌어 내려 한다면 이에 대한 논의는 아마도 끝이 나지 않을 것이며 이는 국가를 형성하기 위한 최초 동의의 핵심을 훼손할 우려가 있다. 자연 상태에서 벗어나는 데 동의함으로써 우리는 결국 우리의 의견 대립에 대해서도 어느 정도의 한계를 두자는 점에 동의한 셈이 된다. 그리고 이런 의견 대립은 정치 성립 이전의 상황에서 우리가 겪는 대표적인 불편의 근원이기도 했다. 여기서 지적해야 할 점은 다수의 판단을 채택하기로 하면서 로크는 정치적 의사결정과 근본적인 도덕적 숙고는 서로 다르며, 이런 의사결정은 올바름보다는 편리한 실행 가능성을 기초로 진행된다는 사실을 인정한다는 것이다. 최초의 계약 중 두 번째 단계는 단지 국가를 확립하기 위한 두 번째 부분이 아니다. 이는 서로 다른 기준을 통해 이전과는 분리된 의사결정을 하는 영역이다.

하지만 왜 다수결의 원칙을 채택해야 하는가? 로크는 이 질문에 대해 여러 가지 대답을 한다. 가장 중요한 첫 번째 대답은 다수의 판단이 가장 정당한 것일 가능성이 높다는 것이다. 왜냐하면 실제로 많은 사람들이 그 판단을 지지하기 때문이다. 그리고 바로 이것이 전제 왕조에서 개인의 지배가 일으키는 문제점을 여실히 드러낸다. 다수의 결정을 직접 지지하지 않는 사람들도 의사결정 과정에 참여함으로써 다수의 결정에 동의한다고 말할 수 있다. 이런 종류의 논거는 민주주의 의사결정에서 다수결 원칙을 옹호할 때 실제로 폭넓게 사용되기도 한다. 곧 우리가 의사결정의 절차를 받아들인다면 설령 우리가 다수에 속하지 않더라도 그런 절차를 거친 결과의 정당성 또한 받아들여야 한다고 말할 수 있다. 이는 우리가 운동 경기를 할 경우 설령 이기지 못한다 할지라도 경기의 규칙을 받아들여야 하는 것과 마찬가지이다. 이런 논거는 절차적 공정성과 항상 자신의 것을 잃는 구조적 소수파가 없다는 두 전제에 의존한다. 하지만 이런 구조적 소수파의 문제에 맞서 로크가 이미 정치 공동체의 구성원이 되는 것은 만장일치의 동의로 이루어진다는 점을 주장했으며 따라서 로크는 현대의 몇몇 국가들에서 발생하는, 거의 항상 이류 시민으로 분류되고 취급받는 소수 민족 공동체의 문제를 다룰 생각이 별로 없음을 지적할 수 있다. 우리가 지적해야 할 또 다른 중요한 측면은 로크가 국가의 기본적인 정치 체제를 결정하면서 다수의 판단에 호소한다는 점이다. 이런 생각이 입법 과정에서 다수의 의사 결정에 따른다는 사실을 포함한다는 점에는 의심의 여지가 없지만 그는 입법부가 이런 점에서 특별히 더 적극적이어야 한다고 생각하지는 않는다.

하지만 여기서 핵심 논점은 다수가 개인의 판단이 하지 못하는 방식으로 정치사회라는 단체의 실질적인 권력을 드러낸다는 점이며, 사실상 정치사회를 좌우할 수 있는 것은 바로 이런 권력이므로 로크는 이 권력이 효과적으로 작용하도록 만드는 데 가장 큰 관심을 보인다. 로크가 가족 안에서 가장 강한 자 또는 신체적으로 가장 강력한 자의 지배를 정당화하면서 의지했던 것도 정확히 이와 동일한 종류의 논거였다. 우리의 가장 기본적인 권리를 보호하고 보장하기 위해 실질적 권력을 활용하는 일은 바로 우리가 자연 상태에서 벗어나면서 추구했던 바이기도 하다. 왜냐하면 자연법에는 이런 내용이 포함되지 않기 때문이다. 이런 로크의 논거는 다수의 결정이 안전하다는 점을 명백히 전제하는 듯이 보인다. 하지만 여기서 반드시 지적해야 할 바는 다수의 권력을 활용하는 것이 우리의 권리를 보호하고 보장하기 위한 것이라면 로크는 정치이론에서 권력에 대한 고려가 중요하다는 점을 충분히 인정하면서도 여전히 권력의, 심지어 다수 권력의 요구를 권리의 요구 아래에 둔다는 사실이다.

동의의 문제

동의의 개념은 『통치론』 전반에 걸쳐 정당한 정치권력과 부당한 정치권력을 구별하는 요소로 사용되며 또한 로크가 사회계약론의 전통에 가장 뚜렷하게 기여한 바로 여겨진다. 하지만 그는 『통치론』에서 상당히 뒤늦게 119절에 이르러서야 동의의 개념을 제대로 검토한다. 널리 알려진 다음의 대목에서 로크는 명시적 동의와 묵시적 동의를 구별한다.

> 어떤 사람이 사회에 들어가겠다는 **명시적 동의**를 할 경우에만 그가 그 사회의 완전한 구성원인 동시에 정부의 시민이 된다는 점을 어느 누구도 의심하지 않는다. 그런데 무엇을 **묵시적 동의**로 보아야 하는가와 관련해서는 어려움이 발생한다. 묵시적 동의는 어느 정도의 구속력을 지니는가? 곧 그가 어디까지 동의한 것으로 보아야 하는가? 그리고 이를 통해 그는 전혀 명시적 동의를 표시하지 않은 정부에 대해서도 복종하기로 한 것인가? 이 문제에 대해 나는 어떤 정부의 영토 중 일부라도 소유하거나 향유하는 사람은 누구나 그렇게 함으로써 **묵시적 동의**를 한 셈이며, 적어도 그렇게 향유하는 동안에는 그 정부에 속한 다른 사람들과 같은 정도로 정부의 법률에 복종할 의무를 진다고 말하려 한다. 이런 향유가 그 사람과 그의 상속인이 누리는 영구적인 토지 소유이든, 단지 일주일 동안 머무르는 것이든 아니면 그저 대로를 따라 자유롭게 여행하는 것이든 이는 별 문제가 되지 않는다. (119절)

명시적 동의는 매우 분명한 것으로서 약속이나 충성 서약 같은 확실한 동의를 의미하며, 이를 통해 개인은 의식적으로 자신을 명확한 의무 아래 놓게 된다. 물론 모든 개인이 충성 서약을 실제로 하는 것은 아니다. 사실 로크 당시에 이런 서약을 함으로써 명시적 동의를 표시한 영국인은 극소수에 지나지 않았을 것이므로 명시적 동의는 기껏해야 정부의 정당성과 정치적 의무의 지극히 작은 부분만을 설명하는 데 그친다. 더욱이 로크는 시민사회를 형성하기 위한 최초의 계약이 단지 최초의 계약자들에게만 구속력을 지니므로 모든 미래 세대는 국가에 복종할 의무를 전혀 지지 않는다는 문제가 발생한다는 점을 알고 있었다. 그리고 더욱 심각하게는 정치적 절대주의에 대한 비판을 반영해 명시적 동의를 직접 언급하지 않는 대안적 설명을 통해 정치적 의무를 정당화할 필요를 느꼈다. 바로 이런 문제를 극복하기 위해 로크는 묵시적 동의의 개념, 곧 『통치론』 5장에서 화폐의 발명을 설명하면서 이미 등장했던 동의의 개념을 다시 도입한다. 이 절에서 나는 로크의 동의 개념이 의미하는 바와 과연 묵시적 동의도 동의의 한 형태로 볼 수 있는지를 검토하려 한다.

우리는 일상의 삶에서도 동의의 개념을 자주 사용하며 이 개념은 우리의 법적인 논의에서 중요한 부분을 형성한다. 하지만 이 개념 자체는 상당히 복잡하며 정의하기가 매우 어렵다. 동의의 개념을 사용하면서 우리는 많은 것들을 전제하는데 그중 첫 번째는 자유라는 배후 조건이 성립한다는 점이다. 무언가에 동의하려면 우리는 자유롭게 동의 행위를 하거나 하지 않을 수 있어야 한다. 앞으로 정복에 관해 논의하면서 살펴보게 되듯이 로크는 홉스의 계약 이론에서처럼, 무력으로 협박당해 동의하는 경우는 동의가 아니라고 생각한다. 로크는 그런 동의는 단지 변형된 강요일 뿐이며 따라서 의무의 근거가 될 수 없다고 주장한다. 진정한 동의가 성립하려면 우리는 얼마든지 동의하지 않을 수 있어야 하며, 동의하지 않는 행위 때문에 생기는 부담이 이런 행위를 유지할 수 없을 정도로 크지 않아야 한다. 따라서 강간범이 흉기로 위협해 어쩔 수 없이 성행위에 동의한 여성이나 노상강도가 권총을 들이대 지

3장 본문 읽기 173

갑을 건네주는 데 동의한 사람의 경우를 놓고 이들이 죽음을 선택할 수
도 있었는데 그렇게 하지 않고 성행위나 지갑을 넘기는 데 동의했다고
말해서는 결코 안 된다. 동의의 개념에 대한 홉스식의 접근을 거부하는
로크의 주장은 직관에 비추어 보아도 호소력을 지니며 우리가 법적, 도
덕적 논의에서 실제로 사용하는 용법과도 일치하는 듯이 보이지만 여
전히 많은 문제점을 지닌다. 로크가 이상적이라고 생각한 자유로운 동
의의 개념은 진정으로 자유로운 선택이 무엇인지를 확인해야 하는 부
담을 낳는다. 이 문제는 방금 든 예에서처럼 강간과 노상강도의 희생자
가 어떤 다른 대안, 곧 죽음을 선택할 수도 있었다는 식으로 단지 대안
의 목록을 제시하는 수준의 것이 아니다. 우리는 어쩌면 대안이 현실적
이어야 한다는 점을 덧붙일 수도 있겠지만 자유로운 선택의 본질에 관
해서는 수많은 복잡한 철학적 질문이 제기된다. 예를 들면 가장 궁극적
인 문제로 과연 우리는 그 무엇이라도 진정 자유롭게 행할 수 있는가와
같은 질문이 계속 꼬리를 문다. 나는 로크 철학에서 의지의 자유라는
근본적인 문제를 다루지는 않으려 하는데 그 까닭은 무엇보다도 로크
가 『통치론』에서 이 문제에 관한 논의를 피하려 하기 때문이다. 하지만
이 문제는 계속 그의 이론 배후에 남게 된다. 특히 그가 자연 상태에서
의 방종 또는 홉스에서 등장하는 순전히 소극적인 자유와 대비되는 규
범적인 자유의 개념을 채용하기 때문에 더욱 그렇다. 이것이 사실이라
면 로크의 이론에 따를 경우 우리는 설령 우리가 행할 수 있다고 생각
하는 행위라 할지라도 자연법에 벗어나는 행위에 동의할 수는 없다. 예
를 들면 우리는 우리 자신이 노예가 되는 데 동의할 수 없으며, 우리 자
신의 죽음에도 동의할 수 없다. 반면 말기 환자의 자살을 돕는 행위에
관한 현대의 논쟁에서 어떤 철학자들은 우리가 자신의 죽음에 동의할
수 있다고 주장하기도 하고, 오늘날 많은 사람들은 자신의 죽음에 자유

롭게 동의할 수 있다는 생각에는 아무런 문제가 없다고 여기기도 한다.

또한 여기서 지적해야 할 바는 자유에 관한 로크의 견해에 따르면 동의의 근거에 강제가 놓여 있다 할지라도 이는 사회적 또는 관행적 강요의 원천으로 인정되지 않는 듯이 보인다는 점이다. 앞서 가족 안에서 여성의 지위를 다룬 경우에서 살펴보았듯이 로크는 가부장적 관행에 따른 남성의 횡포가 여성이 복종과 통제에 묵시적으로 동의했다는 생각의 기초를 약화한다고 생각하지 않는다. 또한 그는 화폐의 발명과 도입이 불평등을 낳지만 이런 불평등에 대한 묵시적 동의에서는 어떤 강요도 발견되지 않는다고 생각한다.

자유라는 배후 조건 외에도 자유로운 동의에 대한 더 이상의 조건으로 다음 세 가지를 들 수 있다.[24] 어떤 사람의 동의가 진정으로 이루어지기 위해서는

1. 그가 동의하는 내용이 무엇인지 알아야 한다.
2. 동의하려는 의도가 있어야 한다.
3. 동의와 동의의 의도를 전달할 수 있어야 한다.

명시적 동의의 경우 동의하는 사람은 결혼식에서 서약을 하는 경우처럼 어떤 질문에 답함으로써 첫 번째 조건을 만족시킨다. 질문에 대한 대답을 통해 그 사람은 자신이 무엇에 동의하는지를 다시 확인한다. 이와 마찬가지로 취임 선서를 하는 사람 또한 통상 선서에서 언급되는 일련의 의무를 인식한다. 어떤 경우든 동의하는 사람이 서약이나 선서 내용을 읽고 이해할 수 있는 한 첫 번째 조건은 만족되는 것으로 여겨진

---

24 Horton, J. (1992), *Political Obligation*, Basingstoke: Macmillan, 28면.

다. 하지만 지적 능력이 부족한 사람은 이 조건을 만족시킬 수 없다고 가정되며, 로크는 바로 이런 이유 때문에 동의에 기초한 정치적 의무를 설명하면서 어린이들은 적용 대상에서 배제하는 것이다. 또한 우리는 결혼이나 재산 상속, 성행위 등에 동의할 수 있는 최소 연령을 설정함으로써 이 조건을 수용하는 태도를 드러낸다. 하지만 명시적 동의의 경우에서조차도 동의 내용을 인식해야 한다는 조건이 보기처럼 그렇게 명확한 것은 아니라는 반박이 제기되기도 한다. 평범한 개인이 스스로 동의한 바의 의미를 완전히 이해한다고 여기려면 얼마만큼의 이해력을 전제해야 하는가?

동의의 의도와 관련해 선서나 약속, 협정 등의 경우를 보면 제도에 의해 규정된 구체적 행위가 요구되며, 이런 행위를 통해 어떤 잘못된 동의도 배제할 수 있다. 동의하는 사람이 최소한 자신이 어디에 있으며 누구를 상대로 말하는지를 이해하기만 하면 결혼 서약이나 충성 맹세, 취임 선서 등의 제도적 규정이 행위자의 의도를 드러내는 역할을 한다. 물론 분노한 장인이 엽총을 겨누고 결혼 서약을 강요한다거나 군대가 최근 정복한 사람들을 위협하여 충성 맹세를 시키는 등의 외부적 상황은 없어야 한다. 이와 유사한 조건들이 동의를 전달하는 경우에 대해서도 적용될 수 있다. 약속, 서약, 선서 등은 행위의 수행을 요구하는 발언이므로 특정한 제도적 규정에 따를 경우에만 효력을 발휘한다. 이들은 또한 동의를 전달하는 표시로서 어떤 언어적 표현을 필요로 한다. 취임 선서를 하거나 결혼 서약을 교환할 경우 고개를 끄덕이거나 미소를 짓는 것만으로는 충분하지 않다. 동의하는 사람은 일정한 형식의 말을 따라 해야 한다.

자유로운 동의의 조건에 대해 간단히 살펴보았고 명시적 동의가 어떻게 만족될 수 있는지에 대해서도 검토했으므로 이제 이보다 훨씬 더 큰 문제를 일으키는 묵시적 동의로 눈을 돌려 보자. 묵시적 동의는 널리 알려진 119절뿐만 아니라 『통치론』의 다른 부분에서도 등장하는데 나는 이들을 모두 살펴보려 한다. 위의 인용문에서 로크는 토지를 소유하는 경우는 물론 어떤 나라를 여행하면서 그 나라 법률의 보호를 받거나 심지어 그 나라 안에 있기만 해도 묵시적 동의를 한 셈이라고 분명히 말한다. 흄은 '최초의 계약에 관하여'(Of the Original Contract)라는 제목의 유명한 글에서 로크의 마지막 주장을 다소 비웃으면서 다음과 같이 말한다.

> 외국어나 외국인의 생활 방식은 전혀 모르고, 하루 벌어 하루 먹는 적은 수입으로 사는 가난한 농부나 막일꾼이 스스로 선택해서 자신의 나라를 떠날 자유를 지닌다고 진지하게 말할 수 있는가? 이는 마치 잠든 사이에 어떤 배에 실려 와 배를 떠나는 순간 바다에 뛰어들어 죽는 것밖에는 다른 선택의 여지가 없는 사람에게 배에 머무르는 것은 곧 선장의 지배에 자유롭게 동의하는 것이라고 주장하는 것과 다를 바 없다.[25]

묵시적 동의도 분명히 동의의 한 형태라는 논거를 손쉽게 반박하는 흄의 이런 주장을 보면 묵시적 동의의 개념이 상당한 문제를 지닌다는 점을 알 수 있다. 위에서 제시한 동의의 세 조건 중 첫 번째인 인식의 조건부터 따져 보더라도 이 조건이 묵시적 동의의 경우에도 의미를 지닌다고 보기는 매우 어렵다. 재산 상속이라는 예외적인 경우를 제외하면 어떤 행위도 오직 한 가지 제도와만 관련되는 것은 아니므로 자신이 행하는 바가 정확하게 로크가 주장하는 것과 같은 의미를 지닌다는 점을

---

25 Hume, D. (1953), 'Of the Original Contract', in C. Hendel (ed.), *David Hume's Political Essays*, Indianapolis: Bobbs Merrill, 57면.

행위자가 스스로 분명히 표시할 수는 없다. 어쩌면 우리는 로크가 넌지시 언급하는 모든 일반적 행위들이 정치적 지배에 대한 동의 또는 합의를 형성한다는 생각을 널리 확산함으로써 문제를 어느 정도 해결할 수 있을지도 모른다. 이렇게 하는 것은 로크가 원하는 것보다 훨씬 더 광범위하게 불편한 상황을 필요로 하지만 어쨌든 인식의 조건을 만족시킬 수 있는 방법 중 하나일 수도 있다. 하지만 로크의 주장 안에서 묵시적 동의의 구체적 예를, 곧 화폐의 수용이 낳는 불평등에 대한 동의의 예를 살펴보더라도 인식의 조건이 상당한 문제가 된다는 점을 확인할 수 있다. 로크는 우리가 화폐 사용을 받아들이면서 화폐가 낳는 불평등에 동의한다고 주장하는데 과연 이것은 합리적 주장인가? 우리는 로크가 상상하는 것과 같은 원초적 상황에서 경제가 발전한 후에 등장하게 될 불평등의 본질과 범위를 최소한이라도 예상할 수 있는가? 로크의 시대에도 빈부의 격차는 상당했겠지만 이는 경제가 극도로 발전한 현재 우리 시대의 격차에는 비할 바가 못 되었을 것이다. 여기서 핵심은 이런 불평등이 다른 어떤 방법으로 정당화될 수 있는지가 아니라 화폐 사용의 관행이 처음 확립되었을 당시의 사람들이 과연 오늘날과 같은 극심한 불평등, 예를 들면 빌 게이츠(Bill Gates) 같은 인물과 비정규직 과일 수확 노동자 사이의 불평등을 조금이라도 이해할 수 있었겠냐는 것이다.

묵시적 동의의 경우 인식의 조건을 만족시키기가 어려운 것이 사실이라면 의도와 전달의 조건과 관련해서는 문제가 더욱 커진다. 법률의 보호를 받거나 대로를 따라 여행하는 사람이 어떻게 동의하지 **않겠다는** 의도를 표시할 수 있는지를 상상하기란 매우 어렵다. 한 나라로부터 도망치려는 사람도 어차피 대로를 따라 여행하지 않을 수 없을 것이고 따라서 그는 전혀 그럴 의도가 없는데도 묵시적 동의를 표시하는 셈이 될 것이다. 우리가 원리상 동의하지 않음을 표시할 수 없다면 거의 모든 행위가 동의의 일종으로 여겨질 것이고 따라서 묵시적 동의의 개념은 무의미하고 불필요한 것이 되고 만다. 이렇게 보면 묵시적 동의의 개념은 의도의 조건과 전달의 조건 중 어느 하나도 만족시키지 못한다. 왜냐하면 동시에 동의하는 것의 예가 되지 않는 어떤 방식으로 동의하지 않음을 표현할 수 있는 가능성이 없기 때문이다. 그렇다면 우리가 행하는 모든 행위는, 심지어 저항 행위조차도 일종의 동의를 전달하는 것으로 보일 수 있다. 앞서 지적한, 화폐 사용에 대한 묵시적 동의에서 경제적 불평등에 이르는 문제를 재검토해 보아도 화폐 사용을 받아들이는 것이 어떻게 처음에는 상상도 할 수 없는 불평등을 받아들이겠다는 의도를 포함하는지, 또한 이런 의도를 어떻게 전달할 수 있는지는 전혀 명확하지 않다. 예를 들면 우리는 어떻게 전체적인 불평등은 거부하면서 부분적인 불평등은 수용할 수 있는가? 그렇지 않으면 우리는 교환 수단으로 화폐의 사용은 수용하겠지만 불완전 경쟁 상황에서 독점권이 산출하는 모든 이익에는 동의하지 않겠다고 말할 수 있는가? 설령 이런 것들을 이해할 수 있다 할지라도 우리가 미개한 수준의 화폐를 수용하면서 우리가 동의하기를 바라는 다양한 것들과 그렇지 않은 것들을 분리해서 선택할 수 있는지는 전혀 분명하지 않다.

　결국 묵시적 동의의 개념은 일관성이 없으며, 동의의 중요성을 강조하는 로크의 주장 대부분과 대립한다는 점이 드러난다. 이런 여러 비판에 대한 너그러운 대응 중 하나는 묵시적 동의에 대한 로크의 설명이 적용되는 범위를 토지나 자본의 소유권 같은, 법적으로 인정된 이익을 산출하는 핵심적인 경우들로 크게 좁히는 것이다. 이들과 관련해서 로크의 주장은 명시적 동의에 더욱 가까운 것으로 보이기도 한다. 하지만 유산 상속이 일련의 의무뿐만 아니라 권리도 부여한다고 볼 때 권리의 향유는 이를 가능하게 하는 체계에 대한 시인을 함축한다고 합리적으로 말할 수 있다. 이런 방식으로 유산 상속은 훨씬 문제가 덜한 묵시적 동의의 예임을 증명할 수 있다. 국내에 거주하면서든 아니면 외국에서 무역을 통해서든 간에 재산의 향유와 그것을 보호하는 법률의 향유는 119절에서 묵시적 동의의 핵심적인 경우로 지적된다. 법률 아래서 사적 재산권의 보호를 향유하는 것을 확장하는 그다음의 짧은 대목을 읽어 보면 여기서 더욱 견고한 묵시적 동의의 개념을 확인할 수 있다. 이렇게 폭이 좁은 해석을 통해 묵시적 동의의 개념을 지켜 낼 수는 있지만 이는 또한 상당한 부담도 낳는다. 이제 묵시적 동의의 개념이 사유재산권의 향유라는 개념과 더욱 밀접히 결합된다면 재산을 소유하지 않은 수많은 개인들은 정치적 의무를 지지 않는다는 주장이 가능해진다. 이에 대해 누군가는 모든 사람이 노동을 통해 임금을 받으므로 어떤 재산을 지닌다고 주장할지도 모른다. 하지만 이렇게 토지와 같은 부동산을 덜 강조하는 방식으로 해석하더라도 현재 직업이 없는 사람은 정치적 의무를 지지 않는다는 주장이 여전히 가능하며, 또한 이런 해석은 묵시적 동의의 개념을 지금까지 논의했던 모든 문제와 더불어 119절의 내용을 문자 그대로 독해할 경우 발생하는 모든 방향에서의 비판에 노출시킨다.

묵시적 동의에 대한 로크의 설명은 정치사회를 최초로 확립할 때 참여하지 않은 사람들 또는 국가에 대한 충성 서약과 같은 명시적 동의를 표시하지 않은 사람들에게도 적용되는 일반적인 정치적 의무를 설명하는 데는 실패했지만 정치적 의무의 문제에 접근하는 두 가지 대안을 제시함으로써 여전히 관심의 대상이 된다. 119절에 등장하는, 묵시적 동의에 대한 일반적 설명에서는 정치적 의무에 대한 공리주의적 설명 및 공정성에 기초한 설명과 유사한 내용이 발견된다. 이 둘 중 어떤 것도 로크의『통치론』에서 충분히 발전된 형태로 등장하지는 않지만 로크가 엄격한 동의 이론과 정의로운 정당성 이론 사이를 오간다고 보는 편이 공정한 평가일 듯하다. 그리고 후자의 이론은 묵시적 동의에 관한 설명에서 도출된다고 말할 수 있다.

정치적 의무에 대해 공리주의는 국가와 그것의 제도가 모든 국민들의 최대한의 공리 또는 복지를 증진할 경우 우리는 국가에 복종할 의무를 진다고 주장한다. 이런 종류의 논거를 명시한 철학자는 18세기 후반의 흄과 벤담(Jeremy Bentham)이다. 이들 두 철학자는 로크적인 국가가 제공하는 것과 같은 이익을 인정하지만 이런 이익의 근원이 계약이나 동의 행위라는 점은 부정한다. 사실 이들 둘은 최초의 상황에서 우리에게 동의의 근거를 제공하는 것은 바로 국가로부터 예상되는 잠재적 이익이므로 이것이 정치적 의무에 따를 근거로서 충분하다고 주장하면서 동의의 개념이 필요 없다는 점을 보이려 한다. 이런 종류의 논거가 지닌 장점은 모든 사람이 최초의 상황에서 어떤 형태의 동의 행위를 해야 한다는 사실에 의존하지 않는다는 점이다. 이런 논거를 통해 공리주의는 로크의 묵시적 동의 이론에서 드러나는 무리수를 두지 않으면서도 동시에 로크가 원했던 일반적 의무의 근거를 제공하는 데 성공한다. 공리주의가 생각하는 이익들의 목록을 보면 로크가 묵시적 동의를 통해 향유할 수 있다고 생각했던 것들이 모두 포함되므로 이런 이익들이 그 자체만으로도 공리 또는 복지의 중요한 원천이 되며 따라서 국가에 복종할 일반적 의무의 기초가 됨을 알 수 있다. 재산의 향유, 대로를 따라 여행할 자유, 안심하고 생업에 종사하게 만드는 안전 보장 등의 필수적 요소들이 공리주의가 기초로 삼는 이익들의 종류이다. 로크 또한『통치론』끝부분에서 개인이 권리를 침해당했는데 정부가 이에 대한 일반적인 해결책을 제시하지 못할 경우 개인은 어떻게 대응해야 하는가라는 문제를 다루면서 공리주의적 고려에 의지한다. 따라서 공리로부터의 논거는 로크의 이론과도 전적으로 무관하지는 않다.

하지만 공리주의 이론 또한 전혀 난점이 없는 것은 아니다. 공리주의는 의무의 개념을 우리가 전반적으로 누리는 이익의 정도에 따라 좌우되는 조건적인 것으로 만들고 만다. 그러나 어떤 특정한 시점에 특정한 개인은 이런 의무를 자신의 직접적인 복지에 반대되는, 부담스러운 것으로 여길 수도 있다. 재산 관련 법률을 준수하는 일은 장기적으로 보면 당연히 전체의 이익에 기여할 듯하다. 하지만 만일 재산을 다른 방식으로 분배하는 어떤 대안이 더 큰 이익을 낳는다면 우리는 현재의 정부가 헌법적 권력을 남용하는 일이 없다 할지라도 현재의 재산 체계를 바꾸어 새로운 제도를 도입할 분명한 근거를 지니게 된다. 흄과 벤담은 모두 공리주의 이론이 지닌 이런 극단적 잠재성을 염려했다.

로크에게 더 큰 문제가 되는 것은 시민사회와 질서가 낳는 이익을 제공함으로써 공리주의적 정당화의 조건을 만족시키지만 개인의 자유를 제한하는 국가의 성립 가능성이다. 완전히 제멋대로 정책을 펴는 정부는 거의 없으므로 근현대 역사에서 등장한 최악의 정부도 정치적 의무에 대한 공리주의적 조건을 최소한은 만족시킨다고 말할 수 있다. 심지어 나치 독일에서도 국가가 유대인들에게 저지른 만행을 논외로 하면 사람들은 재산을 사고팔았고, 상업적인 계약을 맺었으며, 평범한 절도나 강도를 방지하기 위한 형법이 있었다. 이와 마찬가지로 로크의 시대에도 찰스 2세와 뒤이은 제임스 2세는 이전의 법률 대부분의 효력을 그대로 유지하면서 전제정치를 펴 나갔다. 로크 당시에 많은 보수주의자들은 오히려 이런 공리주의적 논거 중 일부를 사용해 스튜어트 왕조에 충성을 바쳐야 할 정치적 의무를 지지할 수도 있었을 듯하다.

묵시적 동의에 관한 로크의 설명에서 암시되는 두 번째 논거는 공정성으로부터의 논거인데 이는 최근의 정치철학에서 정치적 의무를 설명하면서 상당히 중요한 요소로 부각되었다. 묵시적 동의 및 공리주의 논거와 마찬가지로 공정성 논거 또한 사회적 협력이 낳는 이익에 의존한다. 하지만 공정성 논거는 사회적 협력이 낳는 전체적 이익의 개념을 사회적, 정치적 협력 때문에 생겨나는 부담을, 예를 들면 당장 자신에게 이익이 되지 않더라도 법률을 준수해야 하거나 세금을 납부해야 할 부담 등을 모든 개인이 공정하게 져야 한다는 의무를 정당화하는 데 사용한다는 점에서 차이를 보인다. 어쩌면 119절에 등장하는 문구에서 이런 공정성의 논거와 관련되는 내용은 사회적 협력을 통해 얻을 수 있는 잠재적 이익의 목록을 제시한 것 이외에는 거의 없을지도 모른다. 하지만 이 논거와 유사한 주장이 로크가 정치적 지배를 설명하면서 지적한 신뢰와 분별력의 역할에서 드러난다. 이런 설명 과정에서 로크는 설령 정부가 집행권을 행사하는 방식이 우리 마음에 들지 않더라도 집행권의 행사가 자연법의 범위 안에서 이루어지는 한 우리는 정부에 대한 의무를 수용해야 한다고 주장한다. 로크의 관심에 비추어 볼 때 공정성 논거가 공리주의 논거에 비해 지니는 장점은 이 논거가 권리를 침해하는 전제적인 정권과 타협할 가능성을 훨씬 줄인다는 점이다. 또한 공정성 논거는 국가가 정당하게 부과할 수 있는 강제의 영역을 크게 넓힌다. 비록 로크가 공리주의 논거나 공정성 논거 중 어떤 것도 충분히 전개하지는 않았다 할지라도 현재의 논의를 마무리 지으면서 국가에 복종할 일반적 의무를 오직 동의에 기초해 설명하려는 자신의 시도가 여러 문제점을 지닌다는 점을 잘 알고 있었으며, 정치적 의무에 대해 이후 학자들이 발전시킨 설명 방식과 유사한 방향으로 나아가려 했다는 점을 지적하는 것은 매우 흥미로운 일이다.

vi. 로크가 생각한 국가

정치사회의 기원과 명시적, 묵시적 동의 이론에 관한 설명을 제시한 후 로크는 『통치론』 123-69절에서 국가에 관한 이론을 간단히 전개한다. 그의 설명은 국가의 체계와 다양한 역할을 충분히 밝히기보다는 오히려 정부 권력의 한계를 둘러싼 규범적인 문제들에 초점을 맞춘다. 그가 이렇게 다소 조심스러운 모습을 보이는 까닭은 한편으로는 그 자신이 입법부가 너무 자주 모여 활발한 활동을 하면 권한을 넘어서는 일이 발생하므로(156절) 입법부가 활동을 덜 할수록 더 나은 정부라고 믿었던 자유지상주의자이기 때문이기도 하고, 다른 한편으로는 역사와 다양한 상황이 서로 다른 정부 형태를 규정하기 마련인데 정치철학을 다루는 책에서 국가의 모든 부서와 역할을 상세히 설명하는 것은 별 이익이 되지 않는다는 그의 생각 때문이기도 하다(152절). 로크 이후 많은 정치 이론가들, 예를 들면 몽테스키외(Montesquieu, 1689-1755)나 벤담 같은 인물들은 이상적인 정치 체제를 제시하고 정부의 다양한 임무를 설명하는 데 공을 들이기도 했지만 대부분의 정치철학자들은 이상적인 정치 체제를 제시하려는 임무를 포기하고 이런 일은 더욱 현실적인 법률 전문가들에게 맡기는 편이 더 낫다고 생각했다. 사실 로크의 『통치론』이 등장한 후 한 세기 넘게 지나서 활동한 벤담에 대해 많은 사람들은 그가 정치철학을 포기하고 더욱 경험적인 정치과학의 방향으로 나아갔다고 보았다. 정치철학은 정부의 부서와 각 부서의 임무를 규정하는 일과는 별 관련이 없지만 로크는 정치철학이 여전히 정당화 문제와 관련해서는 중요한 역할을 한다고 생각했다. 그가 관심을 보인 바는 정부 부서의 현실적인 권한이 아니라 정부 부서의 규범적 정당성이었다. 그는 정치 체제의 세부 구조에 대한 설명을 제시하지는 않았지만 우리

가 정부의 기초를 이루는 기본 원리들을 파악하도록 이끄는 데는 크게
기여했다.

그의 이론에서 드러나는 또 다른 친숙한 특징은 그가 입법권을 제시
하고 집행권 및 대권(prerogative power)의 한계를 설명하면서 당시 주
도적인 절대주의자들의 편견을 비판한다는 점이다. 나는 이런 주제들
을 다소 간략히 살펴보려 하는데 그 까닭은 로크의 국가 이론이 『통치
론』에 등장하는 핵심 주장, 예를 들면 사유재산권이나 동의 이론에 비
해서는 덜 중요하다고 생각하기 때문이다.

133절에서 로크는 자신이 국가(commonwealth)라는 용어를 독립적
인 공동체 또는 로마인들이 키비타스(Civitas)라고 불렀던 바를 의미하
는 것으로 사용한다고 말한다. 이를 통해 그는 자신의 관심이 도시나
조합(guild) 같은 장소 또는 기능과 동일시될 수 없고 분명히 구별되는
정치 공동체임을 암시한다. 곧 그는 현재 우리가 나라(country)나 민족
(nation)과는 구별되는 것으로 여기는, 특히 정치적 형태를 띤 공동체
로서의 국가(state)를 논의의 대상으로 삼는다. 로크에 따르면 국가의
유형은 누가 입법권을 행사하는가에 따라 다양하게 나뉜다. 입법권을
한 사람이 행사하는 국가는 군주정으로 불린다. 반면 다수의 사람이 입
법권을 행사하는 국가는 과두정으로 불린다. 군주정의 경우 현재 입법
권을 행사하는 사람이 어떤 방식으로 선출되었는가에 따라 다시 분류
가 가능하다. 그가 태어나면서 입법권을 물려받았다면 세습 군주정이
며, 선거를 통해 선출되었다면 선거 군주정이라 할 수 있다. 어쩌면 이
를 통해 로크는 당시 사람들에게 다음 군주를 선출할 수도 있음을 암시
한 것은 아닌가?

하지만 로크는 정치 체제에 대해 이런 정도의 간단한 논의 이상으로
는 거의 언급하지 않는다. 반면 그보다 앞서 등장한 고전적인 철학자

들, 예를 들면 아리스토텔레스 같은 인물은 서로 다른 종류의 정치 체제를 비교하고 검토하는 데 훨씬 더 많은 노력을 기울였다. 로크는 이후에도 저항권과 혁명권을 옹호하기 위한 논의의 일부로 부패한 정치 체제에 대해 간단히 언급하는 수준에 그친다. 그렇다면 경험과학의 열렬한 옹호자였던 로크가 왜 아리스토텔레스처럼 정치 체제의 여러 유형을 상세히 다루지 않았는가라는 의문이 떠오를 수 있다. 이에 대한 간명한 대답은 로크가 이론에 집착하는 미숙한 합리주의자가 결코 아니었다는 것이다. 오히려 그는 인간의 지적인 노동을 철학과 과학, 역사라는 분과로 명확히 분류한 인물이었다. 『통치론』 12장에서 국가 체계 안에 포함되어야 할 세 가지 주요 기능을 입법권, 집행권, 연합권으로 구별한다. 그는 이미 11장에서 입법권의 본질을 설명하기 시작하지만 이를 잠시 건너뛰어 세 기능의 분류에 관해 살펴보는 것이 적절하리라 생각된다. 미국 헌법을 예로 들어 현대의 입헌주의를 고찰해 보면 입법부, 행정부, 사법부의 삼권분립이 헌법에 명시되어 있다. 미국을 처음 세운 사람들의 관심은 헌법 안에서 권력을 분리하고 서로 견제하도록 만들고 각각의 권력이 다른 권력을 감시함으로써 전횡적이고 부패한 통치를 막으려는 것이었다. 헌법 전체의 핵심은 정치권력의 행사 자체를 어렵게 만들어 권력 남용 또한 어렵게 만드는 것이었다. 『통치론』에서 로크의 관심은 이와는 다르다. 그는 우리가 어떤 정치적 목적을 이루려면 정치 체제를 어떻게 구성해야 하는가에 관한 이론을 제시하지 않는다. 그 대신 그는 정부의 기본적 역할이 무엇인지를 설명하려 한다. 정부의 입법권과 집행권은 비교적 명확하다. 입법권은 법률을 제정하는 권력이고, 집행권은 법률의 준수를 강제하는 정부의 권력이다. 로크는 법률을 강제하는 영속적인 역할을 담당하는 사법권이 집행권에 포함된다고 생각한다. 그의 구별에서 다소 특이한 점은 제삼의 역할을

담당하는 연합권(Federative power)이다. 그는 연합권을 조약을 체결
하거나 동맹이나 연합에 가입하고 전쟁을 선포할 권력으로 규정한다
(145-7절). 현재 우리라면 이를 행정권의 필수적인 영역으로 여길 듯
하다. 현재 영국에서는 수상이 국왕의 대권 중 일부를 위임받아 전쟁을
선포할 권리를 지니며, 미국에서는 전쟁을 선포할 권리를 입법부와 행
정부가 함께 지닌다고 말할 수 있다. 곧 입법부가 전쟁선포권을 행정부
에 속하는 군대 최고사령관에게 부여하는 형태를 띤다. 둘 중 어떤 경
우를 보아도 연합권이라는 더 이상의 권력 또는 역할이 필요하지 않은
듯하다. 그런데 왜 로크는 집행권과 연합권을 분리하는가? 그 이유는
다소 미묘한데 권력을 행사하는 사람이 아니라 권력 자체의 본성과 관
련되는 듯이 보인다. 뒤이은 148절에서 로크는 이 두 권력을 동일한 한
사람이 행사할 수 있음을 인정한다. 사실 이 두 권력은 동일한 한 사람
이 행사해야 하는데 그 까닭은 만일 서로 다른 사람이 행사하면 우리는
결국 두 통치자 아래 놓이게 되며 이 둘이 서로 대립할 경우 내부의 혼
란이 발생할 것이기 때문이다. 집행권은 국내에서 법률의 강제를 담당
하므로 국가의 기본법에 의해 규정되고 또 이런 법률에 의해 제한되는
권력이다. 반면 연합권은 서로 동의한 헌법적 체계가 없는 영역과 관련
되는 권력이며, 이런 영역에서 각각의 국가는 서로 자연 상태를 유지한
다고 할 수 있다. 연합권은 자연법에 의해 제한되는데 그 방식은 개인
의 권력이 정치사회 이전 상태에서 자연법에 의해 제한되는 것과 정확
히 동일하다. 집행권과 연합권은 적용되는 범위가 서로 다르며, 이들에
따라 정부기관이 내려야 하는 판단 또한 서로 다르다. 한 국가의 정치
체제 안에서 집행권은 대체로 입법권에 의해 제한되지만 (후에 살펴보
게 되듯이 전적으로 그렇지는 않지만) 연합권은 그런 제한을 훨씬 덜
받는 권력이다. 이와 관련해 로크는 다음과 같이 말한다.

… 이 **연합권**이 잘 행사되는가 잘못 행사되는가는 국가에 매우 중요한 일이기는 하지만 연합권은 **집행권**과는 달리 이미 확고히 제정된 실정법에 의해 규제하기가 매우 어렵다. 따라서 연합권이 공공선을 위해 행사되려면 이 권력을 소유한 사람이 반드시 신중함과 현명함을 갖추어야 한다.(147절)

입법권

국가에서 발견되는 세 유형의 권력 중 가장 중요한 것은 바로 입법권이다. 로크는 입법권을 최고 권력이라고 부르는데, 이 권력은 최소한 정부를 자신들이 원하는 대로 재구성하려 하는 시민들이 정부에 등을 돌리고 최고 권력이 시민들의 편에 서게 되어 정부가 해체되기 이전까지는 효력을 유지한다. 이런 생각은 왜 입법권이 최고 권력인지를 해명하는 실마리를 제공한다. 사람들 각각의 주장을 규제하고 이들의 권리를 보장하는 공통의 권력을 지닌 특정한 정치사회를 형성하기 위해 사람들의 동의를 통해서, 따라서 사람들에 의해서 형성되는 것이 바로 이 입법권이기 때문이다. 궁극적인 정치권력은 오직 피통치자들의 동의에 기초해서만 성립하는데 이런 동의는 국가의 입법권을 통해 표현되므로 정의상 입법권보다 상위의 정치권력은 존재할 수 없다. 입법권은 정치공동체가 지닌, 제대로 승인받은 의지이지만 입법권을 통해 제정된 법률이 정당성을 지니려면 일종의 제한을 부과하는 네 가지 조건에 따라야 한다. 여기서 다시 한번 우리는 로크가 입법권의 근원을 단순히 절대주의에 기초해, 곧 통치자 개인 또는 단체의 의지와 관련해 설명하려는 시도를 명백히 거부함을 발견한다. 로크에 따르면 통치를 위한 입법권은 정당성을 보장하는 몇몇 조건들을 반드시 만족시켜야 하며, 그렇지 못한 입법권이 제정한 법률은 더 이상 법률이 아니며 따라서 우리는 그런 법률에 따를 의무를 지지 않는다. 그런 조건들은 다음과 같다.

1. 입법권은 사람들에게 임의로 행사될 수 없다. 법률은 사람들이 시민으로서 누려야 하는 이익과—곧 그들의 생명과 자유, 재산과—모두를 위한 공동선을 보호하기 위한 것으로 제한되어야 한다. 오직 이런 것들을 보호하기 위해 사람들이 스스로 결합한 단체가 바로 국가이다. 그러므로 사람들의 권리와 시민적 이익을 보호하는 수준을 넘어서서 법률을 남용하려는 시도는 정당성의 궁극적 기준을 제공하는, 자연법이라는 영원한 법칙과 상충한다.

2. 따라서 입법권은 명확하게 규정된 법률을 통해 행사되어야 하며, 널리 알려진 독립적인 재판관에 의해 집행되어야 한다. 입법권은 사람이 아니라 법에 의한 지배를 상징한다. 여기서 로크의 논점은 그가 자연법에 관해 주장했던 바, 곧 자연법이 특별한 계시와 전혀 무관하게 접근할 수 있는 것이라는 언급과 유사하다. 어느 누구도 자신이 인식하거나 파악할 수 없는 법률의 구속을 받지 않는다. 정치권력이 현재 논의의 기초를 제공하는 자연법의 주장을 체계화하고 구체적으로 규정해야 하듯이 입법권은 공적으로 공포되고 공정하게 적용되어야 하는 명확한 실정법을 제정해야 한다.

3. 어느 누구도 자신의 동의 없이 재산을 빼앗겨서는 안 된다. 따라서 동의와 대의권이 없는 상태에서는 어떤 세금도 걷을 수 없다. 어느 누구도 불법적으로 자신의 생명과 자유를 박탈당할 수는 없다는 점을 전제할 때 왜 로크가 입법권의 기준을 재산의 몰수만으로 제한했는지는 그리 분명하지 않다. 오히려 사유재산권은 정치 이전에 성립하는 권리임을 강조해 입법권이 이런 권리를 만들어 낼 수 없고 따라서 폐지할 수도 없다는 방향으로 나아가는 편이 더 나았을 듯하다.

4. 마지막으로 입법부는 법률을 제정할 권력을 다른 누구에게도—곧 다른 국가나 종교 지도자에게—넘길 수 없다. 프랑스 국왕도 가톨

릭 교황도 영국의 법을 제정할 수 없다. 영국의 입법권은 오직 영국인들의 의지 표현이므로 어떤 형태의 영국 정부라도 그것을 합법적으로 만드는 것은 오직 영국인들이다. 입법권을 다른 나라의 통치자에게 넘긴다면 입법부는 결국 자신을 해체하게 되며 따라서 더 이상 입법권을 지닐 수 없다. 사람들이 다른 어떤 군주에게 항복하는 일이 일어날 수도 있지만 (예를 들면 윌리엄 3세의 경우처럼) 이런 일은 오직 사람들의 자유롭고 명확한 동의에 의해서 일어나는 것이지 입법권의 행사를 통해 일어나는 것이 아니다. 여기서 다시 한번 로크는 오직 사람들의 동의에 의해서만 왕위가 이양되고 입법권이 형성되는 것임을 의회에 상기시키려는 듯이 보인다—그리고 이는 구교도였던 제임스 2세뿐만 아니라 신교도인 윌리엄 3세의 경우에도 적용 가능한 교훈이다.[26]

집행권

국가의 최고 권력에 해당하는 것은 입법권이므로 로크는 이에 대해 가장 폭넓게 논의한다. 하지만 그는 또한 입법부가 너무 자주 소집되어 입법권이 행사되면 부패의 위험성이 발생하며, 입법부가 항상 운영될 필요도 없다는 점을 지적한다. 로크는 최소정부론을 지지하는데 현대의 복지 국가 또는 관료 국가는 로크와는 정반대로 입법과 규제의 임무가 상시 이루어져야 한다고 주장한다. 로크가 제시한 최소국가의 정신을 이어받아야 한다고 주장하는 현 시대의 정치가들조차도 심지어 국가를 축소하고 예산을 절감해야 한다는 명분을 내세우면서 지나친 입법과 규제 활동을 하는 모습을 볼 수 있다.

로크는 입법부가 가끔 소집되어야 하며 업무가 긴급하여 반드시 필

---

26 [옮긴이 주] 1688년 영국에서 일어난 명예혁명의 결과로 왕위를 빼앗긴 인물이 구교도였던 제임스 2세였으며, 새로 왕위를 차지한 인물은 신교도였던 윌리엄 3세였다.

요한 경우에만 활동해야 한다고 분명히 주장한다. 의회가 자주 그리고 정기적으로 (심지어 연례적으로) 소집되어야 한다고 생각했던 18, 19세기의 개혁가들과는 달리 로크는 의회를 소집할 권력이 행정부에 속하거나 아니면 입법부가 활동하지 않을 때에도 계속 활동하는 정부 기관에 주어져야 한다고 주장한다.

앞서 살펴보았듯이 로크는 집행권을 구성하는 내부 조직에 관해서 또는 이 권력을 한 사람이 지니는지 아니면 여러 사람이 지니는지, 또 다양한 부서들이 어떤 체계를 지녀야 하는지 등에 관해서 그리 많은 언급을 하지 않는다. 곧 행정부의 내부 구조에 관한 어떤 전반적인 설명도 하지 않는다. 그 대신 로크는 정부 안에서 입법부와 행정부 사이의 관계에 관심의 초점을 맞춘다. 그의 일차적인 관심은 집행권이 어떻게 조직되어야 하는가를 명시하는 것이 아니라 도대체 어떻게 행정부가 —영국의 경우 국왕이라는 한 개인이 담당하는—의회에 속하는 입법부에 대해 우선권을 주장하게 되었는지를 설명하는 것이다. 이에 대한 논의는 역사상의 문제가 아니라 철학적인 문제이며, 입법부와 행정부 각각의 임무를 혼동하는 일이 어떻게 발생했는지를 보이기 위한 것이기도 하다.

앞서 지적했듯이 로크는 입법부가 최고의 위치를 차지한다고 규정하면서 그 근거로 입법부가 법률 자체를 제정하는 정치 공동체의 의지를 표현한다는 점을 내세웠다. 행정부가 하위에 놓이는 까닭은 입법부가 제정한 법률의 시행을 담당하는 것을 임무로 삼기 때문이다. 정부가 제 역할을 담당하고 자신의 권력 안에서 작동하려면 입법권보다 상위의 권력이 존재해서는 안 된다. 그런데 어떻게 행정부의 집행권이 우위를 주장하는 지경에 이르게 되었는가? 그 이유 중 하나는 행정부가 계속 활동하는 반면 입법부는 가끔 소집되기 때문이다. 하지만 이런 혼동이 발생하는 더욱 중요한 이유는 입법부를 소집할 권력이 행정부가 행사하도록 위임되어 있기 때문이다. 오직 행정부만이 입법부를 소집할 권력을 지니므로 행정부가 입법부에 대해 우선성을 지니는 듯이 보일지 몰라도 이는 오해에 지나지 않는다. 행정부가 입법부에 대해 우선성을 지니는 듯이 보이는 것은 사실이지만 로크는 단지 겉보기에 그럴 뿐이라고 단호히 지적한다. 왜냐하면 행정부는 입법부로부터 위임받은 것 이외에는 다른 어떤 의지나 권력도 지니지 않기 때문이다. 행정부는 물론 매우 중요한 역할을 하기는 하지만 오직 법률을 통해 규정된 역할을 수행할 뿐이다. 로크에 따르면 행정부는 위임받은 역할을 집행할 뿐이며 오늘날 헌정 민주주의에서 볼 수 있는, 선거의 실시를 포함하는 기계적인 기능을 수행하지는 않는다. 현재 영국에서조차 수상은 언제 선거를 실시할지를 결정할 수 있는 재량권을 지니지만 5년 임기 중 단 한 차례만 이를 행사할 수 있다. 미국과 같은, 또 다른 성숙한 민주주의 국가를 예로 들어 보면 행정부의 임기는 법률로 정해지며, 대통령은 4년 중임만 할 수 있다. 로크에 따르면 행정부는 입법부를 소집하는 일이 반드시 필요할 경우에만 권한을 행사할 수 있으며, 입법부의 활동이 지나치게 많아서는 안 된다는 그의 견해를 전제할 때 그는 얼마나 자주 입법부를 소집하는가를 행정부가 결정하는 일은 불가능하다고 생각했음이 분명하다.

　입법부를 소집할 권한을 행정부에 위임함으로써 발생하는 중요한 문제가 하나 남게 되는데 그것은 행정부가 입법부의 소집을 거부할 경우 어떻게 되는가라는 문제이다. 이는 로크에게 매우 심각한 문제였는데 그 까닭은 당시 영국 국왕이었던 찰스 2세의 널리 알려진 전략이 의회의 소집을 거부하는 것이었기 때문이다. 찰스 2세는 의회가 자신의 권력을 제한하고 왕실의 예산을 줄일 것을 두려워하여 이런 전략을 택했다. 이런 경우 행정부의 재량권을 옹호하는 로크의 태도에 비추어 보면 그는 행정부가 입법부의 소집을 거부하는 일을 허용할 듯하다. 이 문제에 대한 로크의 해결책은 저항권에 관한 그의 설명을 예견하게 하는데 이에 관해서는 후에 살펴보려 한다. 입법부의 소집이 공적으로 필요한 상황에서 소집을 거부하는 일은 헌법 안에서 위임된 권리 행사를 위반하는 것이며 따라서 이런 위반에 맞서 자신을 옹호할 자격을 지니는 사람들에 대한 공격 행위라고 할 수 있다. 만일 입법부 소집의 거부가 사람들의 공적인 이익이나 공공선을 위협하는 결과를 낳는다면 이는 명백히 자연법을 위반한 경우에 속한다. 앞으로 보게 되듯이 어떤 경우에 행정부가 위임받은 권한을 위반하게 되는지를 결정하는 것은 쉬운 문제가 아니며 로크는 이에 대한 결정을 내리기 위한 명확한 규칙을 제시하지 않는다. 그는 입법부의 대응을 필요로 하는 잠재적인 위협이 공적이고, 명백하고, 긴급한데도 입법부 소집을 거부하는 것은 위임받은 권한의 위반이라고 가정한다. 하지만 입법부 소집의 거부가 어떤 사람들에게는 행정부의 분명한 권한 위반으로 보이는 반면 다른 사람들에게는 마찬가지로 분명하고 정당한 행정부의 재량권 행사로 보이는 경우가 적지 않음은 의심의 여지가 없다. 그런데 로크는 이 문제에 대한 명확한 해답을 제시하지 않는다.

행정부를 둘러싼 논의에서 로크가 제기하는 마지막 문제는 입법부의 특성 및 개혁에 관한 것이다. 여기서 그는 대표제의 체계에 관심을 보인다. 입법부는 다양한 집단의 선거구 사람들을 대표한다. 하지만 이런 선거구들의 특성은 오랜 시간에 걸쳐 변화할 수 있다. 한때 유권자가 많았던 선거구가 사람들이 이사하거나 인구 밀도가 변화하여 거의 유권자가 없는 선거구가 되기도 한다. 이런 일이 일어나면 평등한 대표제라는 이상이 위협받는다. 로크는 당시 영국에서 유권자가 거의 없음에도 여전히 입법부에 대표자를 보내는 부패 선거구(rotten borough)나 한 사람 또는 한 가문이 실권을 쥔 독점 선거구(pocket borough) 등이 문제가 된다는 점을 분명히 알고 있었다. 이는 18세기 전반에 걸쳐 급진주의적 정치가들이 상당한 관심을 보인 문제로 부각되었으며, 19세기에 이르러 의회 개혁이 단행된 이후에야 해결되었다. 로크는 이후에 등장할 급진주의자들이 이를 문제시하리라는 점을 분명히 인정한다. 그가 이상적이고 평등한 대표제도에 대해 언급한 바(158절) 또한 중요한 내용을 암시한다. 그는 자유주의 관점에서 정부를 전적으로 신뢰하지는 않지만 정치적 대표제도와 관련해서는 전혀 보수주의자가 아니었다. 사실 그는 입법부 개혁 문제의 유일한 해결책이 행정부의 손에 달려 있다고 생각한다. 입법부는 현상 유지를 위한 제도에만 관심을 보이기 때문이다. 하지만 만일 행정부가 선거구를 변경할 수 있다면 다시 한번 행정부가 기본법(constitution)의 조건을 바꿀 수 있다는 의미에서 최고 권력이 아닌가라는 의문이 제기된다. 반면 지금까지 로크는 정부가 해체되었을 경우 오직 국민들만이 기본법의 조건을 바꿀 수 있다고 단언해 왔다. 이 문제에 대한 로크의 해결책은 행정부가 기본법을 변경할 수 있다는 사실을 거부하는 것이다. 그 대신 그는 이런 경우 행정부는 철저히 법률의 준수를 강요하는 기본법의 권력 안에 속한다고 주장한다. 따라서 정부는 평등한 대표제도에 기초한 최초의 기본법으로 되돌아가야 한다. 이런 행위는 기본법으로부터 완전히 떠나는 것이라기보다는 오히려 기본법을 개혁하는 것이며 따라서 기본법의 정신 안에서 이루어진다고 보아야 한다.

대권

집행권에 관한 로크의 설명에는 대권을 인정한다는 점이 포함되는데,

앞서 살펴본 바대로 대권은 입법부를 선출하는 선거 체계를 개혁할 권력을 포함한다. 로크는 대권에 관해 비교적 간략히 논의하는데 이는 대권을 통해 법에 의한 지배와 기본법에 따른 정부 구성이 양립 가능하게 된다는 점을 옹호하고, 입법부 또는 국민에 의한 지배를 넘어서서 군주가 행사하는 독특한 권력인 대권이 필요하다는 생각이 왜 등장하게 되었는지를 설명하기 위해 마련되었다. 여기서 로크는 첫 번째 의미에서는 대권을 옹호하지만 두 번째 의미에서는 대권을 거부한다.

본질상 대권은 법에 의한 지배에 지나치게 집착해 발생하는 예상하지 못한, 유해한 결과를 완화하기 위해 행사되는 권력이다. 159절에서 로크는 대권을 행사한 분명한 예를 두 가지 제시한다. 첫 번째 예는 화재가 번지는 것을 막기 위해 옆 건물을 허물 권한을 다루며, 두 번째 예는 너무 가혹한 형벌을 경감하는 일이 무죄한 사람들에게 아무 손해도 낳지 않을 경우 이런 일을 시행할 권한을 다룬다. 첫 번째 경우에서 로크는 행정부가 개인의 사유재산권을 침해할 수도 있음을 사실상 인정한다. 그런데 이는 사유재산권을 절대적으로 옹호한, 그가 지금까지 주장해 온 정당성의 조건과 모순되는 듯이 보일지도 모른다. 하지만 여기서 로크의 핵심은 한 개인의 사유재산권 체계가 다른 사람들의 재산권에 큰 손해를 끼치는 방식으로 행사되어서는 안 된다는 점이다. 따라서 인구 밀집 지역에서 화재가 발생한 경우 행정 당국이 화재의 확산을 막기 위해 인접 건물을 허무는 것은 곧 다수의 재산권이 손해를 입는 일을 막는 것이라 할 수 있다.

대권의 행사는 오직 엄격한 법 적용이 낳는 손해를 방지하는 경우에만 정당화되어야 하며, 이때의 손해는 권리 체계의 손해여야 한다. 하지만 이런 주장이 대권은 자연법까지도 위반할 수 있다는 듯이 여기는 전횡적인 지배를 정당화하는 것은 결코 아니다. 로크의 주장에 따르면

사람들은 합리적이므로 자신들이 시민사회를 형성하면서 보호하려고
했던 것들을 위협하는 수준의 대권을 행정부에 부여할 수는 없다. 그렇
다면 이런 합리성 기준은 정당한 대권과 법을 무시하는 전횡적인 권력
을 구별하는 데 도움이 된다. 여기서 다시 한번 어떤 것이 행정부의 정
당한 대권의 범위에 속하는가는 개별적인 판단의 문제라는 점이 드러
난다. 하지만 절대왕정을 지지하는 사람들이 주장하는, 책임이 뒤따르
지 않는 절대 권력의 행사는 대부분 이 범위 안에 포함될 수 없다. 절대
주의자들은 대권이 사람들의 동의에 의해 제한되지 않으며 입법부의
정당한 조사와 검토의 범위를 넘어서서 성립하는 일종의 정치권력이라
고 주장한다. 로크는 이런 절대 권력이 정당하다는 견해를 단호히 부정
하며 더 나아가 어떻게 이런 형태의 대권이 등장하게 되었는지를 설명
하려 한다. 그는 구체적인 실정법이 거의 없어서 법의 적용을 놓고 행
정부가 매우 큰 재량권을 발휘했던 최초의 정부 형태를 언급함으로써
이런 설명을 시도한다. 군주가 대권을 지닌다는 생각은 이런 재량권이
공공선을 위해 현명하게 행사된 시기에 등장하기 시작했다. 이런 상황
에서 재량권의 행사는 사람들의 적대감을 불러일으키지 않으며 매우
차분하게 이루어진다. 군주가 공공선을 위해 노력하는 한 어떤 문제도
일어나지 않으며 군주에 대해 반대할 이유도 거의 등장하지 않는다. 문
제가 발생하는 것은 반드시 공공선에 따라 행위하려 하지 않는 이후 군
주들이 재량권 행사를 선례로 남용하면서부터이다. 시간이 흐르면서
재량권의 행사는 일종의 관례가 되어 군주가 재량권을 더 이상 공공선
을 위해 현명하게 행사하지 않는 경우에조차도 마치 책임질 필요 없는
정당한 권력처럼 보이게 되었다. 여기서 로크의 논점은 군주가 대권을
지닌다는 생각이 어떻게 등장했는지를 보이려는 것이지만 이를 통해
그는 이런 역사적 선례가 대권의 정당성을 만들어 낸다는 주장을 분명

히 거부한다. 군주와 행정부가 지니는 재량권은 궁극적으로 이성과 공공선이라는 기준에 비추어 검토되어야 한다. 이런 기준을 통과하는 데 실패하면 재량권은 부당한 것이 되며, 우리는 이에 대해 저항할 수 있다. 이는 우리가 다른 어떤 침략자의 부당한 공격에 대해서도 저항할 수 있는 것과 마찬가지이다. 이를 통해 우리는 로크의 이론 중 가장 격렬한 논쟁의 대상이 되는 부분, 곧 그가 혁명권을 옹호하는 부분에 이르게 된다.

vii. 정복, 전제정치 그리고 국가의 해체

로크의 『통치론』 중 나머지 다섯 장은(169-243절) 이 책 전체를 통틀어 가장 격렬한 논쟁거리를 제공한다. 어떤 의미에서 이 부분은 그저 다소 느슨한 주제들을 한데 묶어 논의한 후 이전 여러 장들에서 이루어진, 기본법에 의해 제한되는 국가의 본질과 한계에 관한 설명으로부터 몇몇 단순한 결론을 이끌어 냄으로써 정치권력과 국가의 권한에 대한 적절한 이해를 제시한 것으로 보이기도 한다. 플라톤과 아리스토텔레스 이후로 많은 위대한 철학자들이 타락한 정부 형태에 대해 설명했듯이 로크 또한 정부가 타락해 전제정이 되거나 폭군정이 되는 방식을 논의한다. 하지만 이전 철학자들과는 달리 로크는 타락한 형태의 국가 체제나 타락한 통치자의 특징을 분석하지 않는다. 그 대신 그는 어떤 통치 체제든, 곧 군주정이든 아니면 귀족정이나 민주정이든 간에 그것이 피통치자와의 약속을 위반하거나 부당하게 권력을 획득함으로써 정당성을 잃게 되는 과정을 설명하는 데 초점을 맞춘다.

『통치론』의 마지막 다섯 장에서 로크는 정당하고 부당한 정치적 지배에 초점을 맞추는 동시에 부당한 정치적 지배에 맞서 혁명을 일으킬 권리를 명시하는데, 이는 어떤 관점에서는 스튜어트 왕조의 철폐를 지지하고 왕위를 이어받은 윌리엄과 메리 부부에게는 권력을 오직 국민들의 이익을 위해 행사하라고 경고하는 로크의 선언이라 할 수 있다. 로크가 활동했던 시대 이래로 많은 학자들은 『통치론』 이전에 등장했던 모든 것들은 단지 혁명권을 지지하는 논거의 서곡에 불과하다고 주장해 왔다. 홉스 같은 절대주의자는 어떤 형태의 정치적 지배든 간에, 곧 어떤 폭군이 지배하더라도 (홉스는 어떤 사람에게는 폭군인 인물도 다른 사람에게는 강력한 통치자가 된다고 주장한다) 그런 지배로부터 얻는 이익이 항상 내전과 혼란의 부담과 고통보다는 크다고 주장했다. 필머 같은 다른 절대주의자는 혁명을 신이 허락한 자연적 질서에 대한 공격이며 따라서 신과 자연에 대한 범죄 행위라고 주장했다. 이들의 주장은 각각 내전과 혁명을 결과론적 근거에서 비판하는 모습을 보인다. 이런 결과론적 주장이 유지되려면 정부가 가하는 탄압과 학대의 총량이 혁명의 위협으로부터 생겨나는 손실의 총량보다 훨씬 더 크지 않다는 점이 보증되어야 한다. 정치적 보수주의자들은 전횡적인, 심지어 폭군적인 통치에 면죄부를 주기 위해 현재 상태에 대한 어떤 도전도 더 큰 혼란을 일으킬 뿐이라는 논거를 전가의 보도처럼 들고 나온다. 로크는 이런 주장을 일종의 '미끄러운 경사길'(slippery slope) 논거로, 곧 그가 살았던 당시 국교가 아니었던 가톨릭에 대해 부과했던 부당한 세금이나 정치적, 시민적 자유에 대한 탄압 등을 모두 안전보장을 내세워 정당화하는 폭군적 지배에 이를 위험을 지닌 것으로 여겼다. 어떤 방법으로 도달하든 간에 안전보장과 정치적 안정이 다른 모든 가치와 목적을 압도한다는 논거는 현재 우리 시대의 정치에서도 그리 낯선 풍경이 아니다. 이런 논거는 사담 후세인(Saddam Hussein)이 보였던, 잔인한 권위주의 통치를 사후에 옹호했던 시도에서도 발견된다. 곧 그의 통치가 얼마나 사악했든 간에 그가 제거된 후 발생한 혼란보다는 나았다는 식의 주장이 등장하기도 했다. 이와 유사하게 이 논거는 국가 안보의 위협을 내세워 시민적, 정치적 자유를 크게 축소하려는 통치자들이 자주 사용하는 것이기도 하다.

로크의 결론은 정당한 정치권력에 대한 분석으로부터 주의를 돌려 정치적 복종을 결과론적 논거를 통해 옹호하려는 시도가 유행하는 당시 상황을 강력히 비판한다는 점에서 상당히 정치적이다. 이를 통해 로크는 결국 정치적 무질서보다도 더욱 나쁜 것이 존재하며, 때로는 정치적 무질서와 혁명의 위협이 정당할 뿐만 아니라 정치권력을 정당하게 제한할 수 있는 바람직한 대안이라는 견해를 옹호하려 한다.

『통치론』의 마지막 부분은 15장에서 시작되는데 여기서 그는 부권과 정치권력 그리고 전제적 권력 사이의 구별을 다시 간략히 언급한다. 그의 핵심 논점은 이들 각각이 서로 분명히 구별된다는 점이며, 이를 위해 그는 이들의 근원에 대한 지금까지의 설명이 상당한 오해와 혼동에서 기인했음을 지적한다. 앞서 살펴보았듯이 정치권력은 개인의 재산과 공동체의 이익을 보호하기 위해 사형을 포함한 다른 모든 처벌 제도를 규정하는 법을 제정할 수 있는 권리이다(3절 참조). 이런 형태의 권력은 오직 그 권력의 지배를 받는 사람들의 자발적 동의에 의해서만 형성된다. 바로 이 점에서 정치권력은 부권과 구별된다. 부권은 죽음까지도 포함하는 처벌을 부과할 권리를 결코 지니지 않는다. 아무리 자녀들이 모든 권리를 지닌, 도덕적으로 평등한 존재가 아니라고 할지라도 부모가 자녀를 죽이는 일은 절대 허용되지 않는다. 부권 또는 부모의 권력은 자연스럽게 도출되는 것이지만 단지 자녀를 교육할 권리에 그치는 것일 뿐 자녀의 인격이나 자유, 소유물에까지 미치지는 못한다. 전제적 권력은 사람을 죽일 권리를 분명히 포함하지만 로크는 결정적으로 이런 권리가 행사될 수 있는 상황은 매우 드물다는 점을 지적한다. 곧 정의로운 전쟁에서 생포된 침략자를 전쟁 이후에 사형시킬 경우에나 행사될 수 있다. 따라서 한 개인에 대한 전제적 권력의 행사는 오직 그 개인이 다른 개인을 공격하거나 심각하게 위협함으로써 자신의 자연권을 박탈당했을 경우에만 정당하다. 이런 주장은 로크가 어떤 상황에서는 전제적 권력의 행사가 정당할 수도 있다고 생각했음을 암시한다. 하지만 그의 주요 논점은 우리가 전제적 지배와 정치적 지배를 혼동해서는 안 된다는 것이다. 이를 혼동하면 우리가 오직 지배자의 쾌락을 위해 삶을 바치는 노예라는 점을 스스로 인정하는 셈이 되기 때문이다. 절대주의자는 이런 주장을 펴려면 명확하고 공개적으로 해야 한다. 그가 그렇게 한다면 그의 주장에 동의해 폭군이 노예를 다루는 것과 같은 방식으로 정치권력이 우리를 다루어도 좋다고 생각하는 사람은 거의 없을 것이다. 정치적 지배와 폭군적 지배 사이의 이런 구별은 정복이라는 문제가 개입되면서 더욱 복잡해진다. 정복은 많은 국가들이 동의에 기초해 건설되지 않았다는 사실을 드러낼 뿐만 아니라 정복이 이루어지면 정복당한 많은 국민들은 사실상 노예와 같은 상황에 놓이게 되기 때문이다. 이제 정복에 관한 로크의 논의를 살펴보기로 하자.

정복

로크는 정복을 매우 흥미로운 동시에 긴급히 다루어야 할 주제라고 생각하는데 그 이유는 다음과 같다. 널리 알려진 대로 홉스는 정복을 통치권에 대한 두 번째 설명 근거로 제시한다. 여기서 홉스의 생각은 (전부는 아닐지라도) 대부분의 국가들이 원초적인 동의보다는 정복에 의해 성립되지만, 정복 또한 일종의 계약으로서 정치권력의 정당한 원천으로 볼 수 있기 때문에 별 문제는 없다는 것이다. 홉스가 이런 주장을 펼 수 있었던 까닭은 그가 정당한 구속력을 지니는 동의가 '칼끝'을 마주하고 협박받는 상태에서도 이루어질 수 있다고 주장하기 때문이다. 만일 그렇다면 정복자가 복종하지 않으려면 목숨을 내놓으라고 요구할 때 목숨을 선택한다면 우리는 곧 복종에 동의한 셈이 된다. 이를 실제 역사에 적용하면 1066년 정복왕 윌리엄이 무력을 사용해 앵글로색슨인들을 정복한 이후 영국인들은 윌리엄과 그 후계자들의 지배를 받아들였음이 발견된다. 홉스의 논거가 특히 중요한 까닭은 그것이 다소 추상적인 철학적 계약 이론과 실제 역사적 사건을 결합하는 듯이 보이기 때문이다. 여기서 다시 한번 로크의 논거를 단지 홉스의 주장에 대한 반응으로 해석해서는 안 되지만 정복에 관한 로크의 주장 배후에 홉스와 유사한 견해가 놓여 있음을 알 수 있다. 하지만 로크의 주장 또한 매우 미묘하게 도발적임이 발견된다. 자신의 주장에서 로크는 명예혁명을 통해 오렌지 공 윌리엄이 무력으로 영국의 왕위를 차지해 윌리엄 3세가 된 것이 정당한 통치권으로 이어진다는 생각을 부정하기 때문이다. 여기서 로크는 정치권력이 오직 사람들의 자발적 동의에 기초할 경우에만 성립할 수 있다는 이전의 견해를 다시 상기시키려는 듯이 보인다. 정당한 정치권력은 전쟁을 통해 얻어지지 않으며, 칼끝에서 등장하지도 않는다.

정복을 통해 정부가 성립할 수 있다는 생각에 반대하는 로크의 논거는 간명하다. 그는 정치사회가 오직 피통치자들의 동의에 기초해서만 성립되며, 비록 역사적 사실에 비추어 보면 많은 국가들이 정복과 전쟁을 통해 등장한 것처럼 보일지라도 그런 무력을 사람들의 동의로 여기는 것은 잘못이라고 다시 주장한다. 정복은 국가를 생성하는 것이 아니라 오직 파괴할 뿐이므로 우리는 집을 허무는 것을 새 집을 짓는 것으로 잘못 생각해서는 안 되듯이 정복을 정당한 정치사회를 만드는 것으로 잘못 생각해서도 안 된다(175절). 만일 어떤 정복이 정의롭지 못한 전쟁의 결과라면 그것은 아무런 권리도 만들어 내지 못하는데, 이는 도둑이 다른 사람의 재산을 무력을 통해 빼앗는다고 해도 아무런 권리도 얻지 못하는 것과 전혀 다를 바 없다. 홉스의 주장과는 정반대로 무력은 권리와 아무런 관련이 없다.

　하지만 모든 정복이 정의롭지 못한 전쟁의 결과는 아니다. 현대에 일어난 일을 예로 들더라도 제이 차 세계대전의 결과 연합군이 독일과 일본을 점령한 것은 정의로운 전쟁의 결과에 따른 정복으로 볼 수 있다. 이런 경우에 대해 로크는 무어라 말할 것인가? 이런 경우를 보면 어떤 형태의 전제적 지배는 정당한 것이 아닌가? 이런 비판에 대해 로크는 전제적 지배의 권리는 인정하지만 전제적 지배를 뒷받침하기 위해 무력을 사용할 권리는 부정한다는 식의 조건을 덧붙임으로써 대응한다.

　로크는 정의로운 전쟁을 통해 정복에 성공한 정복자도 함께 정복에 참여한 사람들에 대해서는 어떤 합법적 권리도 지니지 못한다고 주장한다. 따라서 1066년 정복왕 윌리엄의 경우를 보면 그는 앵글로색슨인들을 정복하는 데 성공했으므로 패배해 포로가 된 군대를 전제적으로 지배할 권리를 얻었다. 하지만 그는 정복 전쟁에 함께 나섰던 노르만 귀족들에 대해서는 그런 권리를 전혀 얻지 못했다. 귀족들이 윌리엄을 왕으로 추대할 것을 선택했다면 윌리엄의 권력은 당연히 동의에 기초하며 또 동의에 의해 제한된다. 그는 결코 귀족들을 전제적으로 지배할 수 없다. 마찬가지로 그는 정의로운 전쟁을 통해 얻은 전리품을 함께 참전한 동료들과 공평하게 나눌 의무도 지닌다. 동료들이 오직 정의로운 전쟁을 추구해 참전했다면 전쟁에 든 비용을 보상해 주고 전쟁 때문에 발생한 모든 손실을 복구해 주어야 한다.

이제 정복당한 사람들과 관련해서 로크는 정복자가 전제적으로 지배할 수 있는 범위는 오직 정의롭지 못한 전쟁에 실제로 참전한 사람들로 한정된다고 주장한다. 앞서 언급한 1066년의 경우에서 멀리 건너뛰어 1945년 제이 차 세계대전의 경우를 생각해 보면 로크는 전쟁 승리자의 전제적 권력이 정당하게 행사될 수 있는 것은 오직 정의롭지 못한 전쟁에 직접 참전한 사람들에 대해서뿐이라고 주장할 듯하다. 민간인들과 비전투원들은 전쟁에 동의하고 직접 참전하지 않은 이상 전쟁과 무관하므로 정의롭지 못한 전쟁에 대한 책임이 없다. 모든 사람들이 아니라 오직 정의롭지 못한 침략자들만이 권리를 박탈당하므로 이들만이 전제적 지배의 대상이 된다. 사람들은 정의롭지 못한 권력을 정부에 넘겨줄 수 없기 때문에 도덕법칙을 위반한 것에 대한 책임은 정부와 공직자들이 져야 한다. 물론 로크가 생각한 정의로운 전쟁의 개념을 20세기에 발발한 전면전에 적용하는 데는 여러 문제가 뒤따른다. 하지만 어떤 관점에서 보면 로크의 주장은 서로 다른 수준의 책임을 분명히 허용한다. 설령 정의롭지 못한 전쟁에서 침략 행위를 저지름으로써 권리를 박탈당한 사람이라 할지라도 그가 잃는 것은 자신의 생명과 자유에 대한 권리에 그친다. 정복자는 그의 재산권이나 자손 및 가족을 유지할 권리 등은 결코 박탈하지 못한다. 왜냐하면 그의 가족은 여전히 그의 재산을—특히 토지와 같은 부동산을—상속받아 누릴 정당한 기대와 권리를 유지하며, 이는 부당한 침략 행위에 의해서도 결코 박탈될 수 없는 것이기 때문이다. 물론 이는 상황에 따라 변할 수도 있다. 예를 들면 부당한 침략자의 재산을 몰수하여 배상금으로 사용함으로써 침략 전쟁을 처벌할 수도 있다. 하지만 정복자의 정당한 배상 요구도 침략자의 가족을 죽음이나 극빈 상태에 이르게 할 정도로 가혹해서는 안 된다. 183절에서 로크는 정당한 배상 요구와 침략자 가족의 생존을 위한 절대적 필수품 사이의 상관관계를 논의하면서 자연법 유지를 근거로 들어 생존을 위한 필수품을 우선 고려해야 한다고 결론짓는다. 침략자의 권리 박탈과 이와 관련된 재산권의 문제가 로크에게 중요한 까닭은 이것이 정복을 근거로 전제적 지배를 정당화하는 절대주의자들의 주장을 무너뜨릴 계기를 제공하기 때문이다. 여기서 로크의 핵심 논점은 전제적 지배가 오직 부당한 침략자 개인에게만 적용될 수 있으며 그의 재산에는 적용될 수 없다는 점이다. 따라서 정복을 통해서는 정치적 지배의 가장 중요한 개념에 해당하는 영토 관할권을 정당하게 확보할 수 없다. 이 점을 강조하기 위해 로크는 영토 관할권이 부당한 침략에 대한 배상으로 정복자에게 주어질 수 있는지를 검토하는데 이에 대한 그의 대답은 주어질 수 없다는 것이다. 설령 정복자가 정복지에서 마지막 한 닢의 파딩(farthing, 이는 로크 시대의 최소 통화 단위이다) 동전까지도 배상금으로 빼앗아 가더라도 이는 기껏해야 정복지 사회의 몇 년간 총생산 정도에 해당할 뿐이며, 배상금이 정복지에 속한 모든 경제적 가치에 대해 영원히 청구될 수는 없다. 따라서 1945년 당시 소련이 제이 차 세계대전에 패한 독일에게 청구한 형태의 배상조차도 독일에 대한 전제적 관할권의 행사를 정당화하지는 못했다. 그러므로 정복은 정당한 정치권력의 기초를 제공하지 못하며, 정복당한 사람들이 상속을 받거나 토지를 소유하는 기간 등에 아무런 영향도 미치지 못한다. 사실 어떤 나라가 정복당했을 경우 부당한 침략자들이 죽거나 처벌받고, 올바른 배상이 이루어졌다면 정복자가 취할 수 있는 정당한 조치는 이로써 끝나게 된다. 이런 견해로부터 등장하는 결론 중 하나는 정복자가 피정복자에게 새로운 정부를 강요할 자격이 없다는 사실이다. 오직 피정복자들만이 스스로 정당한 정부를 재구성할 수 있다. 만일 정복자가 폭력을 사용하여 새 정부 구성에 영향을 미쳐 피정복자들이 칼의 위협이나 협박 때문에 마지못해 새 정부에 동의했다면 그 결과로 등장한 정부는 정당성을 전혀 지니지 못한다. 이런 점에서 정복을 일종의 계약으로 볼 수 있다는 홉스식의 주장은 무너지게 되며, 정당한 정부는 항상 피통치자들로부터 도출된다는 생각을 비판할 만한 근거도 제공하지 못한다.

왕위 찬탈

정복에 관한 로크의 논의가 (많은 것들 중에 특히) 구교의 절대주의 왕조를 신교의 왕조로 대체한 윌리엄과 메리의 명예혁명을 일종의 승리로 여기는 데 대한 완곡한 경고라면 왕위 찬탈에 대한 그의 논의 또한 같은 맥락의 경고로 볼 수 있다. 그의 관심은 항상 누가 정치권력을 행사하든 그런 권력의 유일하고 정당한 근거는 오직 사람들의 동의뿐이라는 점을 옹호하려는 것이다. 따라서 비록 로크가 제임스 2세보다는 오렌지 공 윌리엄을 지지하는 것이 분명한 사실이라 할지라도 그의 개인적인 정치적 판단은 누가 정당한 정치권력을 행사하는가를 결정하는 데 그리 큰 영향을 미치지 않는다. 정복은, 설령 정의로운 전쟁의 결과로 이루어진 바람직한 정복이라 할지라도 결코 정당한 정치적 지배를 확립하지 못한다.

　이와 마찬가지로 왕위 찬탈 또한, 설령 제임스 2세의 구교 절대 왕조를 오렌지 공 윌리엄이 개신교의 통치로 대체한 것과 같은 비교적 '바람직한' 왕위 찬탈이라 할지라도 정당한 권력 이양이라고 할 수 없으며 따라서 오렌지 공 윌리엄은 정당한 통치권을 지니지 못한다.

　로크는 왕위 찬탈을 국내에서 이루어지는 일종의 정복으로 정의한다. 국내에서 한쪽이 국가의 행정권과 입법권을 다른 쪽으로부터 빼앗아 차지하는 것이기 때문이다. 결국 이는 행정부와 입법부의 수장이 바뀌는 것을 의미한다. 왕위 찬탈이 국가의 현존 입법 체계를 변경하는 것을 포함한다면 이는 결과적으로 국민들에 대한 침략 전쟁이 될 것이며 따라서 결코 통치권의 근거가 될 수 없다. 설령 왕위 찬탈이 현존하는 기본 입법 체계를 그대로 유지하면서 단지 수장만을 바꾸는 형태로 진행된다 할지라도 이 또한 정당한 입법권의 근거가 될 수 없다. 설령 새로운 통치자가 국민들의 자연권을 존중하더라도 마찬가지이다. 여기서 로크의 논점은 국가의 입법 체계가 오직 국민들의 동의에 기초한다는 점을 상기시키려는 것이다. 우리는 단지 정치사회로 진입하여 우리 자신에게 국민의 지위를 부여하는 데 그치지 않는다. 우리는 누가, 얼마 동안 우리에게 정치권력을 행사할지를 규정하는 명확한 법률과 제도에 따라 통치받겠다는 점에 동의함으로써 우리 자신에게 스스로 국민의 지위를 부여한다. 앞서 살펴보았듯이 로크는 일종의 대의 민주주의를 선택하지는 않는다. 하지만 그는 행정부와 입법부를 선출하는 방법이 이후 모든 세대가 동의의 표현 또는 묵시적 동의를 통해 승인하리라고 여겨지는 사회계약의 일부로서 선택된다고 명백히 주장한다. 이런 방법과 관련된 규칙이 어떤 것이든 간에—곧 세습 군주제에서 장자 상속이든 아니면 어떤 사회 계층에서 선거를 통해 선출하든 또는 보통선거를 통해 대중이 선택하든 간에—이 규칙은 사람들이 선택하고 승인한 것이므로 오직 사람들의 동의에 의해서만 변경될 수 있다. 사회계약의 조항과 국가의 기본 체계를 변경하려는 어떤 일방적인 시도도, 개선이든 개악이든 간에, 통치는 법을 통해서 이루어진다는 생각으로부터 보장되는 개인의 자유를 위협하며 따라서 정부는 기본적으로 법에 의해 제한되어야 한다는 생각 전체를 위협하게 된다. 1688년 명예혁명 기간 동안 이런 변경이 일어났다고 볼 수 있는데 이럴 경우 새 행정부의 정당성은 여전히 오직 피통치자들의 동의에 의존할 뿐이며 왕위 찬탈이라는 행위 자체에 의존하지 않는다. 로크가 정복과 왕위 찬탈에 대해 논의하는 방식을 보면 그는 1688년 이후 새로 이루어진 합의에 대해 일종의 경고를 하는 동시에 새 통치 체계를 분명한 조건, 곧 정부의 권력은 사람들의 동의에 의존한다는 조건과 더불어 지지한다는 점을 알 수 있다. 이런 점을 고려하면 로크가 자신이 『통치론』의 저자임을 밝히지 않으려고 무척이나 주의를 기울였다는 사실 또한 그리 놀라운 일이 아니다.

폭정, 반란 그리고 저항

정복과 왕위 찬탈에 관한 논의를 통해 로크는 정당하게 확립되지 못한 정치 체제를 설명했는데 사실 그가 직면한 더욱 긴급한 문제는 우리가 부당한 체제 아래 살고 있을 때 무엇을 해야 하는가라는 것이다. 이 문제에 답하면서 로크는 가장 급진적인 동시에 논란의 대상이 되는 견해를 제시한다. 왜냐하면 그는 우리가 부당한 정치권력의 사용에 맞서 저항할 권리와 우리의 여러 권리와 공적인 이익을 위협하는 체제에 대해 반란을 일으킬 권리를 지닌다고 주장하기 때문이다. 이런 권리는 개인적인 권리인 동시에 전체 정치 공동체에 대해 행사할 수 있는 집합적인 권리이기도 하다.

로크는 폭정에 대해 정의함으로써 저항과 반란에 관한 논의를 시작한다. 폭정은 우리가 어떤 정부에 대한 비난을 표현하는 데 사용하는 일반적인 용어이지만 정치적 논쟁에서 자주 남용되기도 한다. 예를 들면 홉스와 같은 절대주의자는 우리가 지지하지 않는 체제는 어떤 것이든 폭정으로 부른다고 주장하기도 한다. 따라서 로크는 폭정을 더욱 구체적으로 정의하여 '정당한 권리를 넘어서서 권력을 행사하는 것'이라고 말한다(199절). 이런 정의에 따르면 어떤 형태의 정부든 폭정으로 타락할 수 있으며, 고전 철학자들의 주장과는 달리 오직 군주정의 타락만이 폭정으로 불리는 것은 아니다. 그는 이 점을 특히 강조한 유명한 언급을 남기는데 이는 모든 자유주의 이론들이 금과옥조로 여기는 것이기도 하다. '… 법률이 끝나는 곳에서 항상 폭정이 시작된다 …'(202절). 그의 정의는 명쾌하고 이에 대한 설명은 『통치론』에 등장한 이전 주장들을 통해 충분히 제시되었으므로 더 이상의 해명은 필요하지 않은 듯하다. 이에 따라 우리는 로크가 폭정이 등장하게 될 위험성을 지적하는 경우를 최소한 네 가지 확인할 수 있는데 이들은 저항과 반란을 정당화하는 기초를 제공한다.

가장 명확한 첫 번째 경우는 군주나 정부가 자연법의 범위 안에서 통치하지 않거나 자연법을 지지하지 않는 경우이다. 우리가 정치사회를 형성하는 데 동의하고 정치적 지배를 받아들이는 가장 근본적인 이유는 우리 자신의 자연권을 안전하게 보장하려는 것이다. 그런데 어떤 군주나 그의 신하라도 자연권을 존중하는 방식으로 행위하지 않는다면 이는 곧 국민에 대해 전쟁을 선포하는 것과 같다. 이런 상황에 처할 경우 국민은 저항할 권리와 자연법 위반을 처벌할 권리를 모두 지니며, 직접 행동에 나서 위반자를 사형에 처할 수도 있다.

두 번째 예는 군주나 정부가 공공의 선을 보호하지 못하는 경우이다. 공공선이 정치사회 구성원들의 자연권을 침해해서는 안 되지만, 앞서 살펴보았듯이 자연권은 공공선을 반드시 필요로 하므로 대권의 행사는 사람들의 기본권을 지원하고 옹호하는 한에서 정당화된다. 공공선에 위배되는 경우로는 국가의 법률이나 안전을 보장하지 않으면서 세금을 매기는 경우를 들 수 있다. 따라서 이런 형태의 폭정은 사람들을 향한 악의와 적의 때문에 그들을 배려하고 존중하지 않는 것으로 귀결된다.

세 번째 예는 군주가 대중의 신뢰를 잃은 경우이다(221절). 로이드-토머스가 지적했듯이 이 조건은 '태도상의 동의'를 포함한다. 왜냐하

면 신뢰의 상실은 대중이 느끼고 믿는 바인데 자연법을 심각하게 위반
하더라도 이런 일이 일어나지 않을 수도 있기 때문이다―예를 들면 다
수가 소수 인종이 받는 억압에 대해 무관심한 경우가 이에 속한다.[27] 이
와 마찬가지로 신뢰의 상실은 자연법이나 자연권의 위반이 전혀 없는
상태에서 발생하기도 한다. 따라서 로크를 연구하는 학자들 사이에서
는 과연 이런 경우가 정부의 해체와 정당한 저항의 근거가 될 수 있는
지를 놓고 논쟁이 벌어지기도 한다. 하지만 220절에서 로크는 어떤 정
부가 폭정에 빠질 위험이 있다는 사실은 그 정부에 대해 저항할 적절한
근거를 제공한다고 단호하게 밝힌다. 어쩌면 여기서 로크의 논점은 정
치적 정당성의 조건들을 위협하는 상태가 지속되는 문제인 듯도 하다.
이와 관련되는 경우로 제임스 2세가 가톨릭을 공개적으로 지지하고 프
랑스 절대왕정과 연합을 시도하면서 개신교도들을 이주시키려 했을 때
그들에게 가해진 위협을 들 수 있다. 로크의 핵심 논점은 개신교 영국
인들의 권리가 계속해서 위협당하는 이런 상황은 설령 제임스 2세가
실제로 영국을 가톨릭으로 개종하려고 시도하지 않았다 할지라도 통치
자와 피통치자 사이의 필수적 신뢰를 무너뜨리기에 충분하다는 것이
다. 비록 세 번째 형태의 폭정이 다른 형태의 폭정과 상충할 가능성이
있다는 로이드-토머스의 지적이 옳기는 하지만 로크는 신뢰의 붕괴가
더 큰 위협이 되는 다른 위반들을 동반할 수밖에 없다는 점을 강조한
다. 로크에 따르면 그 자체만으로는 사회 전반에 정부의 해체까지 불러
오지는 않는, 사소한 개인적인 불법 행위의 결과가 모여 결국 신뢰의
붕괴에 이르게 된다.

　네 번째 형태의 폭정은 통치자가 실정법을 벗어난 행위를 하려 할 때

27　Lloyd-Thomas, D. (1995), *Locke on Government*, 65면.

발생한다. 여기에는 최고 통치자가 유사한 범죄에 대해서는 유사한 처벌을 부과함으로써 법을 평등하게 수호하기를 거부하거나 특정 집단에 대해 법이 규정한 처벌을 면제하는 방식으로 그릇되게 행위하는 경우 등이 포함된다. 어쩌면 왕위 찬탈 또한 이런 형태의 폭정 행위로 볼 수 있을 듯하다. 왕위 찬탈은 헌법 절차를 무시하고 행정부 또는 입법부를 교체하려는 시도로서 결과적으로 실정법을 위반하는 것이기 때문이다.

이제 이렇게 '정당한 권리를 넘어서서 권력을' 행사하는 일이 발생할 경우 우리는 어떻게 대처해야 하는가라는 문제가 남게 되는데, 로크는 폭정에 관해 논의한 장과 정부의 해체에 관해 논의한 그다음 장(18장과 19장)에 걸쳐 이 문제를 다룬다. 흔히 로크는 부당한 권력 행사에 대해 반란으로 맞설 권리를 옹호한 것으로 여겨지지만 그의 주장이 매우 복잡하다는 점은 의심의 여지없는 사실이다. 과연 사람들이 반란 또는 저항의 권리를 지니는가라는 주제가 무척 복잡한 것이라는 점은 이미 충분히 잘 드러났다고 생각된다.

로크는 정당하게 구성된, 법을 준수하며 재량권을 적절하게 행사하는 국가 또는 정부에 대해 반란을 일으킬 권리는 성립하지 않는다고 생각한다. 따라서 '반란'이라는 용어는 주로 국가나 그 권력에 대한 불법적인 반역을 의미하는 것으로 사용된다. 이는 우리가 오직 정의롭지 못하고 부당한 국가나 정부에 대해서만 반란을 일으킬 권리를 지닌다는 점을 암시하는 듯이 보인다. 하지만 로크가 마지막 장의 제목으로 선택한 바에서 드러나듯이 법을 넘어선 행위를 저지르는 정부는 결국 스스로 해체될 수밖에 없다. 따라서 우리는 그런 정부에 대해 반란을 일으킬 수가 없다. 이 점은 부당한 폭력 행사는 침략 전쟁 행위이며(207절), 따라서 사람들은 자신을 방어할 권리를 완벽하게 행사하여 침략에 저항할 수 있다는 로크의 주장에 의해서 강화된다. 이와 마찬가지로 그는 사람들과의 전쟁 상태에 놓인 군주나 정부는 더 이상 정당한 정부일 수 없으므로 이런 부당한 질서에 대해서만 진정한 반란을 일으킬 수 있다고 주장한다. 그런데 사람들은 이런 반란에 대해서도 저항할 권리를 지닌다. 이런 모든 주장들에 비추어 볼 때 로크가 진정으로 집중하는 바는 반란의 권리가 아니라 저항의 권리이다. 하지만 이런 정도로 로크의 관점을 완전히 포착하기는 어려운 듯하다. 앞서 살펴보았듯이 사람들은 정부와의 신뢰가 회복할 수 없을 정도로 무너진 경우에 반란을 일으킬 수 있는데, 이런 상태에 이르는 과정은 권리나 법을 위반한 어떤 특정한 사건의 결과가 아니라 서서히 이루어질 수도 있기 때문이다. 따라서 로크는 저항권의 행사 요건을 오직 권리 침해가 실제로 발생한 경우로만 제한하지 않기 위해 주의를 기울인다. 이렇게 제한한다면 이는 마치 '… 먼저 노예가 되라고 명령하고 그다음에 자유를 지키라고 말하거나 먼저 사슬로 묶은 후에 자유인처럼 행동하라고 말하는 것과' 다를 바 없기 때문이다(220절). 따라서 저항의 권리는 단지 부당한 침략에서 '… 벗어나는 …' 수준에 그치는 것이 아니라 그것을 예방하는 것을 포함한다. 저항권은 사람들의 자유와 권리를 지속적으로 위협할 가능성을 지닌, 부당한 또는 정의롭지 못한 정부를 제거할 것을 요구하기도 한다. 정부와 사람들 사이의 신뢰라는 개념이 포착하려는 바는 바로 이 점이다. 정부는 사람들의 권리와 자유, 공적 이익을 안전하게 보장할 방법을 결정하면서 필요한 대권을 행사해야 한다. 그런데 이런 일은 기계적으로 수행될 수 없다. 따라서 공공선을 위한 어떤 조치가 공동의 이익을 보호하고 증진하는 것과 충돌하는 듯이 보일 수도 있다. 하지만 피통치자들이 정부의 판단을 신뢰하는 한 이런 조치나 정책, 법률 등은 국가의 정당한 재량권 범위 안에 포함되며, 결코 국가 해체의 원인을 제공하지 않는다. 결국 문제가 되는 것은 정부의 판단이다. 예를 들면 과세 수준은 항상 논쟁의 대상이 된다. 국가 안보와 거의 관련이 없는 듯이 보이는 먼 외국에서 군사 작전에 많은 세금을 쏟아붓는 경우가 대표적인 예이다. 서로 다른 개인과 집단들이 이런 정책에 대해 서로 다른 의견을 보이지만 이는 정당한 일이며 정부의 안정을 위협하지도 않는다. 로크도 이런 정도의 불일치는 인정했지만 동시에 그는 도저히 행정부와 입법부가 지닌 권력의 재량권에 포함된다고 말할 수 없는, 피통치자들의 권리를 매우 크게 침해하고 위협하는 다른 차원의 정책과 조치도 있다고 믿었다. 이에 속하는 대표적인 예로 사람들의 양심을 무시하고 오직 하나의 종교만을 믿으라고 강요하는 정책을 들 수 있다. 로크는 여러 저술에서 이 문제를 심각하게 다루었는데 이에 대한 그의 견해가 가장 명확히 제시된 저술은 『관용에 관한 편지』이다. 이 저술은 『통치론』과 동시에 출판되었는데 이 또한 자유주의 정치철학에 크게 기여한 위대한 작품이다. 종교적 순종이라는 주제는 이 책의 내용을 잘 보여 주는 예인데, 순종은 처음에는 사소한 것에서—예를 들면 예배 때 무릎 꿇기, 가슴에 십자 긋기, 모자 벗기 등에서—시작된다. 이들은 전혀 아무런 문제가 없는 듯이 보이며, 이들 때문에 무기를 들 일은 거의 없을 듯하다. 하지만 이런 것들이 한데 모이면 종교적 자유를 매우 심각하게 침해할 가능성을 지니게 되는데 이런 침해는 명백히 자연법을 위반하는 것이다. 이런 경우 국가에 반대하여 무기를 드는 일은 사실상 반란에 가깝지만 이는 또한 피통치자와 통치자 사이의 필수적인 신뢰를 무너뜨림으로써 스스로 해체될 수밖에 없는 정부에 대해 저항하는 것으로 볼 수도 있다.

반란과 저항의 시기

로크가 반란 및 저항의 권리와 관련해 마지막으로 제기하는 질문은 가장 복잡한 동시에 가장 답하기 어려운 것이기도 하다. 이 질문은 언제 반란과 저항을 시도해야 하며, 이를 누가 결정하는가이다. 로크는 이 문제에 대해 개인의 관점과 사회 전체의 관점에서 논의한다.

개인의 경우와 관련해 로크는 폭력적인 공격에 맞서 자신을 방어할 개인의, 결코 양도할 수 없는 권리를 다시 옹호한다. 이런 폭력이 절도범이나 살인범이 가하는 것이든 아니면 불법적으로 행위하는 공무원이 가하는 것이든 이는 상관이 없다. 누군가가 폭력을 사용해 위협한다면 피공격자는 '공격자'와 전쟁 상태에 놓이게 되며, 피공격자는 자신을 방어하고 저항할 권리를 지닌다. 로크는 도둑이나 절도범이 위협할 경우 위협받는 개인은 상대방의 법률 위반을 즉각 처벌할 권리를 지닌다고 주장한다. 예를 들어 한밤중에 공격당하는데 공권력이 출동해 도와줄 때까지 기다리는 것은 불합리할 뿐만 아니라 불가능한 일이다. 공격자가 정부 또는 공무원이라면 공적인 보호 장치에 의지하는 것이 불가능하므로 피공격자는 공격에 저항할 권리를 지닌다. 하지만 로크는 개인 스스로 행사하는 저항권은 오직 폭력의 위협에 직면했을 경우에만 정당하다고 주장한다. 만일 우리가 공무원의 부당한 행위를 해명받기 위해 소송을 제기하려면 우리가 먼저 소송을 제기해야 한다. 판사가 우리의 권리를 제대로 보호하지 못한다면 우리는 판사의 결정에 대해 항소를 제기해야 한다. 대부분의 사법 체계는 항소를 허용하며, 판결을 최고 법정에서 재검토한다. 로크는 정부가 자연법이나 실정법 또는 공공선을 위반하는 모든 행위가 정부를 공격하는 근거로 작용해서는 안된다고 생각한다. 그런 행위 모두가 정부의 해체를 시사하는 것은 아니기 때문이다. 그런 행위 중 대부분은 국가가 부당한 공격자로 타락했기 때문이 아니라 공무원들이 월권행위를 하기 때문에 발생한다. 이런 경우는 정당한 국가에서도 얼마든지 발생하므로 그런 행위 자체가 공적인 신뢰를 무너뜨리지는 않는다. 어떤 개인이 국가로부터 부당한 일을 당했는데 최고 법정이나 국왕도 이를 바로잡지 못하는 일이 일어나더라도 이것이 곧바로 개인이 국가와 전쟁 상태에 돌입해야 함을 의미하지는 않는다. 이런 경우 개인은 이성적으로 판단해 동료들의 도움이 없이 혼자서 국가와 전쟁을 벌일 경우 과연 성공할 가능성이 있는지를 고려해야 한다. 만일 국가의 권리 침해가 개인의 생명과 재산을 명백히 위협할 정도에 이른다면 개인은 다른 선택의 여지가 없으므로 당연히 자신을 방어해야 하며, 설령 방어에 성공하지 못하더라도 개인은 더 이상 잃을 것이 없다. 하지만 개인의 생명이 위험에 처하거나 신체와 재산이 지속적으로 위협받는 경우가 아니라면 개인은 신중하게 대처할 필요가 있다. 만일 정부의 이런 행위가 확산되어 널리 알려진다면 이는 공적인 신뢰를 무너뜨릴 잠재적 위험성을 지니므로 정부에 저항할 공적인 근거로 작용한다. 반면 정부의 이런 행위가 지극히 소수에 지나지 않으며 널리 알려지지 않는다면 개인은 자신의 처지를 충분히 고려해 신중하게 대처해야 한다. 로크는 208절에서 한 개인이 국가를 상대로 전쟁에 돌입하는 것은 제정신이 아닌 일이라고 주장한다.

정부가 개인의 권리를 침해하는 일이 확산되어 다수의 사람들이 이를 일반적으로 느낄 정도에 이르면 상황은 전혀 달라지며 정부의 해체를 심각하게 고려해야 한다. 하지만 이런 경우에 대해서조차도 로크의 주장은 상당한 논란의 여지를 남긴다. 왜냐하면 그는 우리가 언제 공적인 신뢰가 무너지며, 언제 정부의 법률 위반이 무척 심각해져서 포악한 정부를 상대로 정의로운 전쟁을 벌이는 것이 정당한지를 결정하기 위한 어떤 장치를 필요로 한다고 주장하기 때문이다. 언제 정부가 해체되어야 하는가라는 문제에 대한 가장 간단한 대답은 다수의 판단에 따른다는 것이다. 앞서 살펴보았듯이 로크는 자연법의 범위 안에 속하는 문제를 결정하면서 다수의 의지에 의존한다. 하지만 이런 문제들이 우리의 자연권에 직접 호소함으로써 규정되지는 않는다. 가족의 경우 우리는 부부 양쪽의 권리와 양립할 수 있는 지배의 원리를 필요로 했는데 로크는 더욱 강력한 부권에 의지하는 모습을 보였다. 또한 그는 정치사회의 기본 형태를 결정하면서도 더욱 강력한 권력에, 곧 수적 다수에 의지하는 모습을 보인다. 이와 마찬가지로 언제 정부가 해체되어야 하는가를 결정하면서도 우리는 다수의 판단에 의지해야 한다. 하지만 이는 포악한 정부에 저항할 권리와 관련해서는 전혀 명확한 대답이 될 수 없다.

다수의 판단에 의지할 경우 직면하는 가장 심각한 문제는 이 판단이 어떻게 표현되는가이다. 정치사회를 확립하면서 사람들은 통치자를 선출하고 교체할 기본 절차를 만들어 낸다. 하지만 정부 해체의 경우 이런 절차를 적용하는 것은 불가능하며, 다른 어떤 대안적 절차도 존재하지 않는 듯이 보인다. 따라서 이는 큰 목소리를 내는 적극적인 소수와 진정한 다수를 어떻게 구별해야 하며 또한 다수와 소수 사이의 차이가 매우 작을 경우 어떻게 다수를 확인할 수 있는가 등의 문제를 남긴다. 매우 정교한 현대의 선거 체계에서조차 다수의 의지나 목소리를 확인하는 것은 지극히 어려운 일이다. 더욱이 정부의 해체에 직면한 상황에서 다수의 판단을 확인하는 일은 얼마나 더 어렵겠는가?

해결되어야 할 또 다른 문제는 만일 다수가 사실상 정부에 대해 어떤 행동에 나서는 데 무관심하다면 그래도 그 정부는 정당성을 잃고 해체되어야 하는가? 어떤 국가의 다수가 소수 유대인들을 박해하고, 재산을 몰수하고 죽이기도 하는 정부의 조치를 허용하는 상황을 가정해 보자. 이런 조치는 각각 자연법을 위반한 것이 명백하지만 다수가 이런 조치를 단지 소수에게만 한정된 것으로 여겨 별로 신경을 쓰지 않는다면 전체적인 공적 신뢰는 그리 큰 영향을 받지 않는다고 말할 수 있으며 따라서 이런 조치를 행하는 정부도 해체될 필요는 없다는 판단이 가능하다. 이에 대해 로크는 정부 해체의 판단은 객관적인 문제라고 답할지도 모른다. 하지만 다수가 충분히 수가 많고 잘 무장한 상태라면 소수가 다수를 상대로 전쟁에 돌입하더라도 승리할 전망은 거의 또는 전혀 없을 것이다. 여기서 핵심은 다수에 호소하는 것의 이점이 과연 무엇인가이다.

어쩌면 저항권을 옹호하는 로크의 시도가 다소 공허해 보이기 시작할지도 모른다. 저항권은 개인이 직접적인 폭력에 맞서 자기방어의 권리를 지니며, 실패할 가능성이 높은 어떤 행위도 하지 않는 편이 좋다는 현실적 충고 이상의 것을 의미하지 않는 듯하다. 공적인 저항의 경우에 로크는 우리가 언제 포악한 정부에 맞서 저항해야 하는지를 결정하는 손쉬운 방법을 제시하지 않는다. 하지만 그의 주장을 완전히 공허한 것으로 무시하기에 앞서 세 가지 요소를 지적함으로써 그에 대한 비판에 답할 수 있을 듯하다.

첫째, 특정 정부가 언제 해체되어야 하며, 언제 국민들이 정부를 상대로 전쟁에 돌입해야 하는지에 대한 명확한 기준을 확인하기가 매우 어렵다 할지라도 우리는 역사상의 사건이나 현실 정치에서 정부 해체의 필요충분조건이 확보되는 경우를 분명히 확인할 수 있다. 1994년 르완다(Rwanda)에서는 다수를 차지했던 후투(Hutu) 족이 소수였던 투치(Tutsi) 족과 전쟁을 벌였는데 당시 르완다 정부는 정당한 정부 기능을 유지하지 못했지만 그렇다고 서로 전쟁을 벌이는 두 종족 앞에서 해체되지도 않았다. 이런 경우가 드물지는 몰라도 분명히 실제로 존재한다. 후투 족 침략자들이 진정으로 다수를 대표하는지 그렇지 않은지를 결정하기란 매우 어려운 일이지만 전쟁을 벌인 두 종족은 명백히 자연법을 위반했으며 동시에 정부에 대한 공적인 신뢰도 땅에 떨어졌다. 이런 경우 정부는 해체되어야 마땅하므로 우리는 로크의 이론이 현실에서 전혀 작동하지 않는다고 무시해서는 안 된다.

둘째, 어쩌면 우리는 로크의 이론이 가장 심각한 상황에 대한 명확한 해답을 주기를 기대하는지도 모른다. 하지만 로크는 자신이 불만을 제기하는 모든 개인이나 집단에게 국가와 전쟁에 돌입할 근거를 제공하려 하는 것이 아니라는 점을 분명히 밝힌다. 사실 224-8절에 걸쳐 로크는 사회의 안정과 질서를 유지하는 데 도움이 되는, 저항권 이론이 지닌 긍정적인 가치에 관해 논의한다. 저항권 이론에 반대하는 표준적인 반박은 그 이론이 쓸데없이 오지랖 넓은 '참견꾼들'에게 반드시 필요한 국가의 질서를 뒤엎고 끝없는 논쟁으로 나라를 들끓게 만들 빌미를 제공한다는 것이다. 홉스는 영국의 내전 상황을 경험한 후 이런 반박 논거를 적용해 내전은 참견꾼들의 논쟁 때문에 일어났다고 생각했으며, 18세기 후반에 이르러서도 벤담은 사람들에게 저항권이 있다는 이론을 정치적 의무의 결속력을 해체하는 경향을 지니는 '테러리스트의 언어'라고 비판한다. 이런 보수주의적인 논거들은 정부 해체에 뒤따르는 고통과 혼란이 너무나 커서 정부를 전복시킴으로써 얻는 이익이 결코 이런 고통과 혼란을 상쇄할 수 없다는 주장을 통해 보완된다. 앞서 살펴보았듯이 로크는 이렇게 현실에 안주하려는 태도에 기꺼이 도전하며, 어떤 경우에는 자유와 정의를 실현하기 위해 안전을 희생할 필요도 있다고 주장한다. 하지만 안전보다도 자유를 옹호하는 동시에 로크는 저항권이 사실상 저항권에 호소할 필요성을 훨씬 줄일 수도 있다는 흥미로운 주장을 전개한다. 로크는 226절에서 다음과 같이 말함으로써 이 점을 명확히 밝힌다. '… **이 이론이 … 반란에 대한 최선의 방어책이며**, 그것을 저지할 수 있는 가장 확실한 수단이다.' 어쩌면 저항권의 옹호는 사람들이 정부에 맞서기 위해 항상 지니는 최후의 패와 같은 것, 곧 정부가 합법적인 정치권력을 넘어서서 부패한다면 무슨 일이 일어날지를 잠재적으로 경고하는 수단인지도 모른다. 만일 이런 경고 장치가 제대로 작동한다면 저항권을 실제로 행사할 기회는 매우 드물 것이다. 이런 의미에서 저항권은 현대 헌법에서 비상 대권과 유사한 역할을 한다. 헌법에서 비상 대권을 마련하는 까닭은 정의상 정상적인 법률 체계를 통해서는 공식적으로 인정될 수 없는 초헌법적 권력을 허용하기 위해서이다. 로크의 경우 비상 대권은 오직 국민 편에 속하는 것이지 결코 통치자에게 속하는 것이 아니다. 흥미롭게도 로크는 저항권을 설명하면서 신과 같은 더욱 상위의 권력을 언급하지는 않는다. 자연법의 위반은 궁극적으로 신이 심판할 문제이기는 하지만 로크는 중세의 표준적인 논거, 곧 군주가 자연법과 국민들에 반하는 행위를 할 때 신에게 호소해야 한다는 식의 주장은 단호히 거부한다. 로크의 관점에서 군주는 신이 부여한 질서의 일부가 아니라 단지 국민들이 만들어 낸 것일 뿐이다. 따라서 개인들은 항상 자신의 행위에 책임져야 하지만 군주는 자신의 행위를 판단하면서 신이 아니라 국민들에게 호소해야 한다(204절). 여기서 다시 한번 로크의 이론에서 종교적 전제가 중요한 역할을 차지하지만 그것이 모든 이론을 규정한다는 식으로 과대평가해서는 안 된다는 점이 드러난다.

로크는 저항권이 정부에 대한 반란을 막는 최선의 방어책이라고 주장하면서 저항권을 옹호했는데 이는 홉스나 벤담 같은 보수주의자들에 대한 일종의 도전이다. 각자 자신의 주장을 전개하면서 로크와 보수주의자들은 모두 검증 가능한 가설들에 의존하려는 태도를 보이는데 어느 쪽도 완벽하게 결정적인 증거를 제시하지는 못한다. 예를 들어 로크의 주장을 주로 정부에 대한 경고로 본다면 그의 주장을 현실에 적용하기 어렵다고 할지라도 이는 그리 놀랄 만한 일은 아닌 듯하다. 그는 정부가 국민을 상대로 전쟁을 벌이는 최악의 경우를 제외하고는 저항권을 실제로 행사하는 데 관심을 보이지 않기 때문이다.

하지만 언제 정부가 해체되어야 하는가에 대한 다수의 판단과 관련해 마지막으로 고려해야 할 문제가 하나 있다. 그 문제는 다수가 억압받는 소수에 대해 무관심할 경우 어떻게 해야 하는가라는 것이다. 과연 이런 일이 로크의 이상적인 이론에서도 발생할 수 있는가? 내가 이를 통해 의미하려는 바는 우리가 공격 행위에 맞서 서로를 방어할 엄격한 의무를 지니는가 그렇지 않은가라는 것이다. 같은 정치사회 안에 사는 개인들이 다른 개인들의 고통에 무관심하다면 그것을 도덕적 선택으로 보기는 어렵다.

우리가 자신이 원하거나 원하지 않는 대로 행위할 자유뿐만 아니라 위와 같은 의무를 지닌다는 사실은 우리가 스스로 정치사회를 구성한다는 관점에서 보았을 때 명확하다. 우리가 그런 의무를 지닌다는 점의 핵심에는 우리 자신의 권리를 집합적으로 강화하고 공동선을 유지하려는 의도가 놓여 있다. 이 점에 동의하는 것은 곧 같은 정치 공동체에 속한 다른 사람들도 그렇게 하리라 기대하면서 다른 모든 구성원들의 권리를 옹호하고 보호할 의무를 인정하는 것이기도 하다. 상황이 이렇다면 우리는 포악한 정부에 의해 억압받는 우리 사회의 다른 구성원들을 보호해야 할 의무를 지니는데, 이 의무는 결코 자유재량권의 문제가 아니다. 이 의무가 특별히 중요한 까닭은, 로크도 기꺼이 강조하듯이 극단적인 월권행위로 해체되어야 하는 것은 정부이지 정치사회가 아니기 때문이다—우리는 이웃에 대한 집합적인 책임이 성립하지 않는 자연상태로 다시 내던져져서는 안 된다. 이런 의미에서 우리는 국가로부터 공격과 억압을 받는 사람들을 도울 의무를 분명히 지니며, 바로 이런 근거에서 특히 정부의 권력 남용이 막대할 경우 정부에 반대하는 다수의 판단을 훨씬 쉽게 이끌어 낼 수 있을 듯하다. 또한 이로부터 도출되는 바는 우리가 자신의 국가 안에서 고통받는 소수에 대해 무관심할 권리를 결코 지니지 않는다는 점이다. 우리가 자신의 의무를 적절히 직시하고, 더 나아가 우리를 어떤 사람들과는 정치 공동체를 형성하고 다른 사람들과는 형성하지 않도록 이끄는, 우리를 둘러싼 사회적 사실들이 존재한다면 우리가 다른 사람들에 대해 전적으로 무관심한 정치사회를 정당하다고 부르기란 매우 어려울 것이다.

물론 로크는 현대 국가의 사회적 기초에 관한 이론을 제시하지 않았으며, 이후 정치학자들이 왜 특정한 역사상의 국가가 등장했으며 왜 그런 국가 내부에서 사회적 협력이 이루어졌는지를 설명하기 위해 자주 사용했던 민족이나 국민의 개념도 제시하지 않았다. 이것이 이후 로크의 주의주의적 개인주의를 기초로 삼았던 여러 이론들이 실패하게 된 잠재적 원인이라는 점에는 의심의 여지가 없다. 비록 로크 이후 많은 이론들이 정치사회나 시민사회를 설명하는 쪽을 선호하면서 로크의 이론이 지닌 규범적 이성주의를 거부하는 방향으로 나아갔지만 정당성에 관한 로크의 규범적 설명은 여전히 중요성을 지닌다. 그리고 이 점은 아직까지도 국민의 일부를 억압하고 심지어 몰살할 권리를 지닌다고 주장하는 일부 국가들의 경우에서 여실히 드러난다. 국가에 관한 적절한 이론에서 한편으로는 개인의 권리와 다른 한편으로는 사회적 협력과 조화를 위한 기초 사이의 균형이 필요하다는 점은 분명한 사실이다. 하지만 개인의 고유한 도덕적 중요성을 옹호하고 각 개인의 신앙과 문화 또는 가치와 상관없이 정치사회는 개인을 보호해야 할 의무를 진다고 주장하는 로크의 이론은 그의 개별적인 논거에서 아무리 많은 약점과 부적절함이 드러나도 여전히 우리에게 강력한 가르침을 주며 우리

가 마지막까지 의지할 수 있는 바를 제시한다. 바로 이런 이유 때문에
로크 이후 등장한 많은 자유주의 정치철학자들은 로크의 이론 중 많은
부분을 부정하고 포기하면서도 여전히 로크로부터 큰 영감을 받는다고
말할 수 있다.

i. 로크가 18, 19세기에 미친 영향

『두 논고』가 출판된 이후 『첫째 논고』와 『둘째 논고』는 서로 다른 운명을 겪었는데, 많이 읽힌 것은 단연 『둘째 논고』였다. 일찍이 1691년 네덜란드에서 망명 생활을 했던 위그노 목사 마젤(David Mazel)이 『두 논고』를 새로 출판하려고 준비했는데 이미 이때부터 그는 『첫째 논고』를 제외하고, 서문과 나머지 부분을 문단 번호가 계속 이어지는 형식 대신 각 장으로 나누어 재배열했다. 로크의 원전이 유포되는 데 가장 큰 영향을 미친 것은 바로 이 마젤의 판본이었으며, 뒤이은 여러 세기에 걸쳐 널리 확산됨으로써 로크를 근대 정치철학의 고전적 사상가로 자리매김한 것도 이 판본이었다. 또한 이 판본을 통해 로크는 미국 헌법 제정자들이 가장 중요시했던 자유주의 입헌 정치체제를 창시한 인물로 부상하게 되었다. 이렇게 해석됨으로써 로크는 미국식 자유주의 입헌 정치에 영감을 불어넣은 인물로 여겨지기 시작했는데 이런 해석은 19세기에 더욱 강력히 확산되었으며 심지어 현재까지도 많은 사람들이 이를 받아들인다. 하지만 최근 로크에 대한 많은 연구는 그를 입헌 민주주의의 아버지로 (더욱 중요하게는 미국 독립 혁명에 큰 영향을 미친 인물로) 여기는 이런 자유주의 관점에서 벗어나 『두 논고』 중 『첫째 논고』를 그의 정치이론에서 핵심적인 부분으로 복구하려는 시도에 집중되었다. 로크의 『통치론』에 대한 최근 해석을 간추려 살펴보기에 앞서 나는 이 저술이 출판 직후에 낳은 여파를 검토함으로써 그것이 겪은 운명을 추적하려 한다.

로크가 직접 남긴 유산이 무엇인지에 관해서는 평가가 다소 복잡하다. 최근까지도 많은 학자들은 『통치론』을 1688년에 일어난 명예혁명에서 등장한 원칙들을 재확인하고 옹호하려는 시도로 여겨 왔다. 이후 이런 원칙들은 18세기를 거치면서 미국 독립 선언에 서명한 인물들에게로 전해졌으며, 1791년[1] 페인(Thomas Paine, 1737-1809)을 통해 프랑스로 전해졌고, 19세기 초반 영국의 급진주의에까지 영향을 미쳤다는 것이 일반적 견해이다. 하지만 이런 해석은 지나치게 단순한 듯이 보이는데 그 이유는 다음과 같다. 첫째, 로크는 1680년대 초반에 『통치론』을 썼는데 이때는 명예혁명이 일어나기 전이다. 따라서 로크가 1680년대 일어난 일련의 사건이 낳을 결과를 예측해서 책을 썼을 가능성은 거의 없어 보이며, 또한 그가 이런 사건들을 지지하는 성명서를 냈다고 볼 수도 없다. 둘째, 로크는 『통치론』을 익명으로 출판하는 쪽을 선택했고 세상을 떠난 1704년까지 자신이 저자임을 밝히지 않으려고 무척 애썼다. 만일 이 책이 명예혁명을 정당화하려는 시도였다면 이렇게 저자를 드러내지 않는 일은 불필요했고 오히려 이상하게 여겨졌을 것이다. 로크가 『두 논고』, 특히 『통치론』의 저자임을 밝히지 않은 이유에 대한 가장 그럴듯한 설명으로 사실 그가 명예혁명의 결과로 합의된 체제보다 훨씬 더 급진적인 사상을 지녔다는 점을 들 수 있다. 많은 사람들에게 명예혁명은 그저 결혼을 통해 왕가에 발을 들인 오렌지

---

1   [옮긴이 주] 1791년은 페인이 프랑스 혁명에 반대한 버크(Edmund Burke, 1729-1797)의 저술 『프랑스 혁명론』(*Reflections on the Revolution in France*)을 읽고 분개해 버크를 논박한 『인간의 권리』(*Rights of Man*)를 출판한 해이다.

공 윌리엄에게 비어 있던 왕좌를 물려준 것 이상의 의미를 지니지 못했다. 반면 로크는 정치권력이 궁극적으로 피통치자들의 동의로부터 도출되며, 이보다 더욱 논쟁적으로 군주가 정부를 통해 부여받은 신뢰를 위반할 경우에는 피통치자들이 혁명을 일으킬 권리를 지닌다는 더욱 급진적인 주장을 전개한다. 이는 명예혁명 이후에 세워진 새 정부가 두려워했을 만한 주장임에 틀림없다.

로크가 죽은 후 그가 『통치론』의 저자임이 밝혀지자 당시 의회에서 급진적인 주장을 폈던 휘그당에 반대하려 했던 세력들은 이 책을 비판의 대상으로 삼았다.

로크가 상당히 급진적이라는 평판 때문에 『통치론』은 위험한 문헌 중 하나로 손꼽게 되었지만 그에 대한 평판 전반은 『통치론』이 아닌 다른 저술에 의존해 형성되었다. 그의 명성이 크게 확산되는 데 기여한 저술은 『통치론』과 동시에 출판된 『인간지성론』이었다. 이 책을 통해 그는 18세기 중반에 전개된 계몽주의 철학의 핵심 인물이라는 평가를 확립하게 된 반면 다소 추상적이고, 이성주의적이고, 급진적인 그의 정치사상은 그와 같은 시대에 주로 역사와 법률, 시민 중심의 공화정에 초점을 맞춘 다른 사상적 조류로 대체되었다.[2]

그 후 18세기 남은 시대에 『통치론』이 미친 영향은 정확하게 추적하기가 쉽지 않다. 그의 이론에서 드러나는 서로 다른 측면들이 서로 다른 평가를 받기 때문이다. 정부가 동의에 기초한다는 그의 견해와 자연권 이론이 미국 독립 선언의 지적인 발효 과정에서 상당한 역할을 했다는

---

2   로크의 『통치론』에 대한 출판 직후의 반응을 개관한 글로는 M. Goldie, 'The Reception of Locke', Goldie, M. and Wokler, R. (2006), *The Cambridge History of Eighteenth-Century Political Thought*, Cambridge: Cambridge University Press, 47–50면; Ashcraft, Richard (1987), *Locke's Two Treatises*, London: Unwin Hyman, 295–305면 참조.

점에는 의심의 여지가 없다. 하지만 로크의 사상은 단지 여러 근원 중 하나에 지나지 않으며, 그것도 철저히 해체된 근원에 지나지 않았다. 사유 재산과 그것에 대한 권리를 옹호한 로크의 견해는 수많은 정치이론들이 기꺼이 받아들인, 크게 유행한 흐름으로 자리 잡았다. 하지만 그런 이론들이 로크 사상의 다른 측면들을 단호히 거부하기도 했으므로 재산권을 강력히 옹호했다는 사실만으로 이것이 로크의 영향력을 증명하는 증거라고 주장하기는 어렵다. 이와 마찬가지로 권력 분립에 관한 로크의 견해도 미국 건국에 영향을 미친 요소 중 하나이지만 이런 요소는 고전적인 공화주의 전통에서도 드러나며, 로크 권리 이론을 추상적이라고 비판했던 프랑스 사상가 몽테스키외의 저술에서도 발견된다.

로크의 『통치론』에 등장하는 핵심 이론 중 하나는 미국 독립 혁명을 둘러싼 논쟁에서 그리고 18세기 후반 유럽에서 전개된 유사한 논쟁에서 그리 중요한 역할을 하지 못했는데 그 이론은 바로 정치사회가 궁극적으로 원초적 사회계약에 기초한다는 것이다. 18세기 중반에 이르러 최초의 계약 이론은 심각한 공격을 받게 되는데 이런 공격을 시도한 최초의 인물은 흄(David Hume, 1711-76)과 루소(J-J. Rousseau, 1712-78)였다. 루소는 『인간 불평등 기원론』(*Discourse on the Origin of Inequality*, 1755)에서 로크의 사회계약 이론이 근거로 삼는 자연 상태 논거를 공격한다. 루소에 따르면 로크의 자연 상태는 자연에서의 상황을 잘못 설명함으로써 현재 사회의 악들을 반영한 것에 지나지 않는다. 흄은 정치사회가 계약에 기초한다는 주장과 정치적 의무가 동의에 의해 정당화된다는 주장을 비판하는 방향으로 나아간다. 그는 『인간 본성에 관한 논고』(*Treatise of Human Nature*)와 「최초의 계약에 관하여」(Of the Original Contract)라는 짧은 글에서 이런 비판을 전개했는데 그의 비판은 매우 강력하고 효과적이어서 이후 영미권의 정치철학

에서 사회계약론을 논거로 삼으려는 시도는 완전히 사라졌다. 사회계
약론의 전통이 되살아난 것은 1970년대 롤스를 통해서이다.[3]

홉은 사회계약이 실제로 이루어졌다는 증거가 전혀 발견되지 않기
때문에 사회계약론은 역사적으로 부실할 뿐만 아니라 계약의 개념 자
체가 이미 의무의 관념에 의존하는 복잡한 사회적 관행을 반영하므로
계약을 의무의 기초로 삼는 것은 모순적이라고 주장한다. 그는 계약에
의지해 의무를, 예를 들면 법률을 준수하고 국가에 복종할 우리의 의무
를 설명하는 것은 전혀 무의미하다고 생각한다. 이런 의무들은 계약과
는 전혀 무관하게 이미 정당성을 확보한 사회적 관행에 의존하기 때문
이다. 그렇다면 이런 관행들이 어떻게 또 왜 도입되었는가라는 물음이
제기되는데 이에 답하면서 홉은 공리의 개념에 의지한다. 공리의 개념
은 로크의 묵시적 동의 이론에서 등장하기는 했지만 충분히 체계화되
지 못한 것이기도 하다. 묵시적 동의와 관련해 로크는 어떤 사회가 누
리는 이익이 곧 동의의 형태를 띠는 정치적 의무의 근거라고 주장한다.
홉은 이런 로크의 주장을 받아들이지만 동의의 개념에 호소할 필요는
없다고 생각한다. 홉 자신을 철두철미한 공리주의자로 규정하기는 어
렵지만 그는 공리 이론에 더욱 크게 의지했다. 그 후 벤담(Jeremy Ben-
tham, 1748-1832)과 밀(John Stuart Mill, 1806-73)을 통해 본격적으
로 전개된 공리주의는 권리에 기초한 로크의 계약 이론을 이후의 정치
철학에서 거의 무의미하게 만드는 결과를 낳았다. 공리주의가 크게 유
행하고, 프랑스 대혁명 이후 공화주의자들이 인권을 빌미로 저지른 테
러가 매우 부정적인 결과를 낳았기 때문에 로크의 영향력은 크게 줄어

---

3   Boucher, D. and Kelly, P., 'The Social Contract and its Critics: an overview'
in Boucher, D. and Kelly, P. (eds.) (1994), *The Social Contract from Hobbes to
Rawls*, London: Routledge, 1-34면 참조.

들었다—벤담과 밀의 저술에서 로크는 거의 언급되지 않는다.

　로크의 『통치론』은 19세기에 철학적으로는 거의 주목받지 못했지만 1688년 명예혁명 때 휘그당의 해결 방안을 제시한 인물이 로크로 알려지면서 그는 새로운 관심을 끌게 되었다. 로크가 명예혁명의 옹호자로서 그리고 뒤이은 미국 독립 혁명의 이념을 제공한 철학자로서 부각된 것은 정확히 19세기를 거치면서였는데 여기에 기여한 것은 매콜리(Thomas Babington Macauley), 폭스본(H. R. Fox-Bourne), 스티븐(Sir Leslie Stephen)을 비롯한 역사학자들의 저술들이었다. 특히 매콜리는 자유주의적인 동시에 책임지는 정부를 내세운 휘그당의 정치 이론을 열렬히 옹호했지만 벤담과 연합한 철학적 급진파가 주장한 투표권 확대에는 반대했다. 이런 임무를 수행하면서 매콜리가 로크를 페인(Paine)이나 프라이스(Richard Price, 1723-91)와 같은 급진주의자들의 손에서 구출할 필요를 느꼈음은 의심의 여지가 없다. 또한 그는 로크를 1688년의 명예혁명에서 비롯된 영국 자유주의 전통의 주류로 부각시키고, 19세기 중반 영국의 정치권력 및 왕권이 거둔 승리와도 결부시켰다. 이런 권력 구조는 피통치자들로부터 정치권력이 도출된다는 로크의 주장과 아무 상관이 없지만, 북아메리카의 식민지를 잃은 대신 인도에서 대영 제국의 권력이 팽창하는 것을 지켜본 매콜리와 휘그당 추종자들은 이런 사실을 그리 큰 문제로 여기지 않았다.

　다음 절에서 살펴볼 것이지만 20세기 중반까지 로크에 대한 역사적 탐구 대부분에 큰 영향을 미친 것은 바로 이런 휘그당의 역사관과 그 안에서 로크가 차지하는 위치였다. 19세기에 이루어진 로크 해석이 낳은 다행스러운 결과는 폭스본이 쓴, 두 권의 로크 전기를[4] 필두로 로크

4　[옮긴이 주] 이 책은 H. R. Fox Bourne (1876), *The Life of John Locke*, Vol. I and II이다.

연구에 대한 관심이 되살아났다는 것과 로크의 중요한 필사본 원고들이 출판되었다는 것이다.

19세기에 이루어진 로크 연구 중 마지막으로 언급할 만한 가치가 있는 것은 다소 의외이기는 하지만 마르크스(Karl Marx)의 저술에 등장하는 로크에 관한 내용이다. 이는 또한 20세기에 로크의 저술을 둘러싼 논쟁의 불씨가 되기도 했다. 마르크스는 『독일 이데올로기』(*The German Ideology*)에서 자본주의 체제에서 이루어지는 소외와 착취를 비판한다. 그는 특히 임금 노동 체계에 초점을 맞추어 이런 체계가 노동자들을 생산물로부터 소외되도록 만들며, 이는 결국 인간의 종적 특성을 폭압과 압제의 형태로 규정하도록 만드는 노동의 변형을 낳는다고 주장한다. 이런 모든 주장의 바탕에는 노동가치설, 곧 있는 그대로의 자연에 가치와 중요성을 부여하는 것은 곧 자연을 변형하는 인간의 노동이라는 생각이 놓여 있다. 그런데 이는 앞서 살펴본 바대로 로크의 『통치론』 5장에 등장하는, 재산의 최초 획득에 관한 이론의 핵심 요소이기도 하다. 마르크스는 노동이 가치의 근원이라는 주장을 받아들이면서 이를 자본주의 정신이 착취를 낳는다는 점을 설명하는 데 반드시 필요한 것으로 여긴다. 하지만 그는 로크가 임금 노동 체계를 재산을 취득할 평등한 권리의 기초로 여기고 화폐 도입의 계기로 삼는 데는 반대한다. 그는 임금 노동자의 재산은 곧 노동자가 자신을 억압하는 근원으로 여기기 때문이다.[5]

마르크스는 로크의 이론 대부분을 그르다고 여겼는지도 모르지만 로크의 시민사회 개념에서 핵심적인 위치를 차지하는 자유와 재산, 노동 그리고 계약 사이의 복잡한 상호관련성은 인정했다. 더욱이 마르크스

---

5   Marx, Karl, *The German Ideology*, reprinted in McLellan, David, (ed.) (2004), *Karl Marx: Selected Writings*, Oxford: Oxford University Press.

는 19세기 경제 이론이 밀의 영향 때문에 노동가치설로부터 복지 또는 공리에 기초한 이론으로 전환되고 있었다는 사실을 제대로 인식하지 못했다. 어쨌든 로크의 『통치론』에 등장하는 정치이론을 해석하는 데 계속 큰 영향을 미친 방식 중 하나를 로크가 시민사회와 정부의 개념을 형성하면서 가장 중요하게 여겼던 사유재산권을 철저히 부정하는 사상가가 제시했다는 점은 무척 흥미롭다. 정치적 좌파 쪽에서 로크에 대해 큰 매력을 느끼는 경향은 20세기에도 계속 이어졌는데 이런 경향을 대표하는 학자로는 맥퍼슨(C. B. Macpherson), 더욱 최근 학자로는 코헨 등을 들 수 있다. 또한 20세기 초반 래스키(Harold Laski) 같은 정치사상사가는 사유재산권과 임금 노동 체계에 대한 마르크스의 비판과 매콜리에게서 드러나는 휘그적인 해석을 결합하기도 했다.

19세기 종반에 이르면 로크의 권리 이론과 사회계약론은 정치철학의 영역에서 당시 크게 유행해 공공 철학의 자리를 확보했던 벤담과 밀의 공리주의에 반대되는 이론으로 단지 역사적 관심 대상 정도에 그치게 되었다. 하지만 19세기를 거치면서 추상적인 자연권 이론으로부터 더욱 역사적인 개념들에 기초한 정치이론에로의 전환이 이루어졌기 때문에 정치사상에서 로크가 차지하는 위치는 자유주의자는 물론 마르크스와 같은 급진 사상가들에게도 지속적인 관심의 대상이 되었다. 이렇게 서양 정치이론의 발전 과정에서 로크가 차지하는 역사적 위치에 대한 관심은 20세기에도 그대로 이어져 로크 학자들 사이에 중요한 주제 중 하나가 되었다.

ii. 역사, 종교 그리고 로크
– 로크에 대한 현대의 여러 해석

1960년 래슬릿은 엄밀하게 고증된 『두 논고』의 표준판을 출판했으며, 뒤이어 던(John Dunn), 애쉬크래프트, 마셜(John Marshall)을 비롯한 여러 학자들이 로크의 이론에 대한 새로운 역사적 해석을 내놓음으로써 로크가 미국 독립 혁명의 아버지라거나 그가 미국 건국의 청사진을 제시했다는 생각에 도전하기 시작했다. 『통치론』을 역사와 무관하게 해석하려는 이런 도전은 부분적으로 로크가 세상을 떠난 1704년 직후에 등장했던 다양한 해석들의 영향을 받았다고 할 수 있는데 우리는 이런 해석 중 일부를 앞 절에서 살펴보았다. 하지만 현대에는 새로운 역사적 해석 또한 등장해 위대한 정치 사상가들의 저술을 해석하는 방법론 또는 적절한 방식을 둘러싼 논쟁에 불을 지폈는데, 이런 움직임은 20세기 정치철학의 전반적인 경향과 마르크스주의 학자들이 제시한 환원주의 이론에 대한 비판에 힘입은 바 크다.

  철학자들은 항상 권위 있는 원전을 제공하는 역사가들의 저술로부터 큰 도움을 받아 왔으며 이런 저술을 연구의 출발점으로 삼는다. 이런 관점에서 『두 논고』 중 『첫째 논고』의 재발견과 두 논고 사이의 관계 및 저술 시기를 둘러싼 논쟁은 역사와 철학 사이의 관계에 대한 관심을 되살리는 데 크게 기여했으며, 과거 사상가의 이론에 대한 고유한 철학적 해석의 가능성을 현실적으로 부정하는 데까지 이르지는 못했을지라도 어떤 이론에 대한 철학적 이해보다는 역사적 이해가 우선한다는 견해를 강력히 지지하는 근거로 작용했다. 비록 모든 사람이 래슬릿의 세부 주장에까지 동의하지는 않았지만 래슬릿과 그를 추종한 많은 학자들이 이룬 학문적 성과는 만일 우리가 이 책의 1장에서 논의했던 다양

한 전기적 사건들과 시대적 맥락을 간과하고 로크의 『통치론』에서 순
전히 철학 이론만을 이끌어 내려 한다면 우리는 사실상 로크의 주장을
왜곡하고 그의 이론을 잘못 해석하게 된다는 점을 암시한다. 달리 말
하면 어떤 학자의 삶을 간단히 설명한 후 그의 사상을 삶과 분리된 별
도의 영역으로, 곧 그의 삶이나 시대적 맥락으로부터 아무런 영향도
받지 않는 영역으로 다루어서는 안 된다는 것이다. 우리는 그의 사상
과 시대적 맥락을 서로 밀접하게 관련된 것으로 여겨야 한다. 래슬릿
에 따르면 오직 이런 방식으로 연구할 경우에만 우리는 많은 치명적인
오류들에서, 예를 들면 로크를 근대적 입헌주의를 내세운 자유주의자
로 여긴다든지 그의 이론을 홉스가 『리바이어던』(1651)에서 주장한 절
대주의적 사회계약론에 대한 대응으로 여기는 오류들에서 벗어날 수
있다.

　나는 이 책의 쓰면서 이렇게 철학을 붕괴시켜 역사의 영역으로 편입
하려는 현대의 맥락주의를 채택하지 않았지만 맥락주의의 핵심 주장에
잠시 주의를 기울일 필요는 있을 듯하다. 그리고 이는 내가 이 책에서
선택한 접근 방식이 최근의 많은 로크 연구자들이 채택한 방식과 어떻
게 구별되는지를 이해하는 데도 도움이 될 것이다.

　철학과 역사를 한데 묶어 일종의 역사학적 이론으로 제시하려는 학
자들은 자주 맥락주의자로 불리는데 아래에서는 여러 맥락주의적 접근
방식을 검토하려 한다. 하지만 그렇게 하기에 앞서 맥락주의가 의미하
는 바를 명확히 밝힐 필요가 있다. 우리가 맥락이라고 지칭할 수 있는
것은 기본적으로 두 유형으로 나뉘는데 그중 하나는 사회적, 경제적 맥
락이며 다른 하나는 지적 맥락이다. 전자를 바탕으로 한 맥락주의는 마
르크스주의 이데올로기 이론과 밀접하게 관련되는데 특히 로크 연구에
서는 맥퍼슨의 저술이 이런 경향을 대표한다.[6] 맥퍼슨에 따르면 로크의

이론은 '소유권적 개인주의'(possessive individualism)의 한 형태이다. 로크의 이론은 자본주의적 생산 방식이 등장하기 시작하는 사회 형태를 반영할 뿐만 아니라 자본주의의 등장에 동반되는 생산관계를 간접적으로 정당화하기까지 한다. 이런 해석을 옹호하기 위해 맥퍼슨은 로크가 저술 활동을 했던 당시의 역사적 상황, 곧 상업 중심 사회의 성장, 해외 식민지의 팽창, 미개간지나 공유지를 울타리로 에워싸 사유지로 전환함으로써 소유권을 주장하려는 인클로저(enclosure) 운동의 전개뿐만 아니라 로크 자신이 무역과 주식에 대해 보였던 관심까지도 고려해야 한다고 주장한다. 마르크스주의는 모든 사상이 궁극적으로 생산관계의 반영이며, 이 관계는 한 사회가 지닌 생산력의 수준과 조직에 의해서 결정된다고 보는 점에서 인과론적이다. 여기서 핵심 논점은 이런 맥락이 사상 자체의 외부에 놓여 있다는 점이다. 이런 맥락은 여러 담론의 원인을 제공하고, 서로 다른 역사적 관점에 대한 논쟁을 불러일으키는 사회적, 경제적 힘들을 지칭하기 때문이다. 이런 외부적 맥락주의 접근의 문제점은 철학 이론들과 원전들을 지나치게 규정하는 동시에 제대로 규정하지도 못한다는 점이다. 이런 접근 방식은 이론들을 자본주의 사회의 생산 관계 안에서 계급의 이익을 노골적으로 반영하는 것으로 축소함으로써 이들을 지나치게 일방적으로 규정한다. 이에 따르면 로크는 새로운 자본가 계급을 옹호하는 것 이상의 의미를 지니지 못한다. 이는 모든 사고를 부수적 현상(epiphenomenon)으로, 곧 사회관계를 규정하는 인과적 힘에 따른 이차적인 것으로 여기는, 마르크스주의 이데올로기의 관점이 드러내는 지나친 단순화의 예이다. 모든 사고는 궁극적으로 어떤 사회의 생산 관계에 의해 규정되거나 인과적으

---

6 Macpherson, C. B. (1962), *The Political Theory of Possessive Individualism: Hobbes to Locke*, Oxford: Oxford University Press.

로 결정되는 사회관계의 반영일 뿐이므로 현존하는 질서를 지지하거나
아니면 비판한다―로크의 경우는 당시 신흥 부르주아지 자본가들을
지지하거나 반대한다. 따라서 맥퍼슨의 주장은 20세기 중반 래스키 같
은 학자가 제시한, 자유주의의 역사를 다소 복잡하게 변형한 것에 지나
지 않는데, 이런 식의 주장은 사회주의의 관점에서 자유주의를 비판하
는 아블라스터(Anthony Arblaster)의 저서에서도 여전히 등장한다.

　하지만 동시에 이런 맥락주의 접근 방식은 철학 원전들과 이론들을
제대로 규정하지 못하기도 한다. 이런 접근 방식은 어떤 이론이 왜 그
런 형태를 띠는지를 정확히 설명하지 못하기 때문이다. 달리 말하면 이
런 접근은 어떤 학자가 펜을 들어 책을 쓰면서 무엇을 원하는지와 그가
자신의 방식으로 무언가를 쓰면서 무엇을 의도하는지(의미하는지)를
서로 혼동한다. 예를 들면 어떤 학자는 어떤 책을 쓰기로 결정하면서
돈을 벌고, 누군가의 관심을 끌고, 직장을 얻기를 원할지도 모른다. 하
지만 이는 그가 모든 정치권력은 동의에 기초한다고 주장함으로써 무
엇을 의도하는가와는 전혀 다른 문제이다. 어떤 학자가 먹을거리와 직
장을 원한다는 사실을 안다 할지라도 왜 그가 명시적 동의와 묵시적 동
의를 구별하려 하는지는 전혀 알 수 없다. 따라서 맥퍼슨과 같은 주장
은 잘못된 질문에 대답하려는 듯이 보이며, 로크의 이론이 지닌 구조와
의미에 관한 지적 문제에 대해서는 아무런 언급도 하지 않는 듯하다.
래스키와 맥퍼슨 같은 학자들에게 그리고 어느 정도 아블라스터에게도
로크의 이론이 제기하는 질문은 노동자와 자본가 사이의 거대한 투쟁
에서 과연 그가 어느 편에 서는가이다. 애쉬크래프트는 맥퍼슨에 비해
다소 복잡한 역사적 방법론을 제시하지만 그 또한 여전히 정치이론을
이데올로기로 보는 마르크스주의 관점을 유지한다. 하지만 그는 흥미
롭게도 로크가 겉보기보다 훨씬 더 노동자의 이익에 공감했을 수도 있

다는 결론을 내림으로써 설령 우리가 마르크스주의의 논쟁 구도를 받아들이더라도 로크를 자본주의의 옹호자로만 여겨야 하는지는 명확하지 않다고 주장한다.

래스키와 맥퍼슨은 로크의 이론을 해석하면서 흥미를 끌 만한 유일한 질문은 그가 노동자와 자본가 중 어느 편에 서는가라고 주장한다. 이런 주장은 둘 중 어느 편도 결국 상충하는 계급적 이익을 반영할 뿐이라는 점을 전제함으로써 논점을 선취하는 결과를 낳으며, 로크의 논적들이 단지 노동자 또는 자본가의 이익을 반영하려는 사람들이 아니라 이와는 전혀 다른 종류의 논쟁을 벌인 사람들이라는 사실을 완전히 무시한다. 물론 철두철미한 마르크스주의자는 이런 지적을 인정하면서도 모든 논쟁이, 예를 들면 신학적 문제에 관한 논쟁이나 자연과학의 등장을 둘러싼 논쟁조차도 결국은 사회의 생산 양식에 의해 결정된다고 주장할지 모른다. 이런 주장이 참일 수도 있지만 이를 반증하기는 어려우므로 이는 일종의 인식적 주장이라 할 수 없을 듯하다. 그렇다면 이는 로크가 무엇을 행했고 왜 그렇게 했는지를 제대로 설명하는 데 실패하고 만다.

이런 이유로 위에서 언급한 인과적 접근 방식은 원전과 이론의 언어학적 또는 지적 맥락에 초점을 맞춘 다른 접근 방식으로 대체되거나 이를 통해 보충되었다. 후자와 같은 형태의 맥락주의는 왜 x가 y를 행했는가라는 인과적 질문에서 눈을 돌려 x는 y를 통해 무엇을 의도했는가 또는 어떤 학자가 자신의 언급을 통해 무엇을 의미했는가와 같은 질문에 초점을 맞춘다. 이런 형태의 맥락주의는 해석학적(hermeneutic)인데 그 까닭은 원전의 의미를 해석하는 데 몰두하며(이것이 바로 해석학적이라는 말의 의미이다), 철학 원전과 이론들이 다른 모든 형태의 문헌들처럼 그 자체로 투명하지는 않다는 공통의 경험을 기반으로 삼

는다. 만일 원전들이 그 자체로 해석되며 독자들에게 투명하게 드러난
다면 내가 지금 쓰는 이런 책은 아무 필요가 없을 것이다. 이런 책은 로
크가 이미 말한 바를 반복하는 것에 지나지 않을 것이기 때문이다.

맥퍼슨과 같은 마르크스주의자의 사회, 경제적 맥락주의를 첫 번째
형태의 맥락주의로 여긴다면 이와 구별되는, 다른 형태의 맥락주의를
대표하는 것으로는 로크 연구자 던의 저술을 꼽을 수 있을 듯하다. 던
은 맥퍼슨식의 인과론적 환원주의를 거부한다.

던은 자신이 이론의 정체성이라고 부른 바에 관심을 보인다.[7] 기본적
으로 이는 어떤 해석을 로크가 실제로 생각했던 바에 대한 정확한 설명
으로 만드는 바는 무엇인가와 관련된 문제이며, 그저 이후 학자들이 로
크의 이론에 덧붙인 바를 다루려는 문제가 아니다. 여기서 정체성의 문
제는 무엇이 어떤 이론을 다른 어떤 것이 아닌 현재와 같은 것으로 만
드는가를 해명하는 문제이다. 로크 사상 연구와 관련해 던은 우리에게
로크가 실제로 생각했던 바에만 주의를 기울이고, 우리 자신의 생각을
함부로 더해서는 안 되는 도덕적 의무가 주어진다고 주장한다. 달리 말
해 우리는 로크가 20세기 영국이나 미국의 입헌 자유주의자로서 저술
을 했다든지 노동자와 자본가의 이익에 대한 마르크스주의의 논쟁을
철저히 신봉했다고 가정해서는 안 된다. 우리에게 이런 의무가 주어지
는 까닭은 한편으로는 로크가 자신의 독특한 이론을 형성하는 데 많은
어려움을 겪었기 때문이며, 다른 한편으로는 무언가를 이해하는 과정
자체가 다른 사람들이 말하려는 바에 깊이 주의를 기울일 것을 요구하
기 때문이다. 일상의 대화에서도 다른 참가자를 이해하는 일은 근본적
으로 도덕적인 태도를 필요로 한다. 누군가가 다른 사람의 말을 듣지

---

7   Dunn, John, 'The Identity of the History of Ideas', in Dunn, J. (1980), *Political Obligation in its Historical Context*, Cambridge : Cambridge University Press.

않고 항상 다른 사람의 말을 끊으려 한다든지, 상대방이 하지도 않은 말을 했다고 우기려 든다면 그는 예의 없다는 평가를 받을 것이다. 이와 동일한 생각을 더욱 세련되고 정교한 형태로 어떤 사상가를 역사적으로 해석하고 이해하는 임무에 대해서도 적용할 수 있다. 우리는 반드시 로크의 저술을 읽을 필요는 없으며 얼마든지 스스로 자신의 정치적 사고를 전개할 수도 있다. 하지만 로크의 원전을 읽는 한 우리는 그가 무엇을 행하고 있는지를 파악하는 데 주의를 기울여야 한다. 이는 철학 원전에 대한 우리의 접근 방식이 일차적으로 역사적이어야 함을 함축한다. 우리는 로크의 이론을 어떤 영속적인, 시대를 넘어서서 항상 제기되는 질문들, 예를 들면 정치적 의무의 본질이나 경제적 능력의 분배에 관한 사회적 질문과 관련짓기에 앞서 과연 이런 질문들이 실제로 로크가 관심을 가졌던 바인지 그렇지 않은지를 검토할 필요가 있다. 이와 마찬가지로 우리는 로크의 이론에 등장하는 논리를 비판하기에 앞서 그것이 단지 몇몇 지적인 체하는 '허수아비들'이 억지로 만들어 낸 고안품이 아니라 로크의 이론에 진정으로 포함된 바인지를 제대로 확인해야 한다. 어떤 이론에 대한 역사적 해석이 철학적 해석에 우선한다는 말은 로크가 자신의 이론을 전개하기 위해 쓴 저술의 지적인 맥락에 주의를 기울여야 함을 의미한다. 이 맥락은 로크가 대응하려 하는 복잡한 사상의 틀이기도 하고 동시에 그가 자신의 독특한 이론을 형성해 나가는 기초이기도 하다. 앞서 여러 장들에서 분명히 드러났듯이 로크 이론의 목표는 홉스의 계약론적 절대주의와 반대되는 필머의 가부장권 이론을 반박하는 것이었다. 이 때문에 로크는 필머를 『첫째 논고』의 주제로 삼았다. 던 또한 로크의 이론 전개 과정에서 종교가 중요한 역할을 했음을 강조하며, 이런 관점에서 로크를 분명한 기독교 사상가로 여긴다. 던이 로크에 관해 쓴 가장 중요한 저술은 『로크의 정치사상』(*The*

Political Thought of John Locke)인데 여기서 던은 자신이 최초로 주창했던 '언어학적 맥락주의'를 여실히 드러냈을 뿐만 아니라 로크의 이론에서 종교가 필수적 위치를 차지한다는 점을 강조함으로써 로크 사상을 새롭게 해석하는 데 크게 기여했다. 던의 목표는 로크의 정치이론이 그가 기본적으로 지녔던 종교에 대한 관심과 얼마나 밀접하게 연관되는지를 보임으로써 로크를 최초의 자유주의 사상가로 여기려는 견해에 도전하는 것이다. 던의 논점은 로크의 자연법 이론이 어떻게 신학적 전제에 기초하는가를 밝히는 데 그치지 않고 로크가 정치이론으로 방향을 전환한 이유가 스튜어트 왕조의 찰스와 제임스가 지녔던 가톨릭 신앙뿐만 아니라 종교적 자유와 관용을 둘러싼 논쟁이었음을 보이려는 것이다. 이런 맥락을 제대로 이해하지 못하면 우리는 로크가 혁명권을 옹호하려고 애썼는지, 그 이유 또한 알 수 없게 된다. 던의 추종자들은 로크의 정신적 특성으로 종교와 종교적 논쟁에 대한 관심을 계속 강조한다. 예를 들면 해리스(Ian Harris)는 우리가 로크의 신학적 관여라는 문제를 진지하게 고려하지 않는다면 마지막 저술로 『기독교의 합리성』을 썼고 사도 바울의 서한에 대한 해석을 시도했던, 진정으로 종교적 사상가였던 로크를 이해하지 못할 것이라고 주장한다. 그에 따르면 로크는 그저 종교적 시대에 저술을 했던 인물이 아니라 그 자신이 매우 종교적인 인물이었다.

이들 모두는 로크에 대한 전통적인 관점을 그저 답습하는 것을 경고하기 위한 또 다른 시도들이다. 말하자면 스트라우스의 영향을 받은 몇몇 주석가들이 계속 주장하듯이 로크를 반종교적 계몽주의 문화를 예고한, 겉으로 드러내지 않은 회의주의자로 여긴다든지 권리, 소유권 그리고 정치의 한계 등에 관한 자신의 사상을 통해 미국과 같은 국가의 자유주의 입헌 정치 체제의 청사진을 제공한 최초의 자유주의자로 여겨서는 안 된다는 것이다.

던과 해리스 같은 학자들이 로크가 자신의 종교적 신앙과 관심 때문에 근대 정치학의 영역에서 다른 사상가들과는 무척 다른 독특한 목소리를 냈으며 따라서 그는 현재 우리가 우리 시대의 정치적 문제에 대해 고심하고 해결할 방법에 관해서는 거의 아무것도 가르쳐 주지 않는다고 주장하는 점은 상당히 흥미롭다—나는 이 책 전반에서 이런 견해에 이의를 제기하고 도전하려는 태도를 취했다. 스트라우스의 추종자들과 마찬가지로 이런 학자들은 현재 우리가 공공 철학에서 종교가 거의 아무런 역할도 하지 못하는, 매우 세속적인 시대에 살고 있다고 전제한다. 스트라우스가 로크의 저술에 기초해 이런 세속적 문화를 비난한다는 점 정도를 차이로 꼽을 수 있을 뿐이다. 하지만 현재 자유 민주주의 사회의 공공 철학이 세속적이라는 생각에 대해서는 최소한 로크 연구자들 사이에서 많은 도전과 비판이 시도되었다.

최근 월드론은 종교에 기초해 근본적인 평등을 옹호하려는 로크의 견해가 현대의 자유주의자들이 자신들의 철학적 관점이 부적절함을 깨닫는 계기를 제공하리라고 주장했다. 롤스나 드워킨 같은 현대의 자유주의 정치철학자들은 정치사회에 대한 중립주의 이론, 곧 종교의 근본 진리와 관련된 질문에 대해 사회가 중립적인 태도를 취해야 한다는 이론을 구성하려 했다. 이런 이론들은 전통적인 종교가 (예를 들면 기독교가) 거짓이라는 회의적인 주장을 전개하지는 않지만 현대 민주주의 사회를 위한 공공 철학은 기본 이론을 제시하면서 종교적 신앙이나 가치에 호소해서는 안 된다는 훨씬 미묘한 주장을 편다. 이에 대해 월드론은 이런 중립주의 전략을 택할 경우 자유주의자들은 자신들의 가장 기본적인 전제에 대해—이른바 각 개인의 본질적인 자유와 평등에 대해—아무 말도 할 수 없을 것이라고 주장한다. 월드론은 현대의 자유주의 이론이 전통적인 개신교 형태의 기독교에 의해 보완될 필요가 있다고 주장하는 데까지 나아가지는 않지만 그를 비판하는 사람들은 그의 이론을 이렇게 해석하기도 한다. 어쨌든 월드론은 로크의 이론에서 발견되는 신학적 전제들에 의지해 현대의 자유주의 이론에서 부족한 바가 무엇인지를 정확히 지적하고, 근본적으로 평등주의적인 전제를 반드시 도입해야 한다고 주장한다.[8]

더욱 최근에 포스터(Greg Forster)는 월드론보다 훨씬 더 멀리 나아가 로크식의 독특한 개신교가 현대 민주주의 사회에서 나타나는 다원주의와 여러 차이점들을 수용할 수 있는 훌륭한 모델이라고 주장한다. 던과 그의 추종자들은 로크가 자신의 종교적 신앙 때문에 기본권이나 사회 정의, 다양성의 조화 등을 둘러싼 근대의 논쟁에 깊이 관여하지 않았다고 주장한 반면 포스터는 이와 정반대로 로크가 특히 당시의 정치사회에 관여하게 된 것은 바로 그 자신의 종교적 신앙에 충실했기 때문이며, 따라서 그가 옹호했던 형태의 개신교가 널리 받아들여졌던 당시 북아메리카에 큰 영향을 미치게 되었다고 주장한다. 로크의 원전에 기초해 이들 중 어떤 쪽이 옳고 어떤 쪽이 그른지를 결정하기란 매우 어렵다. 어쨌든 이는 로크 원전에 대한 해석의 문제뿐만 아니라 그가 살았던 사회가 현재 우리의 사회와는 근본적으로 다르다는 문제로 전환된다. 만일 현대사회를 일차적으로 세속 사회로 본다면 로크가 살았던 사회와 우리 사회는 분명히 차이가 있다. 하지만 세속주의는 정도의 문제이며, 포스터는 로크의 세계와 현재 우리 세계 사이의 차이가 자주 너무 과장되었다는 주장을 펴기도 했다. 이는 단순한 역사와 관련된 주장에 그치는 것이 아니므로 종교적 전제들이 로크의 사상에서 얼마나

---

8 Waldron, Jeremy (2002), *God, Locke and Equality: Christian Foundations in Locke's Political Thought*, Cambridge: Cambridge University Press.

중요한 위치를 차지하며, 이런 전제들이 롤스나 드워킨 같은 현대 자유
주의자들의 저술에서는 어떻게 배제되는지를 보이는 것만으로는 이 문
제를 해결하기 어려운 듯하다.[9]

iii. 로크, 재산권 그리고 현대의 자유주의

로크의 종교적 신앙이 그의 사상에 관여한 바에 대해 최근 학자들이 큰
관심을 보이게 된 까닭은 부분적으로 로크를 단지 17세기 후반 신흥 자
본가 계급을 옹호한 인물 정도로 여기면서 로크가 현대의 자유주의 사
회에 기여한 바가 거의 없다고 주장하는 맥퍼슨의 마르크스주의 관점
에 대항하기 위해서이다. 이들은 로크가 지지한 자유주의 사회는 미국
건국에서 드러난 입헌적 체제로 본다. 최근에도 이런 해석을 지지하는
학자들이 있기는 하지만 그리 큰 호응을 얻지 못한다. 로크의 자유주의
에 대한 이런 방식의 해석은 다소 퇴색했지만 『통치론』에 등장하는 로
크의 이론은 또 다른 형태로 자유주의 전통에 계속 기여했다.

1974년 미국 철학자 노직은 『아나키, 국가 그리고 유토피아』(*Anar-
chy, State and Utopia*)를 출판했는데 이 저술은 로크의 재산권 이론에
대한 관심을 되살리는 데 큰 역할을 했다. 노직은 '개인들은 권리를 지
닌다. 그리고 어떤 인격체나 집단도 개인들에게 (그들의 권리를 침해
하지 않으려면) 행해서는 안 되는 일들이 있다. 개인의 권리는 무척이
나 강력하고 광범위하므로 개인들은 국가나 공무원들이 개인에게 해도
되는 일이 무엇인지, 과연 그런 일이 있기나 한지라는 질문을 던지게

---

9 Forster, Greg (2005), *John Locke's Politics of Moral Consensus*, Cambridge:
Cambridge University Press.

된다' 라는[10] 다소 충격적인 주장과 더불어 이 책을 시작한다. 개인이 권리를 지니며, 이런 권리는 정치보다 앞서므로 정부가 개인에게 할 수 있는 일의 범위와 한계를 설정한다는 주장은 자연스럽게 정치적 정당성의 기초에 관한 로크의 견해를 떠올리게 만든다. 노직의 이론은 1971년 출판된 롤스의 『정의론』(A Theory of Justice)에 대한 대응으로 전개된 것이다. 롤스는 미국에서 규범적 정치이론에로의, 곧 국가가 어떤 모습이어야 하며 무엇을 행해야 하는지를 탐구하는 이론에로의 회귀를 주도한 철학자이다. 그 이전에는 거의 한 세기에 가까운 오랜 기간 동안 주로 공리주의가 자유 민주주의 국가에서 정치적 논의를 주도하는 양상이었다. 앞서 살펴보았듯이 공리주의는 로크가 『통치론』를 출간한 지 수십 년 후인 18세기에 등장하여 크게 발전했지만 19세기에 이르러서는 정치사상에서 권리에 기초한 이론을 퇴색시키는 결과를 낳았다. 19세기 후반과 20세기 초반에 걸쳐 공리주의는 정치적 지배의 정당성과 범위에 관한 가장 규범적인 질문들을 서로 다른 정책 대안들이 제공하는 복지 수준에 관한 기술적인 질문으로 바꿔 놓았다. 따라서 국가가 계약의 자유를 제한하고 복지 국가 쪽으로 나아가야 하는지 아니면 자유 시장을 옹호하면서 복지를 축소해야 하는지 등의 질문은 모두 어떤 정책이 가장 큰 공리를 산출하는가라는 기술적인 질문으로 대체되었다. 롤스는 공리주의가 개인의 독립성과 개별성을 진지하게 고려하지 못했다고 주장하면서 공리주의의 우선성에 도전한다. 이런 주장을 통해 그가 의미한 바는 공리주의가 다수의 이익을 위해 소수의 권리 침해를 용인한다는 점이다. 그리고 개인을 존중하는 이론이라면 그런 거래를 하지 않을 것이라고 주장한다. 롤스에 따르면 소수의 권리가 침해되

10　Nozick, Robert (1974), *Anarchy, State and Utopia*, Oxford: Basil Blackwell, xi면.

어서는 안 된다는 생각이야말로 미국의 권리장전(Bill of Rights)이나 현재 유엔의 인권 선언(Declaration of Human Rights)에서 명시된, 자유 민주주의 전통과 권리의 우선성의 핵심을 차지하는 요소이다. 롤스는 공리주의에 대한 대안으로 사회 정의에 대한 평등주의 이론을 채택하고 이를 중심으로 정치적, 사회적 정당성을 설명한다. 그리고 그에게 사회 정의란 자유를 누릴 조건과 균등한 기회를 사회의 모든 구성원에게 공정하게 분배하는 것을 의미한다.

　노직은 공리주의가 개인의 독립성과 우선성을 진지하게 고려하지 못한다는 점에 동의하면서 공리주의에 대한 롤스의 비판은 받아들이지만 롤스의 대안인 사회 정의론 또한 공리주의와 같은 문제점을 지닌다고 주장하면서 롤스의 이론을 거부한다. 롤스는 시민적, 정치적 권리의 개념을 자신이 제시한 정의의 두 원칙의 우선성으로부터 이끌어 내는 반면 앞서 살펴보았듯이 노직은 권리를 가장 근본적인 것으로 여긴다. 하지만 노직은 이보다 훨씬 더 멀리 나아간다. 노직은 개인이 지닌 권리가 롤스의 이론이 요구하는 일종의 재분배보다 우선해야 한다고 주장한다. 재분배는 정치사회에 앞서는 개인의 재산권을 침해할 위험이 있기 때문이다. 그렇다고 해서 노직이 정의의 개념을 부정하는 것은 아니지만 그는 정의의 개념이 국가 안에서 재산의 어떤 강제적 양도도 금지하는 소유권리(entitlement)에 기초해야 한다고 주장한다. 특히 노직은 세금 부과가 '강제노동' 보다 나을 바 없다는 주장을 편 것으로 유명하다. 만일 우리가 노직이 개인의 독립성을 주장하는 데 필수적이라고 주장한 여러 권리들을 지닌다면 우리가 동의하지 않는 한 사회 정의나 세금 부과의 여지는 더 이상 존재하지 않는다. 이런 노직의 주장은 국왕이 국민의 동의 없이도 세금을 부과할 수 있으며, 국민의 재산을 필요한 만큼 취해도 좋다는 필머의 절대주의에 반대하는 로크의 목소리를 떠올리게 한다. 하지만 노직의 이론은 단지 로크의 주장을 되풀이하는 데 그치지 않는다. 그는 정치권력의 본질에 관한 로크의 이론, 특히 재산권이 정치에 앞선다는 주장의 기초가 되는 최초의 취득에 관한 로크의 이론까지도 면밀히 검토한다.

노직의 이론은 상당히 복잡하며 다양한 논쟁의 대상이 되므로 여기서는 그의 이론이 로크의 사상과 관련되는 한에서 롤스 및 공리주의와 어떤 관계를 형성하는지를 살펴보는 수준에 그치려 한다. 어쩌면 로크 못지않게 노직에게 큰 영향을 미친 인물로 18세기 독일 철학자 칸트(Im-manuel Kant)를 들 수도 있겠지만 여기서는 로크 연구에 중요한 영향을 미쳤고, 폭넓은 정치적 논쟁을 불러일으킨 롤스와 공리주의만을 언급하려 한다. 노직의 많은 주장들은 로크의 사상을 신우익(new-right) 세력에게 소개하는 결과를 낳았는데 신우익 세력은 1980년대 미국에서는 레이건(Ronald Reagan) 대통령, 영국과 유럽에서는 대처(Margaret Thatcher) 수상과 더불어 특히 큰 영향력을 발휘했다. 이들은 자유를 누릴 개인의 권리와 사유재산권을 보호하는 제한 국가(limited state)의 개념을 내세움으로써 개인의 권리에 앞서 사회적 재분배를 추구하는 복지 국가의 이념에 중요한 타격을 입혔다. 로크의 견해는 최근에 '자유화'를 이룬 동유럽의 많은 국가들에서도 계속 큰 지지를 받는다. 이들 국가에서 사회 정의란 소련식의 계획 경제를 연상시키기 때문이다.

노직은 명백히 미국 정치 문화의 흐름을 반영해 로크를 최소국가를 주장하고, 사적 소유권을 강력히 옹호한 자유지상주의 철학자로 묘사한다. 하지만 로크를 이렇게 해석하는 데 대해서는 로크가 활동했던 당시부터 이미 많은 비판이 제기되어 왔으므로 재산권이 정치에 앞선다는 로크의 주장이 노직의 자유지상주의를 얼마나 지지하는지를 살펴볼 필요가 있다. 로크의 저술이 등장한 맥락을 재해석함으로써 로크가 노직의 자유지상주의를 지지한다는 주장을 약화하려고 한 여러 학자들, 대표적으로 털리 같은 학자는 로크의 재산권 이론을 매우 공동체주의적인 형태로 해석하는데 그에 따르면 개인은 무언가를 소유하기 위한 전제조건으로 극빈자들을 지원해야 할 의무를 지닌다는 것이다. 털리의 해석은 상당히 도전적이지만 그리 많은 학자들의 지지를 받지는 못하는 듯하다. 다른 한편으로 월드론과 라이언 같은 학자들은 로크 이론의 복잡한 세부 내용까지를 상세히 탐구하려는 태도를 보이는데 이들의 태도가 노직을 비판하고 로크를 옹호하려는 의도에서 비롯되었음은 의심의 여지가 없다. 또 다른 정치철학자들은 로크의 이론을 주의 깊게 재구성함으로써 이로부터 기존의 관점에서는 로크적이 아니라고 여겨졌던 결론을 이끌어 낼 수도 있음을 보이려고 노력한다. 마르크스주의 철학자 코헨은 로크와 노직의 이론에서 핵심으로 여겨지는 자기소유권의 개념을 상세히 파고들어 비판한다. 더욱 최근에 좌파 자유지상주의자인 오츠카 같은 학자는 로크의 자유지상주의적인 관점을 평등주의와 연결하려는 시도를 하기도 한다. 이런 시도를 현대 자유주의 정치이론의 막다른 지경으로 여기는 학자도 있고, 로크가 다양한 저술에서 의미한 바를 해명하려는 역사학적 임무로 여기는 학자도 있지만 어쨌든 이런 논쟁들은 로크가 『통치론』에서 제시한 이론들이 우리가 정치적 관점에서 우리 자신을 이해하는 데 계속해서 큰 영향을 미친다는 점을 분명히 드러낸다. 어쩌면 던의 다음과 같은 주장이 사실일지도 모르겠다. 우리는 로크의 저술을 파고들어도 현재의 문제에 대한 대답을 거의 배울 수 없을지도 모른다. 하지만 우리는 『통치론』을 읽음으로써 우리 자신에 대해 많은 것을 배울 수 있다. 다른 어떤 이유가 없더라도 오직 이 이유만으로 우리는 로크의 『통치론』이 정치철학에서 항상 일류의 저술로 남으리라는 점을 확신할 수 있다.

더 읽어 볼 만한 책들

생애, 시대, 정치적 맥락

Ashcraft, Richard (1986), *Revolutionary Politics and Locke's Two Treatises of Government*, Princeton: Princeton University Press.

Marshall, John (1994), *John Locke: Resistance, Religion and Responsibility*, Cambridge: Cambridge University Press.

Woolhouse, Roger (2007), *Locke: A Biography*, Cambridge: Cambridge University Press.

로크의 정치이론에 대한 해석들

Dunn, John (1969), *The Political Thought of John Locke: an Historical Account of the Argument of the 'Two Treatises of Government'*, Cambridge: Cambridge University Press.

Forster, Greg (2005), *John Locke's Politics of Moral Consensus*, Cambridge: Cambridge University Press.

Grant, Ruth W. (1987), *John Locke's Liberalism*, Chicago: University of Chicago Press.

Lloyd-Thomas, David (1995), *Locke on Government*, London: Routledge.

Waldron, Jeremy (2002), *God, Locke and Equality: Christian Foundations in Locke's Political Thought*, Cambridge: Cambridge University Press.

Zuckert, Michael, P. (2002), *Launching Liberalism: On Lockean Political Philosophy*, Lawrence: University Press of Kansas.

사유재산권

Cohen, G. A. (1995), 'Marx and Locke on land and labour', in *Self-Ownership, Freedom and Equality*, Cambridge: Cambridge University Press.

Kramer, Matthew (1997), *John Locke and the Origins of Private Property*, Cambridge: Cambridge University Press.

Nozick, Robert (1974), *Anarchy, State and Utopia*, Oxford: Basil Blackwell.

Tully, James (1980), *A Discourse on Property: John Locke and his Adversaries*, Cambridge: Cambridge University Press.

Waldron, Jeremy (1988), *The Right to Private Property*, Oxford: Clarendon Press.

여성, 가부장제 그리고 가족

Coole, Diana (1993), *Women in Political Theory*, Hemel Hempstead: Harvester Wheatsheaf.

Grant, Ruth W. (2003), 'John Locke on Women and the Family', in I. Shapiro (ed.), *John Locke Two Treatises of Government and A Letter Concerning Toleration*, New Haven: Yale University Press.

Okin, Susan Moller (1979), *Women in Western Political Thought*, Princeton: Princeton University Press.

Pateman, Carole (1988), *The Sexual Contract*, Cambridge: Polity Press.

계약과 동의

Beran, Harry (1987), *The Consent Theory of Political Obligation*, London: Croom Helm.

Horton, John (1992), *Political Obligation*, Basingstoke: Macmillan.

Simmons, A. John (1992), *The Lockean Theory of Rights*, Princeton: Princeton University Press.

_____ (1993), *On the Edge of Anarchy: Locke Consent and the Limits of Society*, Princeton: Princeton University Press.

정부의 해체와 저항권

Franklin, Julian H. (1978), *John Locke and the Theory of Sovereignty*, Cambridge: Cambridge University Press.

Simmons, A. John (1993), *On the Edge of Anarchy: Locke Consent and the Limits of Society*, Princeton: Princeton University Press.

참고문헌

Arblaster, Anthony (1984), *The Rise and Decline of Western Liberalism*, Oxford: Basil Blackwell.

Ashcraft, Richard (1987), *Locke's Two Treatises of Government*, London: Unwin Hyman.

_____ (1986), *Revolutionary Politics and Locke's Two Treatises of Government*, Princeton: Princeton University Press.

Ayers, Michael (1991), *Locke: Epistemology and Ontology*, London: Routledge.

Beran, Harry (1987), *The Consent Theory of Political Obligation*, London: Croom Helm.

Boucher, David, and Kelly, Paul, 'The Social Contract and its Critics: an overview', in Boucher, David, and Kelly, Paul (eds) (1994), *The Social Contract from Hobbes to Rawls*, London: Routledge, pp. 1–34.

Chappell, Vere (1994), *The Cambridge Companion to Locke*, Cambridge: Cambridge University Press.

Cohen, G. A. (1995), 'Marx and Locke on land and labour', in *Self-Ownership, Freedom and Equality*, Cambridge: Cambridge University Press.

Coole, Diana (1993), *Women in Political Theory*, Hemel Hempstead: Harvester Wheatsheaf.

Cox, R. H. (1960), *Locke on War and Peace*, Oxford: Oxford University Press.

Cranston, Maurice (1957), *John Locke: a Biography*, London: Longman.

Day, J. P. (1966), 'Locke and Property', *Philosophical Quarterly*, vol. 16, pp. 207-21.

Dunn, John (1969), *The Political Thought of John Locke: an Historical Account of the Argument of 'Two Treatises of Government'*, Cambridge: Cambridge University Press.

_____ 'The Identity of the History of Ideas', in Dunn, J. (1980), *Political Obligation in its Historical Context*, Cambridge: Cambridge University Press.

_____ (1984), *Locke*, Oxford: Oxford University Press.

Dworkin, Ronald (1985), *A Matter of Principle*, Oxford: Oxford University Press.

Forster, Greg (2005), *John Locke's Politics of Moral Consensus*, Cambridge: Cambridge University Press.

Franklin, Julian H. (1978), *John Locke and the Theory of Sovereignty*, Cambridge: Cambridge University Press.

Goldie, Mark, and Wokler, Robert (eds) (2006), *The Cambridge History of Eighteenth-Century Political Thought*, Cambridge: Cambridge University Press.

Gough, John W. (1973), *John Locke's Political Philosophy: Eight Studies*, Oxford: Clarendon Press.

Grant, Ruth W. (1987), *John Locke's Liberalism*, Chicago: University of Chicago Press.

_____ (2003), 'John Locke on Women and the Family', in I. Shapiro (ed.),
    *John Locke Two Treatises of Government and A Letter Concerning Tolera-
    tion*, New Haven: Yale University Press.

Harris, Ian (1994), *The Mind of John Locke*, Cambridge: Cambridge Universi-
    ty Press.

Harrison, Ross (2003), *Hobbes, Locke and Confusion's Masterpiece*, Cam-
    bridge: Cambridge University Press.

Horton, John (1992), *Political Obligation*, Basingstoke: Macmillan.

Israel, Jonathan (2006), *Enlightenment Contested*, Oxford: Oxford University
    Press.

Kramer, Matthew (1997), *John Locke and the Origins of Private Property*,
    Cambridge: Cambridge University Press.

Laski, Harold, J. (1996), *The Rise of European Liberalism*, New Brunswick
    NJ: Transaction Publishers.

Lloyd-Thomas, David (1995), *Locke on Government*, London: Routledge.

Macpherson, C. B. (1962), *The Political Theory of Possessive Individualism*,
    Oxford: Oxford University Press.

Marshall, John (1994), *John Locke: Resistance, Religion and Responsibility*,
    Cambridge: Cambridge University Press.

Nozick, Robert (1974), *Anarchy, State and Utopia*, Oxford: Basil Blackwell.

Okin, Susan Moller (1979), *Women in Western Political Thought*, Princeton:
    Princeton University Press.

Parry, Geraint (1978), *John Locke*, London: George Allen & Unwin.

Pateman, Carole (1988), *The Sexual Contract*, Cambridge: Polity Press.

Rawls, John (1971), *A Theory of Justice*, Cambridge MA: Harvard University

Press.

_____ (2007), *Lectures on the History of Political Philosophy*, Cambridge MA: Harvard Belknap.

Reeve, Andrew (1986), *Property*, Basingstoke: Macmillan.

Ryan, Alan (1984), *Property and Political Theory*, Oxford: Basil Blackwell.

Selinger, Martin (1968), *The Liberal Politics of John Locke*, London: George Allen & Unwin.

Simmons, A. John (1992), *The Lockean Theory of Rights*, Princeton: Princeton University Press.

_____ (1993), *On the Edge of Anarchy: Locke Consent and the Limits of Society*, Princeton: Princeton University Press.

Strauss, Leo (1953), *Natural Right and History*, Chicago: University of Chicago Press.

Tuck, Richard (1979), *Natural Rights Theories*, Cambridge: Cambridge University Press.

Tully, James (1980), *A Discourse on Property: John Locke and his Adversaries*, Cambridge: Cambridge University Press.

_____ (1991), 'Locke', *The Cambridge History of Political Thought: 1450–1700*, J. H. Burns and Mark Goldie (eds), Cambridge: Cambridge University Press.

_____ (1993), *An Approach to Political Philosophy: Locke in Contexts*, Cambridge: Cambridge University Press.

Waldron, Jeremy (1988), *The Right to Private Property*, Oxford: Clarendon Press.

_____ (2002), *God, Locke and Equality: Christian Foundations in Locke's Pol-

itical Thought, Cambridge: Cambridge University Press.

Woolhouse, Roger (2007), *Locke: A Biography*, Cambridge: Cambridge University Press.

Zuckert, Michael, P. (1994), *Natural Right and the New Liberalism*, Princeton: Princeton University Press.

_____ (2002), *Launching Liberalism: On Lockean Political Philosophy*, Lawrence: University Press of Kansas.

찾아보기